LES CONTES DU DRAPEAU
PREMIÈRE SÉRIE

LES COSAQUES A PARIS

PAR
PONSON DU TERRAIL
ILLUSTRÉS DE 40 VIGNETTES SUR BOIS

PARIS
LIBRAIRIE DE L. HACHETTE ET Cⁱᵉ
BOULEVARD SAINT-GERMAIN, Nº 77
—
1867

PRIX : 3 FRANCS 50 C.

LES CONTES DU DRAPEAU

PREMIÈRE SÉRIE

LES

COSAQUES A PARIS

IMPRIMERIE GÉNÉRALE DE CH. LAHURE
Rue de Fleurus, 9, à Paris

LES CONTES DU DRAPEAU

PREMIÈRE SÉRIE

LES

COSAQUES A PARIS

PAR

PONSON DU TERRAIL

ILLUSTRÉS DE 40 VIGNETTES SUR BOIS

DEUXIÈME ÉDITION

PARIS
LIBRAIRIE DE L. HACHETTE ET Cie
BOULEVARD SAINT-GERMAIN, N° 77

1867

Droits de propriété et de traduction réservés

LES COSAQUES A PARIS

PROLOGUE.

LA BATAILLE DE MONTMIRAIL.

> On parlera de sa gloire
> Sous le chaume bien longtemps.
> Le peuple dans cinquante ans
> Ne connaîtra pas d'autre histoire.
> (BÉRANGER.)

I

LA FORGE DE QUILLE-EN-BOIS.

Il avait plu toute la nuit....

Une pluie fine, serrée et froide, se dégageant, tristesse impalpable, d'un ciel triste comme la mort.

Le faubourg était désert.

A Paris, quand on dit le *faubourg*, c'est du faubourg Saint-Antoine qu'on veut parler.

Quatre heures du matin venaient de sonner; quelques rares ouvriers longeaient les murs pour se rendre à leurs chantiers; les boutiques étaient fermées encore.

Seule la forge de maître Quille-en-Bois flamboyait

Elle flamboyait ardente, tapageuse, infatigable, projetant au loin dans la rue sa rouge lueur.

Le soufflet respirait bruyamment, le fer blanchissait dans la fournaise, les marteaux tombaient sans relâche l'un après l'autre sur dix enclumes d'où jaillissaient des myriades d'étincelles.

Les forgerons suaient à grosses gouttes, la lime mordait le fer, la fonte coulait avec des craquements sourds, l'acier rougi à blanc s'éteignait dans les bassins en sifflant comme une vipère et dégageant autour de lui des colonnes de fumée.

Un forgeron, qui avait conservé la tournure militaire et qui sur son bougeron bleu portait un bout de ruban rouge, un homme à fière moustache, noir comme un démon et calme comme un archange, allait et venait au milieu de ces vingt cyclopes, donnant un ordre ici, là le coup d'œil du maître, réprimandant sans violence, encourageant avec dignité.

C'était le patron, maître Quille-en-Bois.

Le manche à balai qui remplaçait sa jambe droite expliquait éloquemment ce surnom.

Un autre qui n'avait plus que le bras gauche faisait mouvoir le soufflet.

Au milieu de tout ce bruit, parmi tout ce tumulte, un être frêle et délicat, rose et blanc comme un chérubin qui serait par mégarde tombé du ciel dans cet enfer, une jeune fille de seize ans, apparut tout à coup et passa insouciante et légère au milieu des enclumes, pour aller jeter ses bras mignons et roses autour du cou vigoureux du maître forgeron.

« Bonjour, mon parrain, » dit-elle.

Et, comme si les démons eussent reconnu l'ange, les marteaux cessèrent de frapper, les limes s'arrêtèrent

Jean le Manchot (Page 2.)

et le soufflet lui-même interrompit sa bruyante besogne.

Quille-en-Bois baisa la jeune fille au front et lui dit :

« Mon enfant, il y aura ce matin grande réunion chez madame Toinette, ta marraine et la *mère* des compagnons forgerons.

« On reçoit un *nouveau*; et tu sais que ces jours-là mame Toinette a de l'ouvrage par-dessus la tête.

— Je lui aiderai, mon parrain, répondit la jeune fille.

— C'est pour cela que je t'ai fait lever deux heures plus tôt que les autres jours, *ma duchesse*.... Allons, viens! Donne-moi le bras, nous allons traverser la rue et frapper à la porte de mame Toinette. »

En parlant ainsi, le maître forgeron avait attiré la jeune fille vers la porte.

De l'autre côté de la rue, en face, une maison de deux étages, avec une boutique encore fermée, était en pleine lumière, grâce aux flamboyantes clartés de la forge.

Au premier étage, on voyait briller une lampe matinale, modeste étoile du travail!

Au-dessus de la boutique se balançait une enseigne sur laquelle on lisait en grosses lettres blanches :

A LA MÈRE DES COMPAGNONS.

MAME TOINETTE

Marchande de vins, bière et eau-de-vie.

Le forgeron fit un porte-voix de ses deux mains, et cria :

« Hé! cousine! »

Comme la forge avait fait un moment silence, cet appel traversa l'espace et fut entendu, sans doute, car la fenêtre derrière laquelle tremblotait la lumière s'ouvrit et encadra une tête de femme, encore jeune, encore belle, malgré sa robe de deuil et qui, lorsqu'on la voyait à côté de la jeune fille, avait l'air d'être sa sœur aînée.

« Cousine, répéta Quille-en-Bois, voilà Suzanne.

— Pauvre petite, dit la femme à la fenêtre, elle doit avoir encore sommeil.

— Mais non, marraine, » répondit Suzanne.

Et elle traversa la rue en courant, après avoir une troisième fois embrassé le forgeron.

Celui-ci rentra.

Il avait une grosse larme au coin de l'œil, une larme qui roula sur son mâle visage et étincela, comme un diamant au feu des bougies d'un bal, de toutes les clartés de la forge.

Le manchot, qui tenait le cordon du soufflet, abandonna alors sa besogne et vint tendre sa main unique à Quille-en-Bois.

Quille-en-Bois la serra silencieusement; puis il essuya cette larme, et se tournant vers les ouvriers :

« Eh bien! les enfants, dit-il, est-ce que c'est dimanche, aujourd'hui? »

Mais avant que les marteaux fussent retombés sur les enclumes, un jeune homme — il n'avait pas vingt ans, — le gai compagnon, le rieur de la bande, sans doute, prit la parole et dit :

« Patron, ça serait-il bien indiscret de vous faire une question?

— Parle, dit Quille-en-Bois avec bonté.

— Tout à l'heure, Michel Branchu — et il montrait son camarade d'enclume — me disait : Je voudrais bien savoir pourquoi le patron appelle mamzelle Suzanne *ma duchesse?* Ah! je sais bien, patron, que les

La forge de Quille-en-Bois. (Page 2.)

duchesses pour de bon sont moins jolies qu'elle....
mais.... enfin.... vous n'êtes pas duc, vous, patron ? »

Quille-en-Bois s'assit sur une enclume inoccupée et
répondit avec un sourire triste :

« Qui te dit qu'elle ne sera pas duchesse un jour?

— Excusez, fit le jeune homme ébahi.

— Quand l'Empereur aura le temps de s'occuper
d'elle..., tu verras..., continua Quille-en-Bois.

— L'Empereur la connaît donc? demanda naïvement
Michel Branchu.

— Il a connu son père, blanc-bec ! répondit le manchot qui s'approcha alors. Et pourquoi donc la fille du
colonel Simon ne serait-elle pas duchesse, princesse,
que sais-je? » acheva-t-il avec enthousiasme.

Quille-en-Bois et le manchot, qui paraissaient se
connaître de longue date, n'étaient pas prodigues, sans
doute, de leurs secrets de famille, car à l'étonnement
qui se peignit sur le visage des autres forgerons, on eût
deviné que c'était pour la première fois qu'ils enten-
daient dire que la filleule du patron était la fille d'un
colonel.

Et les marteaux demeurèrent muets de plus belle.

« Au fait, dit Quille-en-Bois avec un sourire bienveil-
lant et triste qui donnait à son rude visage une expression d'étrange bonhomie, vous ne savez rien, enfants,
et on n'aurait jamais pensé, peut-être, à vous dire notre
histoire à Jean le Manchot, à Suzanne et à moi, si vous
n'étiez pas en péril de quitter au premier matin votre
marteau pour un fusil.

— Pourquoi donc faire, patron? demanda le jeune forgeron, est-ce que l'Empereur n'a pas assez de soldats?...

— On ne sait pas, » dit tristement Quille-en-Bois.

Il passa la main sur son front, comme s'il eût voulu
en chasser le nuage, et continua :

« Savez-vous qu'il y a vingt ans, nous sommes partis quatre, le même jour, du même village, le sac au dos, pour aller dire notre couplet dans cette chanson à coups de canon que la France chante encore à toute l'Europe?

— Une rude chanson, murmura Jean le Manchot.

— Nous étions quatre, poursuivit Quille-en-Bois; le premier se nommait Simon, le second Jean, le troisième Mathieu, c'était moi; le quatrième Nicolas. Mais comme il n'était ni bon garçon, ni franc, nous l'avions appelé Judas.

« Celui-là manqua bientôt à l'appel.

— Il fut tué?

— Non, il déserta.... comme un misérable, comme un lâche.... au premier coup de canon.... il passa le Rhin à la nage, et on ne l'a plus revu....

— Je m'en doutais bien en partant, interrompit Jean le Manchot. Tu sais bien que Judas Bourget marquait mal, au pays, comme disent les gendarmes. Il avait voulu épouser ta cousine Toinette, et comme elle ne voulait pas de lui....

— Tais-toi ! » dit brusquement Quille-en-Bois.

Puis il reprit son récit :

« A Austerlitz, l'un de nous, Simon, un forgeron comme vous et moi, devint officier.

« Ce qu'il avait fait pour cela, ai-je besoin de vous le dire? vous savez bien que, lorsque l'Empereur donne des épaulettes, on est allé les chercher au milieu des carrés ennemis, sous une pluie de fer et de feu!

« Simon demanda un congé, revint au pays et épousa sa promise, une paysanne comme lui et comme nous....

« A Eylau, je perdis ma jambe, et Simon devint capitaine.

« A Wagram il était colonel, et Jean devint manchot!

L'Alsacien. (Page 7.)

« Tandis que Jean et moi nous prenions le chemin de Paris, le colonel Simon se faisait tuer à la tête de son régiment. Alors, nous retournâmes au pays, où le colonel avait laissé sa femme enceinte et son enfant.

« La mère était morte en accouchant de Suzanne ; et c'est pour cela que nous emmenâmes les deux petits.

« Comprenez-vous, maintenant, mes enfants, acheva Quille-en-Bois, pourquoi j'ai dans mon idée que Suzanne devrait être un jour duchesse ?

— Et son frère, général, dit Jean le Manchot.

— Ah ! celui-là, j'en réponds, dit Quille-en-Bois avec un fier sourire.

— Mais, patron, dit encore le jeune forgeron, mame Toinette, la *mère*, est donc de votre pays ?

— C'est ma cousine germaine.... acheva Quille-en-Bois en baissant la voix et comme se parlant à lui-même, j'ai dû l'épouser.... »

Mais sans doute qu'il n'était pas d'humeur à faire à ses ouvriers de nouvelles confidences, car il dit un peu brusquement, ce qui n'était guère dans ses habitudes :

« Et maintenant, mes enfants, à l'ouvrage ! »

Le soufflet reprit sa respiration de géant, les marteaux battirent le fer, la fournaise assoupie se réveilla.

Ce fut comme le roulement subit du tonnerre.

En ce moment, un homme entra dans la forge et dit avec un fort accent alsacien.

« Excusez-moi, camarades, mais pourriez-vous m'indiquer où *nous faisons mère ?* »

En termes de compagnonnage, on ne dit pas *aller chez la mère*, mais bien *faire mère*.

Soudain l'ouvrier tressaillit, et, à une clarté moins rouge que celle de la forge, on l'eût vu pâlir.

Quille-en-Bois, de son côté, examina cet homme avec attention et fronça le sourcil.

On eût dit qu'un lointain souvenir traversait son esprit tout à coup, et il fit un pas vers lui.

Mais déjà le compagnon à qui on avait de la main montré la maison de la *mère* était hors de la forge.

« Sacrebleu ! murmura Quille-en-Bois, je donnerais ma tête à couper que c'est *lui*. »

Et il alla jusque sur le seuil pour voir entrer le compagnon dans l'établissement de mame Toinette dont la boutique était ouverte.

Puis il revint vivement vers Jean le Manchot.

« As-tu vu cet homme ? dit-il.

— Quel homme ? fit l'invalide.

— Celui qui est entré ici... là.. tout à l'heure.

— Je l'ai vu, mais je n'ai pas pris garde à lui. Pourquoi me fais-tu donc cette question ?

— Parce qu'il a une ressemblance étrange avec un homme que nous avons beaucoup connu.

— Qui donc ? »

Quille-en-Bois se pencha à l'oreille de Jean le Manchot et lui murmura un nom que nul n'entendit.

Mais ce nom produisit sur Jean une véritable commotion électrique :

« Lui ! lui !! lui !!! dit-il avec une épouvante mêlée de colère.

— Oui.

— Et il a demandé où logeait la Mère des compagnons ?

— Oui.

— Mais il ne sait donc pas que c'est *elle* ? »

Et il souligna ce mot, et saisit sur une enclume un marteau qu'il se mit à brandir avec une fureur subite.

Quille-en-Bois l'entraîna alors sur le seuil de la forge afin de voir avec lui ce qui se passait dans l'intérieur du cabaret de la Mère des compagnons.

II

MAME TOINETTE.

Quel âge avait-elle ?

Nul, excepté Quille-en-Bois peut-être, ne le savait.

Elle était plutôt petite que grande, mince, fluette, avec des cheveux blonds, et des mains blanches comme une femme sans état.

Ses yeux bleus étaient d'une douceur incomparable.

Cependant, à de certaines heures, si une émotion agitait ce corps délicat, son regard avait un éclair.

Puis l'émotion calmée, l'éclair s'éteignait et le sourire qui reposait sur ses lèvres avait un charme angélique.

Dans le faubourg, quand on parlait de mame Toinette, les ouvriers, à quelque corps d'état qu'ils appartinssent, se découvraient avec respect.

On eût dit le reflet d'un rayon de soleil dans une glace.

Elle était belle comme la Madeleine, on la vénérait comme la Madone.

Cependant bien des cœurs battaient pour elle, dans l'ombre, depuis surtout qu'elle était veuve.

Mais jamais un aveu n'était monté du cœur aux lèvres.

Quand les compagnons étaient malades, elle les soignait avec la maternelle sollicitude d'une sœur de charité.

Une nuit que le feu dévorait une demi-douzaine de maisons, on avait vu mame Toinette, faible créature qu'un souffle de vent semblait devoir renverser, passer dix heures au milieu des flammes, portant de l'eau-de-vie aux pompiers, et de la charpie aux blessés ; enlevant sur ses épaules un vieillard infirme et se lançant dans l'espace avec ce lourd fardeau, au bout d'une corde à nœuds.

Mame Toinette avait été mariée, elle était veuve et n'avait pas d'enfants.

Mais elle était la marraine de Suzanne, et elle servait de mère à Saturnin, le frère de l'orpheline.

Il y avait plus de dix ans que son mari était mort à la suite d'un coup de pied qu'il avait reçu en ferrant un cheval, car il était maréchal.

Mame Toinette était restée veuve.

Cependant ceux qui se souvenaient du défunt disaient qu'elle n'avait pas été très-heureuse.

Le père Joseph était beaucoup plus âgé qu'elle ; c'était un bon ouvrier, mais un peu ivrogne et il avait le vin mauvais.

Mame Toinette l'avait-elle aimé ? Personne n'aurait osé l'affirmer.

Pourquoi donc avait-elle refusé tous les partis qui s'étaient présentés ?

Mystère !

Une légende discrète avait couru dans le faubourg.

Cette légende, la voici :

Mame Toinette était née dans un petit village de la Champagne, sous les grands arbres d'une ferme appartenant à une ancienne famille noble du pays.

La Révolution avait respecté le château qui était bâti à quelque distance de la ferme.

Mame Toinette. (Page 4.)

Cela tenait à ce que ses propriétaires avaient toujours eu des idées fort libérales.

Le fils du château, Martial de Bernaie, était un beau jeune homme de vingt-cinq ans, lorsque Toinette en avait quinze.

Toinette était belle.

Martial avait conçu pour Toinette un amour violent et profond.

Cet amour avait fait jeter les hauts cris à la famille de Martial.

Ce dernier avait annoncé qu'il voulait épouser Toinette.

Mais le père de la jeune fille, ancien soldat de la monarchie, plein d'un grand respect pour ses maîtres, avait menacé sa fille de la chasser, si elle ne repoussait pas Martial de toutes ses forces.

Toinette aimait le jeune homme; elle ne se rendait pas bien compte de la distance qui les séparait.

Cependant elle obéit à son père.

Un jour, on annonça dans le village que Toinette allait se marier.

On publia même ses bans avec son cousin Mathieu.

Martial au désespoir, quitta le château, s'engagea dans un régiment de cavalerie et partit.

Alors Toinette dit à son cousin Mathieu :

« Pardonnez-moi... mais je ne vous aime pas... je ne puis pas vous aimer autrement que comme un frère... je me suis prêtée aux préliminaires de notre mariage, pour tromper Martial, pour lui laisser croire que je ne l'aimais plus ; mais à présent qu'il est parti, soyez généreux... renoncez à ma main... »

Et Mathieu, les yeux pleins de larmes, avait accompli le sacrifice.

Plus tard, mame Toinette s'était mariée.

Mais c'était après avoir refusé bien des partis, du fond de la maisonnette isolée où elle s'était retirée, car elle avait quitté le toit paternel, à l'époque du départ de Martial.

Le soir où mame Toinette s'était mariée, les gens du château avaient quitté le deuil, le deuil du commandant Martial, disparu dans une sanglante mêlée et dont on n'avait jamais retrouvé le corps.

Quand on parlait de cette histoire devant maître Quille-en-Bois, il s'en allait sans répondre.

Jean le Manchot était plus explicite, il se mettait franchement en colère et disait :

« Tout ce que vous contez là est une pure invention. Il ne me reste qu'un bras, mais il est lourd... et je vous mettrai à même d'en juger, si vous tenez le moindre propos sur mame Toinette. »

Or, ce jour-là, comme on l'a vu, la Mère s'était levée matin.

Il s'agissait pour les compagnons d'une véritable solennité qui devait être fêtée le verre à la main.

On allait recevoir *compagnon* un forgeron *aspirant*.

Le novice prêterait le serment d'usage et serait initié. Ce jour-là, les forges et les ateliers fermeraient à midi, et les ouvriers feraient à cette fête le sacrifice de leur demi-journée de travail.

Mame Toinette était donc descendue de sa chambre pour ouvrir à Suzanne.

En même temps elle avait appelé Blaisot et Virginie.

Blaisot était un gros garçon joufflu qui faisait la grosse besogne dans la maison.

Virginie, en dépit de son nom poétique, était une vieille servante grêlée et bossue, que les compagnons appelaient ironiquement la *belle Vierge*.

Blaisot sortit de la soupente où il couchait, se frotta les yeux et grommela quelques paroles confuses.

« Il est donc bien matin pour toi », dit mame Toinette en riant.

Blaisot se frotta les yeux.

Quant à Virginie, sans doute pour justifier le proverbe que les vieilles gens dorment peu, elle était déjà levée et récurait à la flamande toute sa batterie de cuisine.

Mame Toinette lui dit :

« Vierge, vous allez vous faire aider par Mlle Suzanne, pendant que je vais à la halle.

— Oui la *mère* », répondit Vierge.

Blaisot, qui sans doute avait coutume d'accompagner chaque matin mame Toinette quand elle faisait son marché, prit un grand panier à son bras et croisa ses mains dans les manches de sa blouse en murmurant :

— Brrr ! il ne fait pas chaud ce matin !

— Tu te réchaufferas en route, répondit mame Toinette en riant.

Quand mame Toinette riait, Blaisot n'avait plus froid. Il était comme les autres, le sourire de la *mère* des compagnons lui faisait chaud au cœur.

Comme elle allait franchir le seuil de la boutique, mame Toinette se retourna et, s'adressant une fois encore à Virginie :

« Vierge, lui dit-elle, c'est aujourd'hui samedi, ne l'oubliez pas....

— Oui, madame.

— Le lundi, les ouvriers chôment pour la plupart. Les mauvais sujets, les paresseux, les *bons enfants* comme on les appelle, ont rôdé de cabaret en cabaret toute la nuit. Au petit jour, il en viendra ici un grand nombre, donnez-leur du vin en quantité raisonnable, et tâchez qu'il n'y ait pas de querelles.

— S'il y en avait, dit Virginie, j'appellerais M. Quille-en-Bois. »

Elle répondait sans doute, en parlant ainsi, à la pensée de mame Toinette, car celle-ci s'en alla sans dire un mot de plus.

Comme elle venait de partir, un homme entra en disant :

« Est-ce bien ici la Mère des compagnons? »

C'était l'ouvrier enrubanné qui avait demandé des renseignements à la forge de Quille-en-Bois.

« C'est ici, » répondit Virginie.

Il toisa la fille d'auberge d'un regard et lui dit :

« Est-ce vous?

— Non, dit Suzanne, la gracieuse et belle enfant qui s'approcha alors, la *mère* vient de sortir pour aller à la halle. Mais je suis sa filleule, et quand elle n'y est pas, je la remplace. »

Le compagnon fut ébloui de la beauté de Suzanne et la salua.

Suzanne reprit :

« Inutile de vous demander si vous êtes las, si vous avez faim?

— J'ai faim et je suis las, dit-il.

— Vierge, cria Suzanne, laisse-là ta batterie de cuisine et occupons-nous du compagnon. »

Vierge, qui était retournée à sa cuisine, accourut.

Si l'hospitalité, qui n'est plus qu'un mythe chez les Écossais, était bannie du reste de la terre, on la retrouverait chez la Mère des compagnons.

Les deux femmes s'empressèrent autour du voyageur.

« Voulez-vous monter au *garni* et dormir un brin? demanda Suzanne.

— Voulez-vous manger tout de suite? dit Virginie à son tour.

— J'aime mieux cela, répondit-il; je meurs de faim.... »

Et il s'assit devant le feu qu'on venait d'allumer.

« Vous avez peut-être marché toute la nuit? dit Virginie.

— Pauvre compagnon, » dit Suzanne, qui avait approché une table du feu et posait dessus un morceau de lard, du pain et du fromage.

Et elle lui adressa un de ces sourires qui tournaient la tête aux rudes forgerons de Quille-en-Bois; puis elle ajouta :

« Heureusement nous voilà. Notre *mère* va venir. On vous cherchera de l'ouvrage.... Et en attendant on prendra soin de vous....

— De l'ouvrage? dit le compagnon, il y en aura bientôt dans Paris.

— Mais il y en a toujours, dit naïvement la jeune fille.

— Je m'entends, reprit-il.... Quand nos bons amis seront arrivés, il y aura des chevaux à ferrer.

— Nos amis? fit Suzanne avec étonnement.

— Nos libérateurs, dit le compagnon.

— Mais de quoi voulez-vous donc parler? demanda la jeune fille.

— Des Russes, parbleu? des Allemands, des Autrichiens.... »

Suzanne fit un pas en arrière.

« L'ennemi! dit-elle.

— Non, ma belle enfant, continua le compagnon sans se départir de son accent alsacien; vous êtes trop jeune, je le vois bien, pour rien comprendre à la politique; mais je vas vous expliquer ça, moi, foi de compagnon. »

Le compagnon poursuivit :

« Vous n'ignorez pas que les armées alliées ont passé le Rhin pour venir délivrer la France.

— Oh! compagnon, dit la jeune fille en joignant les mains, ne parlez pas ainsi.... si la *mère* vous entendait.... et mon parrain qui aime l'Empereur comme on aime le bon Dieu!... »

Tandis que Suzanne disait cela, quatre jeunes gens, quatre ouvriers, des loupeurs, comme on dit, qui avaient passé la nuit dans les cabarets des barrières, entrèrent bruyamment dans l'établissement en demandant du vin.

« Tiens, dit l'un d'eux, bonjour, compagnon.

— D'où viens-tu? dit un autre.

— Je viens de la Champagne, répondit-il.

— Quoi de nouveau?

— Ça chauffe! ça chauffe! dit le compagnon.

— Quoi donc qui chauffe?

— La guerre donc!

— On dit que l'Empereur a gagné une grande bataille, dit un des jeunes gens.

— Ce n'est pas vrai; il a été battu.... répondit le compagnon avec un accent de méchanceté joyeuse.

— Pas possible! exclama un des jeunes gens.

— Oh! vrai, c'est impossible! murmura Suzanne en joignant les mains.

— C'est la vérité pure, ricana le compagnon. Napoléon est en fuite et les alliés marchent sur Paris. »

Il tournait le dos à la porte en parlant ainsi.

Tout à coup, une main robuste s'appesantit sur son épaule, une autre lui arracha son chapeau enrubané, et une voix mâle et sonore s'écria :

« Tu en as menti, misérable! »

Le compagnon se leva tout effaré et se trouva

face à face avec le maître forgeron, le parrain de Suzanne.

L'invalide avait foulé de sa jambe de bois le chapeau du compagnon; et lui, si doux et si calme d'ordinaire, il était effrayant à voir.

Un homme était entré derrière Quille-en-Bois, c'était Jean le Manchot.

Le forgeron se tourna vers lui et lui montra le compagnon devenu pâle de colère :

« Reconnais-tu cet homme? dit-il.

— Cet homme? fit Jean, étonné.

— Je ne vous *gonnais* ni l'un ni l'autre, » dit le compagnon dont l'accent alsacien redoubla.

Cet accent dérouta un peu Quille-en-Bois.

« Je te reconnais bien, dit-il, néanmoins, quoiqu'il y ait vingt ans que nous ne nous soyons vus. Tu es Nicolas Bourget, le déserteur.

— Gonnais pas? » répéta l'Alsacien.

Il sut mettre dans cette réponse un accent de franchise qui déconcerta Quille-en-Bois.

« C'est étonnant, dit-il; mais tu lui ressembles joliment, en ce cas. »

Le compagnon voulut se baisser pour ramasser son chapeau.

Mais le forgeron avait appuyé sa jambe de bois dessus.

« Arrière! dit-il. Que tu sois ou non Nicolas Bourget, tu ne ramasseras ton chapeau que lorsque tu auras fait des excuses.

— Des *exguses*? dit le compagnon qui fit l'étonné.

— Que tu m'aies demandé pardon à genoux.

— Bar exemple?

— A genoux, canaille! cria Quille-en-Bois, tout frémissant de colère. Tu as mal parlé de l'Empereur, et l'Empereur, vois-tu, maintenant que l'ennemi a violé nos frontières, l'Empereur, c'est la France!... »

III

LE VÉLITE DE LA GARDE.

Le compagnon était un vigoureux gaillard.

Quille-en-Bois n'avait qu'une jambe.

Jean le Manchot n'avait qu'un bras.

Les quatre vauriens qui se trouvaient dans le cabaret ne paraissaient pas vouloir prendre parti contre lui.

Ils avaient même une attitude hostile vis-à-vis de Quille-en-Bois.

« Ah! ganaille! dit le compagnon en serrant les poings, tu vas me rendre mon chapeau. »

Il se jeta sur Quille-en-Bois et lui fit perdre l'équilibre.

Mais derrière Quille-en-Bois était Jean le Manchot....

Jean n'avait qu'un bras; mais ce bras semblait avoir hérité de la force de celui qu'un boulet avait emporté et l'avoir ajoutée à celle qu'il avait déjà.

Dans le faubourg, le coup de poing de Jean le Manchot était devenu légendaire.

Il assommait comme un marteau.

Jean soutint Quille-en-Bois; puis, l'ayant remis d'aplomb, il leva son terrible poing sur l'Alsacien.

Ce dernier esquiva le coup.

Pas assez pour l'éviter tout à fait.

Assez pour n'être point assommé.

Le poing de Jean tombant sur sa tête lui eût peut-être brisé le crâne.

Heureusement il le reçut sur l'épaule et en fut quitte pour un tel choc, qu'il alla rouler à l'autre bout de la salle.

« Ah! gredin, murmura Quille-en-Bois, tu vas nous payer tout cela, va! »

Mais les quatre ouvriers commencèrent à murmurer hautement.

Ces ouvriers appartenaient à une secte de compagnonnage ennemie des forgerons.

Ils étaient compagnons du devoir de liberté, tandis que les autres s'intitulaient simplement compagnons du devoir.

Quille-en-Bois et Jean le Manchot étaient forgerons : les autres étaient menuisiers.

Les menuisiers ont la prétention d'avoir le pas sur les forgerons, les maréchaux et les serruriers.

En se relevant, l'Alsacien vit qu'il avait dans les quatre compagnons du devoir de liberté autant d'auxiliaires.

Cela lui donna du courage :

« Est-ce que les opinions ne sont pas libres? dit-il.

— Si, elles sont libres, répondirent les ouvriers.

— On n'est pas obligé d'aimer le gouvernement, » continua l'Alsacien enhardi.

Un des ouvriers menuisiers, qui était un robuste compère, ajouta :

« Je n'aime pas l'Empereur, moi ; si ça chagrine quelqu'un qu'il le dise! »

Jean le Manchot fit un pas vers lui et leva ce bras qui avait la pesanteur d'une massue.

Mais Quille-en-Bois l'arrêta :

« Un moment, » dit-il.

Puis, s'adressant aux *Devoirs de liberté* comme on les appelait :

« Mes enfants, dit-il, je ne demande pas mieux que de vider notre querelle. Les *devoirs* et les *devoirs de liberté* sont ennemis, c'est connu ; mais quand on se bat entre compagnons, il faut avoir un motif plus sérieux et plus noble que celui-là. »

Et il montra du doigt l'Alsacien :

« Voilà un homme, poursuivit-il, qui vient dire que l'Empereur a perdu une bataille, est-ce vrai ? Qu'il le prouve.

— Je le prouverai....

— Comment s'appelle cette bataille ?

— La bataille de Brienne, répondit l'Alsacien.

— Et c'est l'Empereur qui l'a perdue ?

— Oui. »

Quille-en-Bois et le Manchot n'eurent pas le temps de répondre.

Un cheval s'arrêta à la porte du salon.

Un nouveau personnage apparut au milieu des compagnons.

C'était un tout jeune homme, vêtu d'un lambeau d'uniforme.

Il n'avait guère que dix-huit ans ; mais il y avait déjà un fin duvet brun sur sa lèvre supérieure, un mâle éclair dans ses yeux, une crâne attitude dans tout son corps.

Ses vêtements couverts de poussière, la boue qui souillait sa culotte de peau et ses bottes à l'écuyère, attestaient qu'il avait fait une longue route à franc étrier. Quant à son tricorne veuf de sa plume, à son épaulette noircie, épaulette et tricorne disaient mieux.

L'enfant avait eu le baptême du feu !.

« Mon frère ! s'écria Suzanne en se jetant à son cou.

« Mon frère! » s'écria Suzane, en se jetant à son cou. (Page 20).

— Saturnin ! » exclamèrent Quille-en-Bois et Jean le Manchot. »

Le jeune homme embrassa Suzanne, tendit les mains aux deux forgerons, puis, calme, froid, hautain, il alla se placer en face de l'Alsacien et lui dit :

« Est-ce toi, camarade, qui prétends que la bataille de Brienne a été perdue ?

— C'est moi !

— Tu en as menti, elle a été gagnée ! »

Et Saturnin souffleta le compagnon.

Cet acte d'agression fut le signal du combat.

Les compagnons du devoir de liberté s'écrièrent :

« A nous les *liberté !* à nous !

— Vivent les alliés ! hurla l'Alsacien.

— Vive l'Empereur ! » répondirent en chœur Quille-en-Bois, Jean le Manchot et Saturnin. »

Un ouvrier courut vers le seuil et cria :

« A moi, les menuisiers ! »

Une boutique de menuiserie était ouverte. Quatre ou cinq ouvriers y étaient déjà à leur besogne.

Ils accoururent armés de compas.

Suzanne s'était précipitée vers la porte, à son tour, et appelait :

« Au secours, les forgerons ! »

Les forgerons qui avaient entendu la querelle, et n'attendaient qu'un signal, se ruèrent sur les menuisiers, armés de leurs lourds marteaux.

Saturnin tira son épée et se plaça devant Suzanne.

La mêlée allait s'engager. On se battrait inévitablement dans la rue et dans le cabaret.

Les menuisiers, entourant l'Alsacien, s'étaient retranchés au fond du cabaret.

Les forgerons, groupés autour de Quille-en-Bois, formaient un carré menaçant.

Cependant on s'observait encore.

Telles deux armées en présence, hésitent tour à tour à commencer le feu.

Quille-en-Bois s'écria :

« Non, enfants, on a outragé l'Empereur, on a outragé l'armée française, tout Français est soldat, et le drapeau des ouvriers est le même que celui des soldats. Vengeance !

— Vengeance ! répétèrent les forgerons.

— Vivent les alliés ! hurla l'Alsacien.

— Vive l'Empereur ! » répondit Saturnin.

Mais comme les deux partis se ruaient l'un sur l'autre, comme les compas allaient frapper et les marteaux retomber, une voix claire, une voix de femme se fit entendre et dit :

« Vive la France ! »

Une femme pâle, les cheveux en désordre, les yeux étincelants, venait de surgir au milieu des deux troupes ennemies.

C'était mame Toinette, la Mère des compagnons.

Elle s'avança seule, au milieu du cabaret, elle, la femme délicate et mignonne, corps de cire et cœur d'acier.

Son œil qui jetait des flammes, se promena des forgerons aux menuisiers.

Et les uns jetèrent leurs marteaux, les autres leurs compas.

Et tous demeurèrent immobiles et comme tremblants sous le regard d'une femme.

« Vive l'Empereur ! » dit-elle à son tour.

Puis comme un murmure courait encore parmi les compagnons menuisiers, elle ajouta :

« L'Empereur, c'est la France ? »

Mais, en prononçant ces derniers mots, son œil se fixa sur l'Alsacien.

Soudain un tressaillement nerveux parcourut tout son corps, ses narines se dilatèrent; et elle marcha vers cet homme devenu livide.

« C'est bien toi ! » dit-elle.

IV

L'Alsacien, qui n'avait eu peur ni de Quille-en-Bois, ni de Jean le Manchot, se prit alors à trembler.

Et comme elle avançait toujours vers lui, il recula jusqu'à ce qu'il rencontrât un mur.

Ses dents claquaient de terreur !...

L'Alsacien, qui n'avait tremblé ni devant Quille-en-Bois, ni devant Jean le Manchot et qui, un moment, se trouvant soutenu par les compagnons menuisiers, avait songé à engager la bataille, était devenu livide en voyant surgir devant lui la Mère des compagnons.

Elle fit un pas vers lui, et il recula.

Elle en fit un second, et il recula encore, jusqu'à ce que rencontrant un des murs de la salle, il fut obligé de s'arrêter.

« Misérable ! s'écria-t-elle, tu as beau te faire un langage et vainement tu as vieilli.... je te reconnais.... »

Il était devenu tout tremblant et cherchait à fuir.

Chose bizarre ! et qui prouvait bien l'excellente réputation de mame Toinette et la vénération presque superstitieuse dont elle était l'objet dans le faubourg, forgerons et menuisiers, prêts à en venir aux mains, s'étaient arrêtés à sa voix, et tous la considéraient maintenant comme un maître dont on ne discute même pas les volontés.

La *mère* se tourna vers les menuisiers et leur dit :

« Connaissez-vous donc cet homme, que vous prenez ainsi parti pour lui ?

— Non, dirent-ils d'une seule voix.

— Je le connais, moi, reprit-elle, et je vais vous dire qui il est ; cet homme a déserté son drapeau le jour d'une bataille ! Ose me démentir, misérable ? » fit-elle en l'écrasant d'un regard.

Les forgerons murmuraient, indignés ; les menuisiers baissaient la tête.

Le faux Alsacien tremblait plus fort.

Mame Toinette continua :

« Cet homme avait essayé de déshonorer une femme pour laquelle il éprouvait un amour insensé et à laquelle il faisait horreur ; n'ayant pu la déshonorer, il résolut de l'assassiner. »

Un frisson d'horreur parcourut l'assemblée des compagnons.

« Après avoir déserté, reprit la *mère*, cet homme revint au pays ; il y revint de nuit, par un temps affreux ; il pénétra sans que personne le vît, en escaladant un mur, comme un voleur, comme un assassin, dans la maison où la jeune fille pleurait celui qu'elle aimait, et qui était parti à la guerre ; et comme elle appelait du secours, comme elle lui résistait, il abusa de ses forces et l'étrangla !

« Puis il se sauva et personne ne le revit. »

Elle eut un éclat de voix strident et regarda le faux Alsacien.

« Est-ce vrai, cela, compagnon ? » dit-elle.

Le faux Alsacien se tut.

« Misérable ! s'écria-t-elle, je te reconnais. » (Page 23.)

« Mais Dieu est bon, reprit mame Toinette. La jeune fille qu'il avait laissée pour morte, revint à elle après son départ; et cette jeune fille d'alors, c'est moi !... »

En parlant ainsi, elle fit encore un pas vers lui.

« Nicolas Bourget, dit-elle, toi que l'on avait surnommé Judas, au village de Fontenelle, tu m'as bien reconnue, n'est-ce pas ? »

Il s'élevait parmi les compagnons un murmure menaçant.

Un menuisier sortit des rangs de ses compagnons et s'écria :

« La *mère*, dites un mot, et je lui enfonce mon compas dans le ventre.

— Mort à l'Alsacien, » répétèrent les compagnons.

Mais mame Toinette étendit la main.

« Non, dit-elle, le sang d'un lâche et d'un traître porte malheur, contentez-vous de lui défendre de porter les nobles couleurs des compagnons et de se donner pour ouvrier, car il n'est rien de tout cela. Chassez-le, et ne lui faites pas de mal. »

Et montrant du doigt la porte au faux Alsacien :

« Sors ! dit-elle, ne souille pas plus longtemps mon toit de ta présence, va-t'en ! »

Le faux Alsacien obéit.

Il sortit la tête basse, l'œil rivé au sol, accompagné des huées et des murmures d'indignation des deux camps formés par les compagnons.

Mais quand il eut franchi le seuil, il se retourna et son œil eut un éclair de haine.

« Je me vengerai ! » murmura-t-il.

La *mère* regarda alors les compagnons.

« Est-il donc bien vrai, mes enfants, dit-elle de cette voix mélancolique et ferme à la fois, qui avait un charme intraduisible et bouleversait tous les cœurs, est-il donc vrai que les vieilles querelles de compagnonnage ont failli tout à l'heure vous armer les uns contre les autres? Un homme est venu parmi vous, un homme que vous ne connaissiez pas; et cet homme a failli vous faire répandre des flots de sang!.... »

Ces mots produisirent une vive impression.

Forgerons et menuisiers se précipitèrent les uns vers les autres et se serrèrent les mains.

Mame Toinette continua :

« Que vous disait-il, cet homme? que l'Empereur avait perdu une bataille? C'est faux! l'Empereur ne perd pas de bataille! et c'est à vous, compagnons, qu'on vient dire ceci? mais n'êtes-vous pas Français? il n'y a de vrai qu'une chose dans tout cela : les Russes et les Prussiens ont franchi le Rhin, ils sont entrés en France, mais ils n'en sortiront pas!

« Mais vous n'avez donc pas deviné, poursuivit-elle, — et sa voix devint mâle et sonore, — que l'Empereur ne s'est replié vers le cœur de la France que pour les y attirer et leur y creuser un tombeau. Pas un n'échappera!.... Vous verrez!....

— Vive la France! crièrent les compagnons.

— Mort aux Cosaques! répétèrent-ils.

— Vive l'Empereur! » dit la *mère* des compagnons.

Et son visage s'empourpra, ses yeux lancèrent des éclairs, elle parut grandir, elle se transfigura :

— Oh! dit-elle, vous ne l'avez pas tous vu, vous autres, comme je l'ai vu, moi.

« Vous l'avez vu passer sur les boulevards, entouré de ses officiers empanachés; vous ne l'avez pas vu, comme moi, allant battre les ennemis de la France.

— Pardon, la *mère*, dit Quille-en-Bois, j'étais à Austerlitz, moi.

— Et moi donc! » fit Jean le Manchot.

LA BATAILLE DE MONTMIRAIL. 27

Mais la *mère* des compagnons leur imposa silence d'un geste.

Puis elle reprit :

« La première fois que je l'ai vu, moi, il n'était pas encore Empereur. On l'appelait le général Bonaparte et il n'avait que vingt-six ans, moi j'en avais douze ou quinze. Il traversait notre village à la tête de son corps d'armée et nous nous étions portés en foule à sa rencontre.

« Il s'arrêta devant la porte de notre chaumière, il avait soif.

« Je lui apportai toute tremblante un verre de vin, il le but d'un trait, et me dit de sa voix douce et caressante :

— Merci, ma belle enfant.

— On criait autour de lui : Vive le général Bonaparte !

— Il nous répondit en nous montrant le drapeau qu'on portait devant lui :

— Vive la France !

— Je le vois encore avec son front pâle, ses longs cheveux noirs, ses yeux qui brillaient comme des étoiles, et son sourire qui descendait au fond du cœur.

— Il y avait des vieillards parmi nous, d'anciens soldats à tête blanche ; mais jeunes et vieux s'inclinèrent devant ce jeune homme.... On sentait qu'il allait faire la France plus grande à elle seule que le reste du monde, et quand il eut disparu dans un nuage de poussière à travers lequel le soleil couchant faisait étinceler les casques dorés des dragons, et les rouges panaches des lanciers, je sentis mon cœur battre si fort que je compris, mes enfants, que le plus noble amour, le plus grand, celui qui domine tout autre sentiment humain, c'est l'amour de la patrie.

— Vive la France ! et mort aux Cosaques ! »

Ces dernières paroles de la Mère des compagnons furent accueillies avec une sorte de frénésie enthousiaste.

« Vive mame Toinette, vive notre Mère ! » s'écria-t-on de toute part. »

Elle ajouta :

« Le soldat redevient ouvrier ; l'ouvrier peut redevenir soldat. Faites-moi un serment, mes enfants....

— Parlez, notre mère, parlez !

— Si les Russes venaient aux portes de Paris, vous me suivriez, n'est-ce pas? Vous déserteriez l'atelier pour la rue convertie en champ de bataille !....

— Nous le jurons ! dirent-ils comme un seul homme.

— Et je serai votre général, moi ! » dit un jeune homme.

C'était Saturnin, le frère de Suzanne.

La Mère le prit dans ses bras.

« Pardon, mon enfant, dit-elle, je t'avais presque oublié. »

Et elle eut pour lui des caresses vraiment maternelles.

« D'où viens-tu ? lui dit-elle.

— L'Empereur après la bataille m'a donné un message à porter à Paris. Je l'ai là.... »

Et il montrait sa sabretache.

« Mais c'était mon chemin pour aller aux Tuileries. J'ai voulu vous embrasser, et je suis tombé au milieu de cette bagarre.

« Mais c'est fini.... embrassez-moi.... le devoir avant tout....

« Vive l'Empereur !

— Et d'où viens-tu ? dit la *mère*; où est l'Empereur en ce moment ?

— Il a battu avant-hier les Russes à Brienne; il a

repris le village de Fontenelle qui avait ouvert ses portes à l'ennemi.

— Fontenelle! exclamèrent à la fois mame Toinette et Quille-en-Bois.

— La paix, » murmura Jean le Manchot.

Et il ajouta :

« Tu te trompes, mon enfant, les gens de Fontenelle sont de bons Français. Fontenelle a été pris, mais il ne s'est pas rendu.

— Oui, dit Saturnin, mais il y avait un vieux royaliste qui leur avait monté la tête. »

A ces mots, la mère des compagnons pâlit.

« Quand il a vu s'approcher les Russes, il a arboré la cocarde blanche et il a crié : Vive le roi !

— Sais-tu son nom? » demanda Quille-en-Bois, dont la voix se prit à trembler.

Saturnin poursuivit :

« Le lendemain, l'Empereur a repris le village. Le vieux a été fait prisonnier....

— Et on l'a fusillé? demanda encore Quille-en-Bois.

— Non, mais il le sera.... Seulement, l'Empereur veut qu'il soit jugé.

— Son nom? son nom? » demanda Quille-en-Bois avec un redoublement d'émotion.

La Mère des compagnons était blanche et muette comme une statue.

« Je ne sais pas son nom, répondit Saturnin ; tout ce que je sais, c'est que c'est un fermier et que sa ferme s'appelle la *Regratière*. »

La Mère des compagnons jeta un cri :

« C'est mon père ! » dit-elle.

Puis elle tomba évanouie dans les bras de Quille-en-Bois.

V

Maintenant quittons Paris, et, nous reportant de quelques jours en arrière, allons au-devant des armées alliées et entrons dans cette vaillante et stérile Champagne, dont les plaines désolées commencent à manquer de pain.

C'était le 6 février 1814.

La nuit approchait, le canon avait grondé dans le lointain pendant tout le jour.

Les habitants du village de Fontenelle, sur la route de Montmirail, étaient attroupés sur la place, devant la mairie, convertie depuis plusieurs jours en caserne provisoire.

Un escadron de lanciers, faisant partie de la division Marmont, l'occupait.

On était sans nouvelles.

L'angoisse de la population était à son comble.

Chacun expliquait la situation à sa manière.

Un groupe considérable s'était formé à l'entour du chef d'escadron de lanciers, un tout jeune homme, qui avait déjà assisté à vingt batailles et dont le visage était anobli par une glorieuse balafre.

Les bourgeois causaient, l'officier était silencieux.

Un jeune homme en bottes molles, bien que vêtu en costume civil, et n'ayant d'autre arme à la main qu'une cravache, pérorait au milieu du groupe et disait :

« La position des armées est claire. Napoléon, après la bataille de la Rothière, a opéré un mouvement de retraite sur Troyes et il se rapproche de la Seine.

« L'état-major des alliés est à Châtillon, Blücher et les Prussiens occupent Châlons, Vittgenstein et les Russes tiennent les rives de l'Aube, le prince de Schwartzemberg marche sur Montmirail.

« Le canon que vous avez entendu toute la journée est celui des Russes. Dans deux heures les Cosaques seront ici. »

A ces derniers mots, il courut un frisson d'épouvante par tout le village.

Seul, le jeune homme, qui paraissait appartenir à une classe élevée de la société, demeura calme et presque joyeux.

« Alors, dit un homme d'âge mûr, un paysan à longue moustache, preuve évidente qu'il avait servi autrefois, alors vous croyez que l'Empereur recule devant les alliés.

— Il ne recule pas, il fuit....

— Monsieur Justin, dit sèchement le paysan, l'Empereur n'a jamais fui. Oh! je sais bien que vous êtes un noble, un ci-devant, et que vous espérez toujours que le roi reviendra, de même que vous espérez aussi épouser la demoiselle du château qui est là-haut à mi-côte....

— Prends garde à ce que tu vas dire, Joseph Lantaigue, dit le jeune homme, la demoiselle du château s'appelle Charlotte de Bernerie.

— Je le sais, monsieur....

— Et elle est ma cousine.

— Oui, mais elle ne vous aime pas et ne veut de vous à aucun prix. »

Le jeune homme leva sa cravache; il se fit un murmure d'indignation autour de lui.

« A bas les ci-devant! Vive l'Empereur! crièrent plusieurs voix.

— Vive le roi! » répondit le chevalier Justin d'Ormignies.

Et il croisa assez fièrement les bras, et soutint d'un regard l'attitude hostile de la foule.

Alors, seulement, l'officier s'interposa.

Depuis dix minutes, les lanciers, qui s'étaient mêlés à la foule des paysans, murmuraient hautement et ne parlaient de rien moins que de faire un mauvais parti au téméraire qui osait attendre avec joie les armées coalisées.

Seul, le chef d'escadron s'était tu.

Caressant d'une main fiévreuse sa moustache blonde, il était demeuré calme et triste au milieu de cet orage qui grondait, prêtant parfois l'oreille au bruit lointain du canon, et, parfois aussi, regardant par-dessus les toits de la place une colline enveloppée des brumes du soir, au flanc de laquelle se dressait un petit manoir de briques rouges de l'époque et du style de la Renaissance.

« Mes amis, dit-il, ce que monsieur vous raconte est complétement faux. Il peut se faire que l'Empereur qui a gagné, il y a cinq jours, la bataille de la Rothière, ait l'intention de se replier sur Troyes, afin d'attirer l'ennemi entre la Seine et la Marne ; mais ce n'est ni une fuite, ni une fausse retraite, c'est un mouvement stratégique. »

Le chevalier Justin d'Ormignies eut un dédaigneux sourire.

« Qui vivra verra! dit-il. »

Le chef d'escadron ne daigna pas lui répondre.

Et, continuant de s'adresser à la foule :

« Mes amis, l'Empereur est toujours le maître en France. La France n'a qu'un drapeau, jusqu'à ce jour, c'est le drapeau tricolore.

— Vive la France! crièrent les paysans.

— Vive le roi! répéta le chevalier. »

On allait peut-être le mettre en pièces, tant l'irritation générale s'était accrue depuis quelques minutes, lorsque le chef d'escadron, d'un geste, imposa silence à la foule et cria :

« Que personne ne touche à monsieur! Au nom de l'Empereur, que je représente ici, je vous le défends.

— A bas le ci-devant! vive l'Empereur! répéta-t-on. »

L'officier prit alors par le bras le chevalier pâle d'émotion et de colère, et lui dit :

« Venez avec moi, Monsieur, j'ai deux mots à vous dire.

— Monsieur.... je ne veux avoir avec vous.... aucun rapport..., répondit le chevalier d'une voix brève et sifflante. »

Le chef d'escadron ne s'indigna point de cette réponse blessante.

Seulement il dit tout bas :

« Si vous ne faites ce que je vous demande, monsieur, je ne réponds pas de votre vie, je laisserai faire ces gens-là, et ils vous écharperont. »

Le chevalier d'Ormignies comprit le danger et fit un moment violence à son caractère hautain :

« Soit, dit-il, je vous écoute. »

Le prestige de l'uniforme français était tel encore que nul n'osa s'opposer à ce que l'officier entraînât le chevalier à l'écart.

La foule se tint à distance, et ces deux hommes qui semblaient se haïr énergiquement, se trouvèrent seuls.

« Monsieur le chevalier, dit alors l'officier, vous avez tout à l'heure crié : Vive le roi c'est jusqu'à présent un cri séditieux, et si je voulais remplir scrupuleusement mon devoir et user des droits de la guerre, je vous ferais fusiller. »

Le chevalier ne répondit pas. L'officier poursuivit :

« Vous êtes gentilhomme et je le suis aussi. Je m'appelle Raoul de Vauxchamps.

— Je le sais, dit froidement l'inconnu.

— Seulement, reprit Raoul, je suis Français, je sers mon pays, et je compte bien mourir sur le champ de bataille, avant qu'on ne voie flotter le drapeau russe aux Tuileries.

Vous, au contraire, mauvais citoyen, fils ingrat de cette noble patrie qu'on nomme la France, vous vous réjouissez de voir l'ennemi envahir notre sol.

— Monsieur, dit le chevalier avec hauteur, si vous croyez avoir le droit de me faire fusiller, faites-le, mais n'insultez pas à mes opinions. »

Un sourire dédaigneux vint aux lèvres du commandant Raoul de Vauxchamps.

« Monsieur, répondit-il, nous sommes, je le vois, plus divisés encore que je ne le pensais ; entre vous et moi, il y a mieux qu'une animosité politique ; il y a une femme....

— Monsieur!...

— Une femme que vous remercierez, quand vous la verrez, car son seul nom, prononcé tout à l'heure, vous a sauvé. »

Le chevalier frappa du pied avec colère :

« Je vous défends de répéter ce nom, dit-il.

— Moi, répond Raoul avec mélancolie, je me bornerai à vous dire que si nous la prenions pour juge....

— Vous m'insultez, monsieur!...

— Non, car mon devoir, aujourd'hui, me défend de relever un défi tout personnel.

— C'est-à-dire que si je vous.... provoquais....

— Je déclinerais l'honneur d'une rencontre.

— Si je vous... frappais..... »

Et le chevalier tourmenta la poignée ciselée de sa cravache.

« Si vous osiez faire cela, dit l'officier avec un sang-froid superbe, mes lanciers se jetteraient sur vous et vous hacheraient à coups de sabre.

— Mais vous êtes un homme d'honneur, cependant? ricana le chevalier; tout à l'heure vous avez osé dire que vous étiez gentilhomme.

— Je suis soldat, monsieur, et tant que la France aura besoin de mon sang, je ne le verserai pas pour une autre cause. »

Le chevalier était devenu livide de colère.

« Commandant Raoul de Vauxchamps, dit-il, vous êtes un lâche. »

Le commandant pâlit; mais il ne lui échappa ni un cri d'indignation, ni un geste de rage.

Seulement il regarda fixement le chevalier et lui dit :

« Écoutez-moi bien. J'ai foi dans l'étoile de mon Empereur, j'ai foi surtout dans ma noble France, impatiente de tout joug étranger; dans deux mois, il ne restera ni un Prussien, ni un Cosaque, ni un Autrichien de ce côté-ci du Rhin.

A cette époque, si je n'ai été tué, je demanderai un congé et alors je viendrai vous trouver et je vous dirai : Maintenant, chevalier, il me faut tout votre sang. »

La foule des soldats et des paysans était devenue silencieuse.

Elle sentait qu'entre ces deux hommes, qui parlaient

à voix basse, se déroulait le prologue de quelque drame sanglant et terrible.

Comme le commandant faisait au chevalier d'Ormignies cette fière réponse, un paysan monté sur un cheval de labour entra dans le village au grand galop en criant.

« Les Cosaques ! les Cosaques ! »

Il y eut un moment de panique épouvantable.

Les femmes se mirent à pousser des gémissements, les enfants effrayés se serrèrent auprès des hommes faits, les vieillards joignirent les mains.

La colère du chevalier tomba subitement et fit place à une joie sauvage.

Le paysan à cheval était venu s'arrêter au milieu de la foule et disait :

« Les Cosaques sont à une lieue d'ici. Il y en a six mille. Ils marchent vers Fontenelle. »

Celui qui, dix minutes auparavant, avait si vivement interpellé M. le chevalier d'Ormignies, s'écria :

« Aux armes, mes enfants ! aux armes ! Il faut nous défendre.

« Vive l'Empereur !

« A cheval ! commanda Raoul de Vauxchamps à ses lanciers. »

Et, sautant en selle, il ajouta :

« Mort aux Russes ! vive la France ! »

Le canon grondait toujours dans le lointain.

« Les Cosaques sont à une lieue d'ici. » (Page 36).

VI

La France est le pays militaire par excellence.

Que le canon tonne, que le tambour batte, de chaque sillon de laboureur surgit un soldat tout armé.

Ce fut magique.

Aux dernières heures du crépuscule, tandis que les lanciers rouges se rangeaient en bataille, les habitants coururent chez eux et s'armèrent, qui d'un fusil, qui d'une hache, qui de cet instrument terrible qu'on appelle une faux.

Le village n'avait qu'une rue étroite, s'élargissant un peu et formant comme une place oblongue vers le milieu, devant la mairie.

Joseph Lentaigue, l'ancien soldat, qui était valet de ville, alla chercher son tambour et battit la générale.

Une femme, une belle fille de vingt ans, dont les trois frères étaient sous les drapeaux, la Madelon, comme on l'appelait, monta au clocher de l'église et sonna le tocsin.

Les vieillards et les enfants furent parqués dans les maisons.

Quelques femmes les suivirent.

Les autres demeurèrent avec leurs hommes.

Un chariot de foin, attelé de six bœufs, entrait alors dans Fontenelle.

On le renversa.

Ce fut la première assise d'une barricade.

Quand la nuit fut venue on alluma des torches.

On avait barricadé le côté nord, on barricada le côté sud.

Le commandant Raoul de Vauxchamps donnait ses ordres avec calme et prenait toutes ses dispositions.

« Mes enfants, disait-il, si nous pouvons résister toute la nuit, au point du jour nous serons secourus. Vive l'Empereur !

— Vive la France ! » répondit ce petit peuple en délire.

Il y avait devant la mairie deux pièces de campagne laissées par le dernier corps d'armée qui avait traversé le village.

On en braqua une sur chaque barricade.

Tout cela se fit sans bruit, sans cris, sans épouvante.

Les vieillards ne disaient plus rien, les femmes ne se tourmentaient plus.

Les enfants s'étaient armés de frondes, et les hommes faits repassaient leurs faulx ou chargeaient leurs fusils.

Cela dura plusieurs heures.

De minute en minute, des gens de la campagne arrivaient effarés et disaient :

« Les Cosaques approchent ! »

Le bruit du canon devenait plus distinct.

En revanche le tocsin ne sonnait plus, le tambour était redevenu muet, et on n'entendait par le village que la voix brève et sonore des officiers de lanciers et de Joseph Lentaigue, qui avait pris le commandement de ses paysans.

Un homme s'était éclipsé, pendant les apprêts du combat désespéré.

C'était le chevalier Justin d'Ormignies.

Il s'était glissé dans une maison voisine de la mairie dont la porte s'était ouverte et refermée sur lui aussitôt.

Une femme était accourue pour le recevoir.

« Cache-moi, Marthe, lui dit-il, on a voulu m'attraper tout à l'heure.

— Ne m'en parlez pas, monsieur le chevalier, répondit cette femme, j'ai cru qu'on allait vous mettre en pièces. J'étais là haut, à ma fenêtre, toute tremblante....

C'est l'officier qui vous a sauvé, n'est-ce pas ?

— Oui, murmura le chevalier. »

La femme l'avait pris par la main et l'entraînait dans les ténèbres, car la maison était plongée dans une obscurité complète.

« Voulez-vous que je vous enferme dans la cave, lui dit-elle.

— Non, non, répondit le chevalier, tu m'ouvriras la porte qui donne sur ton jardin, la nuit est noire, je gagnerai le mur que j'escaladerai, et une fois de l'autre côté, je gagnerai le château à travers champs.

Dans deux heures, les Cosaques seront ici ; mais dans ces deux heures, ces gens-là m'assassineraient si je reparaissais parmi eux, car j'ai crié vive le roi !

— Que le roi revienne, et vous serez récompensé, dit la femme.

— Je le serai et j'épouserai ma cousine, murmura le chevalier.

— Vous en demandez trop, monsieur Justin, Mlle Charlotte ne vous aime pas.

— Oui, mais son père m'aime, lui ; et il faudra bien qu'il me la donne.

— Vous ne la connaissez pas, répondit Marthe en secouant la tête, elle a un caractère indomptable, la demoiselle, et puis elle aime l'Empereur, quand son père et vous, et les autres, vous aimez le roi.

« C'est comme ma sœur Toinette, voyez-vous, c'est des caractères de fer, ça ne plie jamais.... »

A ce nom de Toinette, le chevalier qui était arrivé jusqu'à cette porte que devait lui ouvrir cette femme, s'arrêta un moment :

— Qu'est-ce qu'elle est donc devenue ta sœur? dit-il.

— Nous ne savons pas, ni mon père, ni mon frère, ni moi. Tout ce que nous savons, c'est qu'elle est à Paris et qu'elle est veuve ; le cousin Mathieu, vous savez, qui a une jambe de bois et qui est établi forgeron à Paris, est venu ici l'an dernier ; mais il n'a pas voulu nous dire ce qu'était devenue Toinette.

— Pourquoi donc?

— Est-ce que je sais, moi? Le père qui pleure tous les jours en pensant à elle, a supplié Quille-en-Bois, comme on l'appelle, de nous donner de ses nouvelles.

— Eh bien! qu'a-t-il répondu?

— Ceci : vous avez fait le malheur de Toinette, elle est morte pour vous! »

Le chevalier ouvrit la porte du jardin :

« Adieu, Marthe, dit-il. Et merci de m'avoir sauvé.

— Nous nous devons bien cela, entre nous, répondit-elle, nous qui sommes des blancs. »

Le chevalier traversa le jardin, enjamba le mur qui n'était pas très-haut, et se sauva dans la campagne, les yeux fixés sur les lumières qui brillaient, espacées sur la façade du petit château en briques rouges.

. . . .

Le chevalier courut l'espace d'un quart d'heure environ, trébuchant parfois dans les guérets et tombant pour se relever aussitôt.

Il ne détourna point la tête, il ne ralentit point sa

course, ce ne fut que lorsqu'il eut atteint le pied de la colline qu'il s'arrêta.

Alors il tourna la tête et vit une clarté rougeâtre derrière lui.

C'étaient les gens de Fontenelle qui, électrisés par Joseph Lentaigue le vieux soldat et la martiale attitude du jeune commandant de lanciers, construisaient leurs barricades à la lueur des torches.

Le ciel était noir sur sa tête, un ciel d'hiver avec de gros nuages chargés de frimas.

A l'est, il était d'un bleu pâle, à l'ouest, d'un blanc ardent et qui semblait refléter encore les derniers rayons du soleil disparu depuis longtemps derrière l'horizon.

Le canon tonnait toujours dans l'éloignement.

Parfois même une traînée de feu, celle d'un projectile creux, montait dans le ciel et s'éteignait avec un bruit éclatant.

Celui qui aurait pu voir alors le chevalier Justin d'Ormignies, les bras croisés sur sa poitrine, un sourire cruel sur ses lèvres, eût deviné toute sa pensée.

Cette pensée, il la traduisait en un monologue heurté, coupé de silence et de brusques interruptions :

« Ah ! M. de Vauchamps, disait-il, vous ne m'avez protégé contre la fureur populaire que par amour pour ma noble cousine, Charlotte de Bernerie ?... et comme vous l'aimez et que, peut-être, elle vous aime.... vous avez refusé le combat que je vous offrais ?

Mais vous ne savez donc pas, ô mon heureux rival, que j'ai vingt-cinq ans à peine, peu ou point de conviction politique, et que si je souhaite l'anéantissement du régime que vous servez, c'est qu'il y aura alors entre Charlotte et vous une barrière infranchissable.

J'ai crié : vive le roi ! Qu'importe ! C'était vive Charlotte que je voulais dire; Charlotte, c'est-à-dire le retour aux anciennes idées, notre ancienne puissance et nos droits féodaux rétablis, et pour prix de ma constance la main et la dot immense de ma cousine.

La dot surtout, car bien avant la Révolution, mon père avait pris soin de s'appauvrir et de s'endetter. »

Le chevalier demeura quelques instants immobile, promenant ses regards du couchant à l'orient, avec une joie sinistre. Le canon semblait lui prédire la réalisation de ses ténébreuses opérations.

Puis il ramena son œil vers la colline au flanc de laquelle se dressait le château.

Le château flamboyait par toutes les fenêtres.

« Pardieu! murmura-t-il avec un sourire ironique, on dirait que ma belle cousine illumine pour saluer les vainqueurs.

Elle aime tant les rois de ses pères, elle ! »

Et il prit un sentier qui montait en zigs-zags vers *Fontbrune*.

C'était le nom du château.

Comme il avait atteint la haie du parc qui était dessinée en amphithéâtre, il entendit au-dessus de lui une voix jeune et sonore qui chantait ce refrain démodé depuis plus de trente années :

> Dans les gardes françaises,
> J'avais un commandant,
> Ran tan plan !

« Voici l'aide-de-camp de ma belle cousine qui vient sans doute à ma rencontre, murmura le chevalier. »

Et il hâta le pas.

Cinq minutes après, il se trouvait face à face avec un jeune garçon portant l'habit de velours d'un garde-chasse, qui lui dit :

« Ah ! monsieur le chevalier, on est bien en peine de vous là haut.

— Vraiment ! et qui donc?

— Monsieur le baron, pardine ! il avait peur que les bonapartistes ne vous fissent un mauvais parti. Comme si les bonapartistes, au jour d'aujourd'hui, ce n'étaient pas des Français comme vous et moi.

— Tu crois ? ricana le chevalier.

— Je sais bien, continua le garde-chasse d'un ton railleur, que mamzelle Charlotte dit que vous êtes un peu Russe, vous ; mais tout ça s'arrangera.

— Et toi, qu'en penses-tu ? demanda le chevalier.

— Moi, je pense toujours comme mademoiselle, répondit fièrement le jeune garçon. Suis-je pas son frère de lait ?

— Mâchefer, dit sèchement M. Justin d'Ormignies, sais-tu ce que je ferai le jour où j'épouserai ma cousine ?

— Ah ! voyons ça ? fit le jeune homme avec un rire des moins respectueux.

— Je te chasserai.

— Alors je suis bien tranquille. Nous avons du temps devant nous. »

Le chevalier tira sa cravache : mais elle retomba dans le vide.

Mâchefer n'était plus là, il descendait en courant vers le village.

« Où vas-tu ? lui cria le chevalier. »

La voix railleuse de Mâchefer monta jusqu'à lui :

« Je vais me battre contre les Cosaques, dit-il, et porter au commandant un message de mademoiselle.

— Va ! va ! murmura tout bas le chevalier ; quand les alliés auront pris Fontenelle, je m'arrangerai de façon à te faire fusiller. »

Et il continua, le cœur plein de rage, son ascension vers le château.

VII

Mlle Charlotte de Bernerie, à l'heure même où son cousin le chevalier d'Ormignies gravissait la colline, était accoudée, inquiète et pâle, à une des croisées du grand salon de famille sur les murs duquel s'étalaient les portraits des ancêtres.

Le salon était occupé par la famille entière.

C'est-à-dire le vieux marquis de Bernerie, le comte son fils, la douairière d'Ormignies, sœur du comte et mère du chevalier, enfin Mlle Charlotte sa petite-fille.

Le comte de Bernerie était un homme de cinquante ans, un peu gros, un peu chauve, avec de petits yeux se faisant jour avec peine, au travers d'un visage bouffi.

Il était veuf.

La comtesse était morte en donnant le jour à Charlotte.

Mme d'Ormignies, l'aînée de son frère, était une grande personne un peu sèche, aux cheveux gris, au nez busqué, ayant un sourire dédaigneux sur sa lèvre autrichienne, et paraissant à peu près indifférente à toute chose.

Au coin du feu, grand, encore droit, les cheveux blancs taillés en brosse, se tenait le patriarche de cette race, M. le marquis de Bernerie.

Le chevalier leva sa cravache (Page 48.)

Silencieux, le sourcil froncé, l'oreille tendue à cette canonnade lointaine qu'on entendait, son regard interrogeait tour à tour le visage radieux de son fils qui allait et venait par la chambre en se frottant les mains, et celui de sa petite-fille qui, tout au contraire, paraissait absorbée en une profonde et muette douleur.

« Charlotte? » dit le vieillard.

La jeune fille quitta la croisée et vint à son grand-père qui la prit dans ses bras.

« Est-ce que tu crois, lui dit-il à mi-voix, que l'Empereur n'aura pas le dessus?

— Je prie depuis ce matin, répondit la jeune fille, comme j'ai prié hier et les jours précédents, comme je prierai demain, bon papa, pour que tous ces étrangers soient écrasés.

— Ah! dit le vieillard, c'est mon sang qui parle! je le reconnais!... »

Le baron de Bernerie, qui continuait à se promener en donnant des marques de satisfaction nombreuses, s'arrêta court et frappa du pied avec impatience :

« Il faut pourtant, dit-il, que vous en preniez votre parti, mon père, Napoléon sera battu, les alliés lui feront mettre bas les armes et le roi reviendra.

— Mon père, murmura Charlotte, vous avez des paroles impies en ce moment. »

Mme d'Ormignies regarda son frère et lui dit avec un accent dédaigneux :

« C'est vraiment honteux de voir une fille bien née, professer de semblables opinions.

— Que voulez-vous, ma sœur, répondit le comte, c'est son grand-père qui l'a élevée ainsi. »

Mais à ces paroles, le vieux marquis se leva tout debout; il regarda son fils et lui dit froidement :

« Je crois que vous me manquez de respect.

— Non, mon père, répondit le comte, mais je ne puis que m'étonner de voir, alors qu'on vient restaurer nos princes légitimes, un gentilhomme, un Bernerie, s'indigner et regretter le régime d'un usurpateur comme Napoléon. »

Le vieillard répondit :

« Mon fils, j'ai près de cent ans. J'ai assisté à quarante batailles sous la monarchie. J'ai été à Fontenoy, et on m'y a laissé pour mort.

En Hollande, dans les Flandres, en Allemagne, partout où j'ai suivi le drapeau français, j'ai senti grandir en moi l'amour de la France.

Oui, je suis gentilhomme, mais gentilhomme vraiment français, et je ne veux pas voir l'étranger fouler notre sol. »

Le comte de Bernerie haussa les épaules et ne répondit pas.

Le vieillard poursuivit :

« J'aime Napoléon parce qu'il a fait la France glorieuse. Si les rois de nos pères, comme vous les appelez, doivent revenir à la suite des Cosaques et des Anglais, je n'en veux pas ! A mes yeux, ils ne sont plus Français.... »

Le comte eut un geste d'impatience :

« C'est avec de telles idées, fit-il, que vous avez perdu mon fils. Un jour, il s'est engagé dans l'armée de l'usurpateur. Qu'est-il devenu ? Vous le savez.... »

Charlotte, jusque là silencieuse, regarda froidement son père et lui dit :

« Si mon frère est mort, ce dont nous n'avons pas la preuve, ce que je ne crois pas, moi, du moins il est mort pour la France.

— Tu parles bien, mon enfant, dit le vieillard avec enthousiasme.

— En attendant, ricana le comte, entendez-vous le canon des Russes?

— Et qui vous dit, mon père, que ce n'est pas le canon français?

— C'est vraiment déplorable, murmura Mme d'Ormignies, de voir dans une famille comme la nôtre de semblables opinions. Heureusement, j'ai bien élevé mon fils, moi.

— Vous l'avez si bien élevé, ma tante, dit Charlotte, que je l'ai en aversion profonde, et qu'il ne sera jamais mon mari.

— Le vieux marquis se retourna, regarda sa petite-fille en souriant, et lui dit:

— Friponne, tu n'en diras pas autant de certain bel officier de lanciers.... »

Charlotte se jeta au cou du vieillard et lui ferma la bouche avec un baiser:

« Taisez-vous, bon papa, dit-elle. »

Le comte de Bernerie et sa sœur se regardèrent avec une expression de douloureuse pitié.

En ce moment, une porte s'ouvrit et une personne entre deux âges, et qui paraissait être une femme de charge, entra, en disant:

« On dit que les Russes approchent.

— Vraiment? » fit le comte avec joie.

Le vieux marquis eut dans les yeux un éclair de colère :

« Qui t'a dit cela? fit-il d'une voix presque menaçante.

— En vérité! c'est désolant, murmura le comte. On crie ici vive le roi et vive Napoléon! tout à la fois.

— Vous vous trompez, mon père, dit Charlotte; c'est vive la France qu'on devrait crier. »

Avant d'aller plus loin, expliquons en peu de mots

cette divergence d'opinions qui existait parmi les hôtes du château de Fontbrune.

Ce manoir, avant la Révolution, avait pour tributaires une demi-douzaine de villages, et les barons de Bernerie ses propriétaires avaient une grande fortune.

La féodalité renversée, cette fortune, chose rare, était demeurée à peu près intacte.

Ceci tenait à la popularité exceptionnelle dont jouissait cette famille dans le pays.

Les Bernerie avaient tous servi, et de père en fils, depuis plusieurs siècles, ils étaient réputés vaillants soldats.

Le grand-père de Mlle Charlotte avait été laissé pour mort sur le champ de bataille de Fontenoy. On ne l'avait trouvé que le lendemain, respirant encore.

Il avait vécu, il était revenu en Champagne et pendant quarante années, il avait étonné la noblesse par ses idées libérales, et conquis l'amour des paysans par son inépuisable charité.

Lorsque la Révolution éclata, on ne toucha pas une ardoise de la toiture de Fontbrune, bien que le fils du vieux marquis eût fait partie de cette colonne avec laquelle le prince de Lambesc chargea le peuple dans les rues de Paris.

Au fort de la Terreur, le comte de Bernerie, traduit devant le tribunal révolutionnaire de Troyes, fut acquitté, après cette allocution du président :

« Ci-devant, bien que tu aies offensé la nation, la nation te pardonne en faveur des services que ton père a rendus au peuple. »

Il était résulté de tout ceci que la famille de Bernerie avait traversé la Révolution avec des opinions diverses.

Le vieux marquis, libéral comme pas un, avait

Charlotte montait à cheval. (Page 49.)

commandé la garde nationale, juste à la même époque où son fils allait servir dans les rangs de l'armée de Condé.

En 1806, quand le chevalier de Bernerie revint de l'émigration, il trouva son père officier de la Légion d'honneur et maire de Fontenelle.

Son fils Martial rêvait des épaulettes, et il partit, en effet, lorsqu'on lui eut formellement défendu d'épouser la jolie Toinette, la fille du fermier de la *Regratière*.

On ne savait ce qu'était devenu Martial.

Quant à Mlle Charlotte, élevée par son aïeul et professant comme on l'a vu, des opinions tout à fait opposées à celles de son père, de sa mère et de son cousin, c'était, à l'époque où commence notre récit, une grande et belle personne de vingt-deux ans, blanche et brune, avec de grands yeux bleus et des cheveux noirs de jais.

Charlotte montait à cheval, suivait une chasse au galop, tirait le pistolet.

Cependant, Charlotte, en dépit de cette éducation un peu masculine, avait toutes les distinctions et toutes les sensibilité, de la femme, comme on le verra par la suite.

Donc, la femme de charge arriva, en disant :

« Les Russes approchent !

— Tant mieux, fit le comte.

— Les gens de Fontenelle s'apprêtent à se défendre, continua la femme de charge, qui se nommait Madeleine et avait été la nourrice de Charlotte. Si on crie vive le roi par ici, on crie joliment vive l'Empereur là-bas ! et M. le chevalier, qui est descendu pour sonder l'opinion, pourrait bien se faire un mauvais parti.

— Comment ! s'écria Mme d'Ormignies, mon fils n'est pas au château?

— Il est descendu au village.

— Mon Dieu ! il va se faire quelque affaire désagréable.

— Voulez-vous que je l'envoie chercher? » dit Charlotte.

Et elle se pencha à la croisée et appela un jeune garçon qui, assis sur un banc du jardin, restaurait un fusil de chasse.

« Hé ! Mâchefer? » dit-elle.

Mâchefer monta.

C'était le fils de Madeleine, c'était le frère de lait de Charlotte.

La jeune fille lui dit :

« Il faut descendre à Fontenelle et en ramener le chevalier. »

En même temps elle glissa un billet dans la main du jeune garde-chasse.

— Pour *lui*, dit-elle.

— J'y vais, » dit Mâchefer.

Et il sortit en courant.

VIII

LA BARRICADE.

Suivons Mâchefer et disons ce qu'il était.

Mâchefer avait vingt ans, comme sa sœur de lait, Mlle Charlotte.

Machefer. (Page 50.)

C'était un garçon de taille moyenne, bien découplé, bien bâti, d'une jolie figure, hardie et mutine tout à la fois.

De Châlons à Troyes, de Montereau à Arcis-sur-Aube, il n'y avait pas un tireur plus habile.

Les paysans, les gardes et les braconniers eux-mêmes disaient que Mâchefer avait dû naître un fusil à la main.

Pourquoi s'appelait-il Mâchefer ?

Comme on le pense bien, ce nom n'était qu'un sobriquet.

Ce sobriquet lui venait de la force prodigieuse et hors nature qu'il avait dans la mâchoire.

Il coupait une corde avec ses dents, comme un chien de chasse retenu au chenil.

Et puis il avait mâché une balle qui ne pouvait entrer dans son fusil, et de ronde qu'elle était, il l'avait allongée comme un lingot.

Mâchefer était donc un vaillant tireur.

Il ne comptait plus, depuis longtemps, les sangliers, les chevreuils et les cerfs tombés sous sa balle meurtrière.

Élevé avec Mlle Charlotte, il courait avec elle, avant cette époque de trouble où l'on était arrivé maintenant, soit à cheval, soit à pied, les vastes forêts giboyeuses qui avoisinent Fontenelle et Montmirail.

Mâchefer avait pour Charlotte un culte qui ressemblait à de l'idolâtrie.

Il aimait tout ce qu'elle aimait.

Il haïssait tout ce qu'elle avait en aversion.

C'était pour cela qu'il exécrait M. le chevalier Justin d'Ormignies.

Pour cela aussi qu'il aimait M. le commandant Raoul de Vauxchamps.

Ce nom était la clef d'un mystère.

Ce mystère, le voici :

M. de Vauxchamps était Champenois.

Il était né à trois lieues de Fontenelle, à quatre de Montmirail, dans un petit manoir tombant en ruines.

Il chassait à pied, un fusil sur l'épaule, avec un chien unique, lorsque la jeune et riche héritière faisait conduire par son fidèle Mâchefer une jolie meute de douze briquets, forçant un lièvre en une heure et demie.

A douze ou treize ans, Charlotte avait l'air d'une femme.

Raoul l'avait rencontrée souvent.

Le jeune homme avait conservé de ces rencontres un éblouissement dans le cerveau.

Plus tard cet éblouissement de la tête avait gagné le cœur.

Militaire, il était revenu en congé au pays.

Charlotte et lui s'étaient rencontrés de nouveau.

Il y avait deux ans, M. le comte de Bernerie étant absent, Raoul s'était présenté à Fontenelle. Il était alors capitaine.

Le vieux marquis l'avait reçu à bras ouverts.

Charlotte avait rougi.

Les deux jeunes gens s'étaient aimés, presque sans le savoir.

Maintenant, il y avait huit jours que, chef d'un escadron de lanciers, M. Raoul de Vauxchamps, qui faisait partie de la division de Marmont, avait été laissé avec son détachement dans le village de Fontenelle.

Raoul était hardiment monté au château.

Charlotte avait rougi de nouveau en le voyant. M. le comte de Bernerie avait froncé le sourcil.

Seul, le vieux marquis avait témoigné franchement sa joie de revoir le jeune homme.

Raoul de Vauxchamps. (Page 52.)

Que s'était-il passé durant ces huit jours ?

Peut-être le devinerons-nous, en suivant Mâchefer.

Le garde-chasse avait donc répondu fort cavalièrement au chevalier Justin que, s'il n'était congédié que le jour où il deviendrait lui, Justin d'Ormignies, le mari de Mlle Charlotte, il était fort tranquille.

Puis il était descendu en courant au village.

La nuit était noire.

Mais Mâchefer connaissait tous les chemins.

D'ailleurs, dans l'éloignement, le village était tout rouge de la lumière des torches.

On achevait de construire la seconde barricade, et le pays se trouverait bientôt en état de résister plusieurs heures.

Mâchefer s'arrêta pour contempler ce spectacle qui avait quelque chose de grandiose et de sinistre.

Aux deux côtés de la barricade, des femmes tenaient à la main des torches de résine pour éclairer les travailleurs.

On avait entassé non-seulement des pierres, mais des poutres, de vieilles planches, des bottes de paille et de foin.

Les lanciers avaient réuni leurs chevaux dans un angle, sous la garde de quelques hommes seulement.

Les chevaux étaient inutiles pour le moment.

Mâchefer passa par-dessus la barricade en se nommant.

Ce fut Joseph Lentaigue qui le reconnut le premier.

« D'où viens-tu ? lui dit-il.

— Du château.

— Tu es toujours bon, toi ?

— Moi et le vieux, et la demoiselle, et ma mère, Madeleine, répondit Mâchefer.

— Et les autres ?...

— Les autres sont à genoux et demandent les Cosaques. »

Joseph Lentaigue serra avec colère le manche de sa faux et murmura :

« Ah ! si le vieux marquis ne nous avait fait du bien à tous, comme nous irions brûler le château de son aristocrate de fils. »

Mâchefer courut à Raoul de Vauxchamps, qui fit quelques pas à sa rencontre.

Ce dernier comprenait que le jeune garde-chasse descendait tout exprès pour lui.

En effet, Mâchefer lui glissa dans la main le billet de Charlotte.

Raoul sentit son cœur battre et ce fut d'une main tremblante qu'il ouvrit le message.

Charlotte écrivait :

« On dit que les Cosaques marchent sur Fontenelle,
« si vous tenez toujours à moi, vous défendrez le
« village à outrance, dussiez-vous périr sous ses
« ruines fumantes. Je vous aimerai mort comme je
« vous aime vivant. »

« Votre CHARLOTTE DE BERNERIE. »

Raoul avait lu ce billet à la lueur d'une torche.

Il le porta respectueusement à ses lèvres :

« Noble enfant, murmura-t-il, va, je serai digne de ton amour. »

Et il dit à Mâchefer :

« Tu peux retourner au château et dire à Mlle Charlotte que je lui obéirai.

— Elle le sait bien, allez !

— N'importe, tu lui reporteras mes paroles.

— Oh ! mais non, dit Mâchefer.

La Madelon. (Page 55.)

— Pourquoi ?

— Mais parce que je reste ici, donc ! là, où on se bat, c'est la place de Mâchefer. »

Une des femmes qui éclairaient les travailleurs l'entendit.

C'était cette belle fille qui avait sonné le tocsin naguère et qu'on appelait la Madelon.

La Madelon vint embrasser sans façon Mâchefer.

« Tu es un brave garçon ! dit-elle, et je ne m'en dédis pas. Si les Cosaques ne nous tuent pas jusqu'au dernier, je serai ta femme.

— Ça ne sera pas trop tôt, répondit Mâchefer en riant. Voilà bien trois ans que je te fais un brin de cour. »

Et ils se donnèrent une poignée de main en signe que c'était chose convenue.

C'étaient les fiançailles avant le combat.

. . . .

Cependant les Cosaques ne paraissaient pas et le canon s'était tû.

Les derniers campagnards arrivés dans le village avaient prétendu ne devancer la colonne russe que de quelques minutes.

Et pourtant on ne voyait rien venir.

Enfin, un dernier paysan arriva et dit :

« Les Russes ont fait halte à la ferme de la *Regratière*.

Ils sont six mille. Probablement ils y passeront la nuit.

Et ils attaqueront le village au point du jour. »

Joseph Lentaigue avait déposé son tambour pour prendre un fusil.

« On les recevra, dit-il fièrement.

— Oui, dit Mâchefer, mais il faut se méfier.

— De qui ?

— Du vieux fermier de la Regratière; il est capable de faire boire son dernier tonneau de vin aux Cosaques.

— Nous lui ferons son affaire, murmura Joseph Lentaigue, avec un éclair de haine dans les yeux; j'ai de vieux comptes à régler avec lui, moi. »

Tout à coup on entendit un bruit confus dans l'éloignement. En même temps, un homme qui s'était glissé dans les broussailles qui avoisinaient le village et avait rampé à plat ventre pendant l'espace d'une demi-lieue, surgit au milieu des travailleurs :

« Les voici ! dit-il.

— C'est le *fou*, dit-on de toutes parts.

— Le fou qui vous prévient, répondit-il. J'étais couché dans le fenil de la Regratière, quand les Cosaques sont arrivés. Ils ont bu et mangé, mais ils vont attaquer le village avant le jour, méfiez-vous !... »

Et cet homme qu'on appelait le *fou* se mit à gambader et à chanter des paroles incohérentes.

« Silence ! » lui dit le commandant Raoul de Vauxchamps.

En même temps, sur un signe du jeune officier, les torches s'éteignirent, les ténèbres enveloppèrent la barricade, le village devint silencieux comme une nécropole et on attendit.

Le bruit confus devenait distinct, on reconnaissait parfaitement, à présent, le piétinement des chevaux sur le sol.

Les Cosaques approchaient....

Cependant, au milieu de l'obscurité brillait un point lumineux....

C'était une mèche soufrée que Raoul de Vauxchamps tenait à deux pouces de la lumière d'un canon, pour balayer le premier peloton de Cosaques qui se présenterait.

IX

LES COSAQUES.

Passons à l'ennemi, maintenant.

C'est-à-dire, voyons arriver les Cosaques à la ferme de la Regratière.

Qu'était-ce que cette ferme?

Une des plus vastes des domaines de M. le marquis de Bernerie.

Le fermier se nommait Jean Michel.

Il avait été, quoique plus jeune de près de vingt ans, le compagnon d'armes de son maître à Fontenoy.

C'était un grand vieillard sec et droit, aux cheveux blancs, portant toute sa barbe, qui retombait, couleur de neige, sur sa poitrine.

Jean Michel était le prototype d'une race aujourd'hui disparue et qu'on appelait jadis « plus royaliste que le roi. »

Il avait le respect de la noblesse et il s'était indigné un jour où le vieux marquis, plus libéral que lui, s'était laissé aller à lui dire :

« Ma foi! puisque mon petit-fils Martial aime ta fille Toinette, laissons-les faire. La révolution a nivelé bien autre chose que cela. »

Jean Michel s'était écrié :

« Monsieur le marquis, je tuerais plutôt ma fille que de la voir entrer, elle la vassale, en maîtresse dans votre château. »

Pendant la Terreur, Jean Michel avait été emprisonné, condamné à mort et sauvé par le marquis.

Jean Michel était plus à cheval sur les parchemins des gentilshommes que les gentilshommes eux-mêmes.

Jean Michel était plus royaliste que le roi.

La scène que nous avons décrite au château se renouvelait identique à la ferme, et cela à la même heure.

Les gens de la ferme étaient réunis pour le repas du soir.

Au centre de la table, comme un vieux chêne de cent ans demeuré seul parmi des jeunes taillis, était le fermier Jean Michel.

A sa droite était une de ses trois filles, Nanette, la plus jeune.

Des deux autres, l'une Toinette, était à Paris où nous l'avons vue exercer la profession de Mère des compagnons; l'autre, Marthe, mariée dans le village l'année précédente, était veuve depuis deux mois.

Mais elle était restée dans sa maison et n'était pas revenue à la ferme.

Donc la troisième fille du vieux fermier était à sa droite et son fils à sa gauche.

Ce dernier était un homme de quarante ans environ, sombre, taciturne, et qui partageait toutes les opinions exagérées de son père.

Nanette, au contraire, était pour les idées nouvelles.

Le reste de la table était occupé par les valets de ferme, les laboureurs et les pâtres.

On entendait plus distinctement encore le canon à la ferme de la Regratière qu'au village de Fontenelle.

Le vieux fermier, silencieux jusque-là, quitta un moment la table et alla ouvrir la porte.

Puis il fit un pas au dehors pour mieux écouter.

Les gens de la ferme étaient réunis pour le repas du soir. (Page 58.)

Ensuite il vint se rasseoir en se frottant les mains et dit :

« Je crois bien que l'usurpateur livre sa dernière bataille.

— Ça doit être du côté de Brienne qu'on se bat, dit un laboureur.

— En tirant sur Montmirail, dit un autre.

— Que ce soit là ou là, dit le vieux fermier, je crois l'affaire bonne. »

Et il eut un sourire de satisfaction.

« Mon père, s'écria Nanette, ne parlez pas ainsi. Vous aimez donc mieux les Russes et les Prussiens que les soldats français ?

— J'aime ceux qui me ramènent mes rois, dit gravement Jean Michel. »

La Nanette ne se tint pas pour battue.

« Qu'est-ce qu'ils ont fait pour vous, vos rois ? dit-elle. Les avez-vous seulement jamais vus ?

— J'ai vu Louis XV à Fontenoy, répondit fièrement le vieux fermier.

— Mais les autres, les connaissez-vous ?

— C'est toujours le roi, répéta l'entêté vieillard, et le vrai drapeau pour moi, c'est le drapeau blanc.

— Bien parlé, mon père, dit Jérôme Michel.

— Mal parlé, répondit la Nanette.

— Vive le roi ! dit le vieillard.

— Vive l'empereur ! répliqua la jeune fille. »

C'était à la ferme comme au château. Chacun y pensait à sa manière, et manifestait hautement son opinion.

En ce moment on frappa à la porte.

Puis, la porte s'ouvrit, et un bizarre personnage entra en gambadant.

« Tiens, voilà le fou, dit Jean Michel avec colère. C'est un oiseau de malheur. »

La Nanette haussa les épaules; puis elle se leva, alla prendre une assiette, et l'emplit de soupe.

Ensuite, elle l'offrit au fou.

Celui-ci cessa de danser et de donner des marques de folie.

Il regarda la jeune fille avec un œil humide, et lui dit :

« Merci, Dieu vous bénira. »

Puis il se mit à manger.

Ce fou était un mystérieux personnage.

D'où venait-il? Quel était son nom?

C'était, depuis cinq ans, un mystère dans le pays.

On l'avait vu arriver un matin, avec une grande barbe inculte, et des cheveux qui lui pendaient jusqu'au milieu des reins.

Une énorme balafre lui partageait le visage en deux, depuis le sourcil gauche jusqu'au menton, et devait le rendre méconnaissable à tous ceux qui auraient pu le reconnaître avant qu'il reçût cette effroyable blessure.

Il était arrivé les pieds nus et ensanglantés, vêtu d'un méchant uniforme tellement fané, tellement décoloré et veuf de tout insigne et de tout bouton, qu'il était impossible de dire à quelle armée il appartenait.

On s'aperçut que cet homme était fou.

Tantôt il se donnait pour un général, tantôt pour un capitaine, puis il dansait en criant : Vive l'empereur!

Mais il était inoffensif, du reste, et il souriait aux femmes et aux enfants.

Une seule personne lui était antipathique, c'était le vieux fermier Jean Michel.

Depuis cinq ans, les gens de Fontenelle et des villages voisins faisaient vivre le pauvre fou et l'avaient surnommé *Jean de Nivelle*.

Partout, dans les chaumières, dans les fermes, on

Jean Michel. (Page 58.)

lui donnait une assiettée de soupe et une place dans la grange à fourrages.

Il n'y avait qu'une seule maison, peut-être, à la porte de laquelle il n'eût jamais frappé.

Cette maison, c'était Fontbrune, c'était le château perché sur la colline et dominant la plaine.

Quand il passait auprès, le fou cessait de gambader et de gesticuler.

Son visage s'assombrissait; il détournait la tête et hâtait le pas.

« J'ai pourtant dit que cet homme portait malheur, dit Jean Michel avec colère. »

Le fou le regarda d'un œil irrité; mais il reporta cet œil sur Nanette, la jolie fille, et il se reprit à sourire.

Il avait mangé son écuellée de soupe.

Nanette le prit par la main.

« Viens, mon pauvre Jean de Nivelle, dit-elle; je vais te conduire au fenil; il y a de la bonne paille fraîche, tu y dormiras comme un ange.

— Qu'il aille au diable! cet oiseau de malheur, grommela le fermier.

— Ce qui porte malheur, mon père, dit gravement la jeune fille, c'est de manquer de charité. »

Et elle emmena le fou hors de la salle basse où les gens de la ferme achevaient de souper.

Tandis que Nanette sortait par une porte, une femme entrait par une autre.

C'était Marthe, la veuve, la fille de Jean Michel, l'aînée de la jolie Nanette.

Marthe venait rarement à la Regratière; et pour qu'elle y arrivât à pareille heure, il fallait qu'il y eût du nouveau. Aussi son entrée fit-elle sensation.

« Qu'est-ce qu'il y a? demanda le fermier en se levant.

— Il y a que les Cosaques approchent, dit Marthe....

— Ils seront les bienvenus, répondit Jean Michel.

— Les gens de Fontenelle ne pensent pas comme vous, mon père, répondit Marthe.

— Tout à l'heure, ils ont manqué assassiner M. le chevalier d'Ormignies.

— Les misérables !

— Je l'ai fait sauver. Et puis, quand il a été parti, la peur m'a pris, à mon tour, car on sait que je suis blanche comme vous, mon père, et je me suis sauvée.... et me voilà....

— Les Cosaques vont les mettre à la raison, dit le fermier.

— C'est ce que nous verrons, fit Nanette en rentrant, moi aussi j'ai des nouvelles de Fontenelle. »

Et la jeune fille ajouta :

« On voit une grande lueur, là-bas, dans la direction du village. Les habitants font des barricades.

— Le canon des Russes les renversera, dit le vieillard.

— C'est possible, mais les enfants de la France les reconstruiront, répondit Nanette avec enthousiasme. »

Comme elle prononçait ces paroles, le galop d'un cheval se fit entendre et un cavalier s'arrêta tout ruisselant à la porte de la ferme.

C'était un Cosaque.

X

Le cavalier qui venait d'entrer dans la cour de la ferme était un Cosaque.

Non point un officier, mais un simple soldat envoyé en éclaireur.

Chose assez rare parmi les soldats russes, celui-là parlait français.

« Hé ! braves gens ! cria-t-il. »

On était sorti en tumulte de la ferme pour le recevoir.

« Qui êtes-vous ? dit Jean Michel. »

Le fils du fermier avais pris une torche de résine fichée dans un coin de l'âtre, et il s'en servait pour éclairer cette scène.

« Je suis envoyé par le général russe Oulsawief, dit le Cosaque.

— Soyez le bienvenu, en ce cas, dit le fermier. »

Le Cosaque continua :

« On s'est battu tout le jour du côté de Brienne, et la victoire nous est restée. »

Nanette, la jolie fille, se pencha vers un des garçons de ferme, et lui dit tout bas :

« Il ment !

— Nous sommes en marche sur Troyes, poursuivit le Cosaque, mais nous sommes exténués de fatigue et de besoin, et nous ne savons où faire halte.

« Le général a vu une grande prairie, il a aperçu cette ferme, et il m'a envoyé en éclaireur. Avez-vous du fourrage, des vivres, du vin ? Tout sera payé.

— Oui, dit le fermier. Venez, vous serez bien reçus. On allumera le four, on cuira du pain toute la nuit.

— Y a-t-il un village près d'ici, demanda encore le Cosaque ?

— A vingt minutes : Fontenelle ; mais n'y allez pas avant le jour.

— Pourquoi ?

— Parce que, dit Marthe Michel, les habitants sont tous fanatiques de Napoléon. Ils ont fait des barricades ; ils ont des soldats et du canon. »

Le Cosaque eut un sourire :

« Nous attendrons le jour ici, dit-il. Et au jour, on verra ce que tiennent leurs barricades.

— Elles tiendront plus longtemps que tu ne penses, » murmura Nanette avec colère.

Le Cosaque repartit au galop.

« Allons! cria Jean Michel tout joyeux, chauffez le four, vous autres; toi, Nanette, tu vas pétrir.

— Je ne fais pas de pain pour les Russes, répondit fièrement la jeune fille.

— Les Russes sont les amis du roi, dit le fermier.

— C'est possible; mais ils sont les ennemis de la France.

— Ah! tu refuses d'obéir à ton père! s'écria Jean Michel avec colère.

— Quand mon père commande de pareilles choses, c'est certain, dit la jeune fille avec calme.

— Maudite jacobine! murmura Jean. Eh bien! on se passera de toi.

— Je vous le conseille.

— Ce sera ta sœur Marthe qui nous donnera un coup de main, puisqu'elle est venue.

— Je veux bien, répondit Marthe Michel.

— Ce n'est pas la peine de faire du pain, dit Nanette avec un accent de mépris et d'ironie; ils mangeront bien la farine toute crue, ces gens qui se régalent avec des chandelles. »

Jean Michel haussa les épaules; puis, se tournant vers son fils :

« La récolte a été bonne cette année, dit-il, nous avons bien soixante feuillettes de vin dans la cave.

— Approchant, dit le fils.

— On les boira à la santé du roi. »

Cependant le Cosaque avait rejoint ses compagnons, et le corps d'armée du général Oulsawieff entrait dans cette vaste prairie qui s'étendait au nord de la ferme.

Une troupe de six mille hommes, comme on le pense bien, ne pouvait pas loger dans une ferme.

Il fallait absolument bivaquer.

Mais la ferme pouvait servir d'abri aux officiers.

Tandis que Marthe Michel, aidée des filles de service, pétrissait des monceaux de farine, que le vieux fermier et ses domestiques faisaient monter les pièces de vin dans la cour, on avait allumé un grand feu au milieu, et le général, ayant mis pied à terre, s'était assis avec son état-major à l'entour.

Pendant deux heures ce fut un vacarne étrange.

On buvait, on chantait, on criait : *Mort au Corse! et vive le Roi!*

Jean Michel était rayonnant.

Seul, dans un coin, la Nanette pâle, les lèvres serrées, l'œil en feu, semblait demander pardon à Dieu de ce sacrilége.

Son père et les siens nourrissaient et abreuvaient les ennemis de la France!

Chacun racontait le combat à sa manière.

Cependant les six mille Cosaques n'avaient pas été engagés.

Tenus en réserve, ils avaient reçu l'ordre, vers le soir, de se porter dans la direction de Montmirail.

Ils n'avaient donc que des renseignements fort vagues sur l'issue et le résultat de la journée.

Mais ils affirmaient que la bataille de Brienne avait été perdue par Napoléon.

Cette opinion n'avait rencontré qu'un esprit incrédule, à la ferme...

Nanette!

Nanette n'écoutait pas, n'admettait pas que l'Empereur eût été battu.

Nanette disait à Tony, le garçon de ferme qui s'était approché d'elle et s'était assis à distance du brasier qu'entouraient le général russe et son état-major :

« Est-ce que tu crois que ces gens-là ressemblent à des vainqueurs ? Ils me font plutôt l'effet de vaincus et de fuyards.

— C'est bien possible, » répondit Tony.

Tony aimait en secret la belle Nanette et il parlait comme elle.

Tout ce qu'elle disait, il le croyait de confiance.

« Quand on pense, murmurait Nanette, que mon père reçoit tous ces gens-là sous son toit. Ah ! si ma sœur Toinette dont je me souviens, bien que je fusse toute petite quand elle est partie, si ma sœur Toinette revenait, le rouge de la honte lui monterait au visage. »

Et Nanette continuait à demeurer immobile, dans une attitude hautaine et douloureuse à la fois.

Tony disait :

« Monsieur le chevalier d'Ormignies doit être content là-haut, au château.

— Le chevalier est un misérable ! répondit Nanette. Ah ! si j'osais....

— Que feriez-vous donc, notre maîtresse ? demanda Tony respectueusement.

— Ce que je ferais ? dit la jeune fille avec une animation subite, je prendrais une torche et je mettrais le feu à la grange qui est là, dans le coin de la cour.. Avant que ces gens-là eussent le temps de fuir, il y en aurait la moitié de brûlé.

— Mais de la grange le feu se communiquerait à la ferme, mamzelle.

— Je le sais bien.

— Et vous ruineriez votre père.

— La ruine vaut mieux que le déshonneur. »

Tandis que Nanette parlait, les reflets du brasier arrivaient jusqu'à elle et projetaient une clarté rouge sur son joli visage, encore embelli par l'indignation.

Deux officiers de Cosaques qui se promenaient bras-dessus, bras-dessous, avaient déjà passé auprès d'elle.

Tous deux la dévoraient du regard.

L'un était jeune, assez beau garçon, blond et rose comme une femme.

L'autre résumait le type sauvage des fils de l'Ukraine et il avait déjà la longue barbe grisonnante.

Il disait au jeune :

« Voilà une belle fille. Qu'en dis-tu ?

— Si elle voulait m'aimer, répondit le jeune officier, je lui ferais bien une place sur le coussinet de ma selle.

— Moi aussi, dit le vieux Cosaque.

— Alors nous serions rivaux ?

— Bah ! reprit le vieux, il y a moyen de tout arranger.

— Comment ?

— Jouons-la. »

Et il tira une pièce d'or de sa poche et la jeta en l'air.

« Face ! dit le jeune.

— Pile ! » répondit le vieux.

La pièce retomba. Elle était à l'effigie de Napoléon. Mais l'effigie touchait le sol et le vieux Cosaque avait gagné.

« Voilà qui est de mauvais augure pour leur empereur, » dit le jeune officier, se consolant ainsi de sa défaite.

Le vieux, la lèvre humide et l'œil animé, s'approcha de Nanette.

Tony était toujours auprès d'elle.

« La belle enfant, dit le soudard, comment t'appelles-tu ?

— Je n'ai pas l'habitude d'être tutoyée, répondit-elle sèchement.

— Tu es fière, il paraît.

— Comme une honnête fille que je suis, répliqua Nanette avec fierté.

— Tu es la fille de ce vieux fermier?

— Oui, pour mon malheur.

— Plaît-il ?

— Car il vous donne à manger et à boire, dit-elle.

— Tu nous laisserais donc mourir de soif, toi?

— Et de faim, si j'étais la maîtresse.

— Tu nous hais donc?

— Je hais les ennemis de mon pays.

— Peste ! ma petite. Et moi qui voulais te faire un sort, » continua le vieux Cosaque.

Tony serrait les poings de colère.

« Passez votre chemin, dit Nanette.

— Je suis riche, j'ai des châteaux et des centaines de paysans, reprit le vieux Cosaque. Tout cela est à toi, si tu veux m'aimer. »

En même temps, il prit la taille de la jeune fille et osa lui mettre un baiser sur le cou.

Nanette jeta un cri, se dégagea, puis se retourna l'œil en feu...

Et d'une main vigoureuse, elle souffleta le Cosaque.

Et d'une main heureuse elle souffleta le Cosaque. (Page 68.)

XI

LES COSAQUES

L'officier de Cosaques poussa un cri de rage et, la main levée, se rua sur la jeune fille.

Mais il fut arrêté dans son élan.

Comme il allait atteindre la Nanette et la renverser sous lui pour la fouler aux pieds, il reçut un coup de fourche en pleine poitrine et alla rouler tout sanglant sur un tas de fumier.

La fourche était en fer et lui avait brisé une côte.

Une des trois dents avait déchiré l'abdomen, et le sang coulait avec abondance.

Le coup de fourche, comme on s'en doute, venait de Tony.

Tony n'avait pas perdu un seul des mouvements de l'officier.

Il l'avait épié comme un tigre épie sa proie, prêt à frapper s'il manquait de respect à la fille de son maître.

Le Cosaque se releva en criant et tira son sabre.

D'autres Cosaques accoururent.

Tony, sa terrible fourche à la main, s'était placé devant la jeune fille.

Il décrivait avec son arme improvisée un moulinet redoutable et disait :

« Je tue le premier qui approche ! »

Cet incident produisit l'effet d'un coup de tonnerre.

Les Cosaques accoururent en criant vengeance !

L'un d'eux prit un pistolet à sa ceinture, ajusta Tony et fit feu.

Tony baissa la tête. La balle passa.

Avec les Cosaques, Jean Michel accourut.

« C'est ma fille ! » s'écria-t-il.

« C'est ma sœur ! » dit la fille du fermier.

Le général Oulsawieff lui-même, étonné de ces cris de mort, quitta le siége sur lequel il s'était placé devant le brasier et s'approcha.

L'instinct paternel et l'instinct de la conservation avaient été plus forts chez Jean Michel que son ardent royalisme.

Il s'était placé devant sa fille, et la couvrait de son corps.

Autour de lui, les gens de la ferme groupés et serrés comme une petite armée paraissaient résolus à se défendre.

Les Cosaques, — il y en avait bien une trentaine, — poussaient de cris de rage.

Celui que Nanette avait souffleté et que Tony avait frappé de sa fourche s'était relevé par deux fois et deux fois il était retombé.

Son sang coulait à flots.

« Silence ! » cria le général.

A cette voix redoutée, les Cosaques se turent.

Alors Oulsawieff demanda ce qui était arrivé.

Le jeune homme qui avait parié Nanette et l'avait perdue, s'avança et dit :

« Je vais vous expliquer ce qui s'est passé, mon général.

— Parle, dit Oulsawieff.

— Petrowitz, et il désignait l'officier ensanglanté, a voulu embrasser cette jeune fille ; elle lui a donné un soufflet; alors Petrowitz a voulu la battre, et ce paysan lui a donné un coup de fourche. »

Il n'y avait plus que Petrowitz qui poussait des hurlements de colère et de douleur.

Les autres semblaient attendre avec une respectueuse anxiété que le général formulât son ordre.

Oulsawieff, pensif et le sourcil froncé, dit enfin :

« Cette jeune fille a eu raison de donner un soufflet à Petrowitz.

Petrowitz est un misérable. Il aurait dû respecter la fille de l'homme dont nous avons mangé le pain et bu le vin.

Nous sommes des Cosaques, mais l'empereur Alexandre, notre maître, veut que l'uniforme russe ne se souille par aucune bassesse sur le sol ennemi : laissons ces violences à ces Allemands ivres de bière, messieurs, et conduisons-nous en soldats.

— Voilà qui est parlé! s'écria le vieux Jean Michel que son enthousiasme pour les alliés reprit. »

Le général russe continua :

« Le jeune paysan qui a frappé Petrowitz a fait son devoir.

— Vive le général Oulsawieff! » s'écria Jean Michel.

— Petrowitz sera puni, » acheva le chef russe. Je le casse de son grade de lieutenant, et je le refais simple soldat. »

Il y eut un léger murmure parmi les Cosaques.

Le général éleva la voix :

« Je vais faire fusiller les mécontents! » cria-t-il.

Le silence se rétablit.

Il n'y eut que les gens de la ferme qui répétèrent :

« Vive l'empereur Alexandre! vivent les Russes!

— Mon général, dit Jean Michel, ma dernière bouteille de vin est à vous et à vos soldats. »

Le calme s'était rétabli.

Le général russe et ses officiers décrivaient maintenant une espèce de cercle autour de Nanette.

La jeune fille, pâle et résolue, n'avait pas dit un mot, n'avait pas poussé un cri.

Mais comme pour la troisième fois, Jean Michel criait : Vivent les alliés ! Nanette répondit d'une voix sombre et vigoureusement accentuée :

« Vive l'empereur Napoléon ! »

Cette fois les Cosaques se reprirent à vociférer.

« A mort ! à mort ! dirent plusieurs voix.

— Vive la France ! dit-elle encore.

— A mort ! à mort ! » hurlèrent les Cosaques.

Jean Michel tomba à genoux et joignit ses mains suppliantes.

« Grâce ! » balbutia-t-il.

Le général russe avait froncé le sourcil ; mais il n'avait rien dit.

Tout à coup il fit un pas vers Nanette :

« Tu nous hais donc bien ? lui dit-il.

— Je vous hais, dit-elle, de tout l'amour que je porte à mon pays.

— Mais nous te ramenons le roi de France....

— Je ne le connais pas, dit-elle.... Je ne connais que l'empereur Napoléon qui a fait mon pays le plus grand de tous les pays. »

Le général russe imposa silence à ses officiers qui commençaient à mêler leurs murmures aux vociférations des soldats.

« On ne peut pas faire un crime à cette enfant d'aimer sa patrie, dit-il. Je la prends sous ma protection et je ferai fusiller quiconque lui manquera de respect. »

En ce moment un nouveau personnage apparut dans le cercle que le brasier éclairait de ses dernières lueurs.

Ce personnage était M. le chevalier Justin d'Ormignies.

« Général, dit-il à Oulsawieff, il ne faut pas perdre un temps inutile ; il faut emporter d'assaut le village de Fontenelle, dans lequel se sont retranchés les derniers soldats de l'usurpateur. En avant ! je suis du pays, je me nomme le chevalier d'Ormignies, je suis un gentilhomme fidèle à mon roi, et je m'offre à vous conduire. »

On s'aperçut alors que le chevalier avait bravement arboré une cocarde blanche à son chapeau.

« Vive le roi ! cria le fanatique Jean Michel. Moi aussi, je suis du pays, et je vous conduirai ».

En même temps, comme il n'avait pas de cocarde, il prit une serviette blanche et la roula autour de sa tête.

« A cheval ! » commanda Oulsawieff.

Nanette tomba à genoux et murmura :

« Mon Dieu ! pardonnez à mon père ! »

. . . .

Cependant les gens de Fontenelle attendaient.

Il n'était pas jour encore, mais déjà une bande blanchâtre courait à l'horizon.

Le fou, celui qu'on appelait *Jean de Nivelle*, paraissait avoir recouvré momentanément la raison.

Il avait raconté que couché sur le fenil de la Regratière, il avait vu arriver les Cosaques.

Il avait tout vu, assisté à tout.

Le bivac établi dans la cour, les tonneaux de vin défoncés, le pain fait à la hâte et distribué.

On avait crié : Mort à l'Empereur ! on avait bu à la santé des Cosaques.

Alors il s'était sauvé.

Il s'était sauvé en rampant, comme une couleuvre, sous les broussailles qui avoisinaient la ferme ; il avait gagné les champs ; il était arrivé parmi ceux qui voulaient défendre le sol vénéré de la patrie et non point le déshonorer.

Et tout en parlant, tout en racontant tout cela, il était monté sur une des deux barricades, lui, le fou, le mendiant, l'homme en haillons.

Et il s'était emparé de la mèche de Joseph Lentaigue et la tenait à un pouce de la lumière du canon, disant :

« Les Russes, je les connais, j'ai passé au travers, jadis, avec mon escadron.... »

L'horizon pâlissait de plus en plus, les étoiles s'éteignaient une à une.

Le jour approchait.

On eût entendu voler une mouche dans Fontenelle.

Enfin, le piétinement des chevaux annonça que les Cosaques se remettaient en route.

L'aube se leva; on aperçut dans le lointain un nuage de poussière.

Aux clartés confuses du matin, on vit étinceler à travers ce nuage les longues lances à pointes d'acier des Cosaques.

« Mes enfants, cria Raoul de Vauxchamps, à genoux! Dieu veille sur les enfants de la France. »

Et soldats et paysans se courbèrent sous ce premier rayon matinal qui tombait du ciel comme une bénédiction.

Puis tous se relevèrent et de leurs poitrines jaillit enthousiaste le cri de : Vive l'Empereur !

Les Cosaques approchaient toujours. Le sol tremblait sous les pas des chevaux.

Le nuage était maintenant opaque comme un tourbillon de sauterelles innombrables qui obscurcissent le sol de l'Asie.

Le fou n'était plus fou; le fou était toujours sur sa barricade, sa mèche à la main.

« Attention ! » cria-t-il d'une voix éclatante.

Tout à coup un rayon de soleil glissa au versant des collines lointaines et fit étinceler les sabres et les piques des Russes.

« Attention ! » répéta le fou.

Et au rayon de soleil éclatant et joyeux répondit un éclair fauve et sinistre.

Puis un nuage blanc enveloppa la barricade, et le premier coup de canon fut tiré par Jean de Nivelle, le fou balafré.

XII

LES COSAQUES.

Cette première volée de mitraille jeta une horrible confusion dans le premier peloton ennemi.

Jusque-là, les Cosaques s'étaient avancés en bon ordre, et avec l'assurance pleine de mépris d'une armée régulière qui va écraser une horde de paysans.

Trente cavaliers tombèrent avec leurs chevaux.

Ce fut un cri de rage.

Sur un ordre du général Oulsawieff on fit halte à trois cents pas de la barricade.

Fontenelle avec son unique rue et ses deux barricades ressemblait assez bien au défilé des Thermopyles, où Léonidas et ses trois cents Spartiates tinrent en échec l'armée du roi Xerxès.

Le général russe eut bientôt adopté un plan d'attaque.

Les six mille Cosaques se déployèrent en carré et entourèrent le village.

Puis les deux barricades furent attaquées à la fois.

Chacune d'elles était armée d'un canon.

Raoul de Vauxchamps pointait l'un, le fou manœuvrait l'autre.

Le combat s'engagea terrible et meurtrier.

Abrités par leur retranchement de pierres et de bottes de foin, les habitants de Fontenelle étaient presque couverts et perdaient peu de monde.

Leur feu, tout au contraire, décimait les Cosaques qui se lançaient avec furie et au galop de leurs chevaux sur cette mitraille qui ne cédait pas.

« Courage ! mes enfants, s'écriait le jeune commandant Raoul, tant qu'ils ne mettront pas pied à terre, nous pourrons tenir. »

Il prit par le bras la Madelon qui était montée sur la barricade et s'exposait à être tuée.

« Mais ôte-toi donc de là, lui dit-il.

— Pourquoi donc ?... Mâchefer y est bien. »

En effet, Mâchefer, son fusil de chasse à la main, tirait sur les Cosaques comme sur des lapins.

C'était merveille !

L'intrépide garde-chasse disait :

« Je les connais, moi, ces soldats-là, ce sont des esclaves dans leur pays. Ils ne se battent pas pour l'honneur et leur drapeau, mais parce que le bâton travaillerait leurs épaules. Aussi c'est pas sur eux que je tire, mais sur leurs officiers. »

Et quand Mâchefer voyait briller un passepoil, un galon, une agraffe, quelque chose enfin qui indiquait un officier, il épaulait.

Le cavalier tombait.

Cependant les Cosaques avaient mis pied à terre et montaient à la barricade.

Ce fut le tour des paysans.

le fou était toujours sur la barricade, sa mèche à la main. (Page 78.)

Les paysans n'avaient pas de fusils pour la plupart; mais ils avaient leurs terribles faux.

Les faux manœuvrèrent avec un effroyable ensemble et prouvèrent aux lances des Cosaques qu'elles étaient trop courtes.

Joseph Lentaigue, bien que frappé d'une balle dans l'épaule, n'avait pas abandonné le combat.

Ses hommes tombaient un à un autour de lui, mais il demeurait debout, lui, aidant à charger le canon pour la dernière fois.

La poudre manquait.

Raoul commandait la barricade opposée. Celle-là, construite plus à la hâte, avait moins de résistance. Elle était moins haute et tous les efforts des assaillants étaient concentrés sur elle.

Les soldats, qui s'étaient rangés autour de leur commandant, exécutaient avec leurs lances la même manœuvre que les paysans avec leurs faux.

Les Cosaques escaladaient la barricade, arrivaient à moitié et tombaient.

Quelquefois on attendait que la barricade en fût littéralement couverte.

Alors la pièce de campagne crachait sa volée, et la barricade était nettoyée.

Mais tout à coup on entendit un bruit sourd dans le lointain; un bruit qui domina le sifflement des balles, les cris des blessés et des mourants.

Au canon de la barricade un autre canon venait de répondre.

Raoul s'écria :

« Courage! mes enfants! Tâchons de résister une heure encore, et Fontenelle est sauvé. Entendez-vous cette canonnade lointaine? C'est le maréchal Marmont qui vient à notre secours.

— Vive la France, » répéta-t-on avec enthousiasme.

La Madelon était toujours à côté de Mâchefer.

Mâchefer tuait des officiers cosaques comme s'il eût tué des perdreaux.

La Madelon s'était emparée du drapeau tricolore placé au-dessus de la porte de la mairie, et elle le brandissait sur la barricade, drapée à demi dans ses plis majestueux.

Le canon tonnait toujours dans l'éloignement.

« Courage ! courage ! » répétait Raoul, qui venait de sabrer un Cosaque au moment où, sous une pluie de feu, il escaladait la barricade pour arracher le drapeau à la Madelon.

Sur l'autre barricade, Joseph Lentaigue et le fou faisaient des prodiges.

Le fou ne déraisonnait plus, le fou ne chantait plus; il était devenu d'un calme sinistre, et, sa mèche allumée, il était avare de son dernier coup de canon.

« J'attends que le général approche, disait-il, je veux balayer son état-major. »

Cependant la fusillade des Russes causait de grands ravages.

Les paysans et les lanciers tombaient peu à peu.

Deux femmes avaient été tuées.

Un enfant qui n'avait pas voulu quitter son père, un enfant de douze ans, fut renversé devant le seuil de sa maison, et son sang couvrit sa pauvre mère qui accourait éperdue.

Les Cosaques, ne pouvant entamer la barricade, avaient attaqué le derrière des maisons.

Mais Joseph Lentaigue et Raoul avaient tout prévu. Dans chaque maison il y avait des tireurs qui, du haut des fenêtres, faisaient feu sans relâche.

Le bruit du canon se rapprochait.

Raoul tombe, frappé d'une balle, dans les bras de Madelon. (Page 79).

Il était évident qu'une armée victorieuse poursuivait une armée en déroute.

En dépit du sang qui coulait, en dépit des mourants qui se lamentaient, les gens de Fontenelle, ivres de fureur et d'enthousiasme, après avoir fait le sacrifice de leur vie, commencèrent à espérer.

Napoléon venait peut-être à leur secours.

Et chaque homme qui tombait, tombait au cri de :

« Vive l'Empereur ! »

« Aux derniers les bons ! » s'écria le fou.

Le soleil venait de faire étinceler à ses yeux un flot de dorures et de paillettes.

C'était Oulsawieff et son état-major qui chargeaient à leur tour la barricade.

La mèche s'abaissa, la lumière du canon prit feu....

Quand le nuage de fumée se dissipa, un homme était seul à cheval, de tout ce groupe que le fou avait avisé. C'était Oulsawieff !

La mitraille avait passé autour de lui et l'avait épargné.

« Pas de chance ! » murmura le fou.

Et, jetant sa mèche, il s'arma d'une faux.

« Mon commandant, disait Mâchefer à Raoul, si Mlle Charlotte était là, comme elle vous aimerait.... »

Mais Raoul n'eut pas le temps de répondre.

Il jeta un cri et tomba, frappé d'une balle en pleine poitrine, dans les bras de la Madelon.

« Tonnerre ! » exclama Mâchefer.

Le commandant rouvrit les yeux et dit d'une voix mourante :

« Tu lui diras que je suis mort en soldat. »

Mâchefer le chargea sur son épaule, dégringola de la barricade et l'emporta vers la maison de Madelon.

« Toi, dit-il à celle-ci en déposant Raoul évanoui sur

le lit de la jeune fille, tu vas rester là, maintenant.... et soigner le commandant.... Il n'est pas mort encore.... il en reviendra peut-être.... »

Un sourire passa sur les lèvres de Raoul et ses yeux se fermèrent, tandis qu'il murmurait le nom de Charlotte.

Mâchefer s'élança de nouveau dans la rue et courut à la barricade.

Mais, en son absence, les défenseurs avaient fait de nouvelles pertes.

Les lanciers étaient réduits à une poignée d'hommes. Les paysans jonchaient la barricade de leurs cadavres.

Cependant le canon tonnait toujours au loin, et les habitants de Fontenelle ne songeaient pas à se rendre.

Mais soudain ce fut un cri de rage et de désespoir,— clameur immense qui retentit de l'une à l'autre extrémité du village.

« Trahison! trahison! » hurlaient mille voix.

Les Cosaques étaient dans Fontenelle.

Ils y étaient entrés sans prendre aucune des deux barricades.

Une main criminelle leur avait ouvert un chemin jusque dans le cœur de la place.

Cette main, c'était celle de Marthe Michel qui avait fait entrer deux cents hommes par son jardin et sa maison.

Deux cents hommes à la tête desquels marchaient, cocarde blanche au chapeau, M. le chevalier Justin d'Ormignies et le vieux fermier Jean Michel.

« Trahison! trahison! » répétait-on.

Les défenseurs des barricades se trouvaient maintenant pris entre deux feux.

Il fallait se rendre ou mourir jusqu'au dernier.

« Rendez-vous! mes amis, cria le chevalier. C'est au

Oulsawieff. (Page 79.)

nom du roi que je vous le demande ! Si vous vous rendez, on ne fera de mal à personne.

— Vive l'Empereur ! répondit Joseph Lentaigue, qui tomba, épuisé par dix blessures, et ne se releva plus.

— Ce n'est pas à toi qu'on se rendra, dans tous les cas, traître ! murmura Mâchefer. »

Et le garde-chasse, l'homme au coup d'œil sûr, épaula son terrible fusil de chasse et ajusta M. le chevalier Justin d'Ormignies.

XIII

Mâchefer pressa la détente et le coup partit.

Mais on avait poussé la main du garde-chasse et le canon du fusil avait dévié.

La balle n'atteignit pas le chevalier.

Mâchefer se retourna furieux et ne put se défendre d'un cri d'étonnement.

L'homme qui l'avait empêché de tuer le chevalier Justin d'Ormignies était à peine un homme, ou plutôt ressemblait à un fantôme.

C'était Raoul de Vauxchamps, pâle, sanglant, à demi-mort, qui s'était traîné de la maison de Madelon jusque dans la rue.

Raoul se soutenant à peine, mais ayant retrouvé tout son sang-froid et toute sa présence d'esprit.

Il fit un geste de la main et le feu cessa, comme si tous, soldats français, paysans et Cosaques lui eussent obéi.

« Mes enfants, dit-il aux lanciers d'une voix mourante, si vous étiez en rase campagne ou seuls dans les murs d'une forteresse, je vous dirais : Faites-vous tuer jusqu'au dernier! Mais il y a dans ce village des femmes, des vieillards, des enfants, et tout sera passé au fil de l'épée quand vous serez morts. Rendez-vous !... »

Le chevalier s'était approché menaçant.

Raoul, d'un geste suppliant, le pria de venir jusqu'à lui et de l'écouter.

« Monsieur, lui dit-il, je crois que je suis blessé à mort, et je n'ai peut-être pas un quart d'heure à vivre. Écoutez-moi. Vous êtes Français. Je meurs en vous confiant la vie de cette population si cruellement décimée déjà. »

Et Raoul, dont les paroles ressemblaient au dernier souffle d'un mourant, tomba inanimé dans les bras de Mâchefer.

Mâchefer le chargea de nouveau sur ses épaules, et le porta dans la maison la plus proche.

Mâchefer pleurait à chaudes larmes.

Pendant ce temps, les paysans qui se trouvaient cernés de toutes parts, se défendaient encore à coups de faux et de hache.

Mais on ne brûlait plus une amorce.

Le général Oulsawieff, écoutant la voix de l'humanité, avait ordonné que ses soldats ne fissent plus feu.

Les lanciers, dociles aux ordres de leur chef, avaient mis bas les armes.

Ce fut l'affaire de quelques minutes.

Soldats, paysans, la rage au cœur, les larmes aux yeux, se rendirent.

Joseph Lentaigue, depuis longtemps affaissé sur la barricade et perdant son sang par vingt blessures, se releva à moitié quand le chevalier Justin d'Ormignies s'approcha de lui :

« Vous êtes un traître, lui dit-il. Ce n'est pas à vous que je me rendrai. »

Et il tendit sa faux à un officier russe.

Mâchefer n'avait rendu son fusil à personne.

Le chevalier l'enveloppa d'un regard de haine.

Puis s'approchant du général Oulsawieff :

« Ces gens-là, dit-il, ont été égarés par de perfides conseils. Au lieu d'ouvrir leurs portes paisiblement aux amis de la France, ils se sont défendus avec acharnement, et ont embrassé la cause de l'usurpateur. Cependant, général, je demande grâce pour tous....

Pour tous, excepté un seul !... »

Et il désigna du doigt Mâchefer.

Mâchefer eut un sourire de dédain :

« Vous me l'aviez promis, dit-il, je m'y attendais.... »

Et comme son fusil était déchargé, il le prit par le canon, le brandit, et en laissa retomber la crosse sur le chevalier.

En même temps, il cria :

« Mort ! mort aux traîtres ! »

Son agression avait été si rapide que le chevalier n'avait pu esquiver le coup et tomba sur les genoux à moitié assommé.

Mais il se releva ivre de fureur, et cria :

« Fusillez cet homme ! »

Le combat allait peut-être recommencer.

Dix Cosaques se ruèrent sur Mâchefer, le terrassèrent, et le général russe dit :

« Il faut faire un exemple. Ce sera le dernier sang versé. »

Les paysans avaient ressaisi leurs faux et leurs fusils ; les lanciers eux-mêmes, saisis d'indignation, allaient oublier les ordres de Raoul.

Mâchefer s'écria :

« Laissez-moi mourir.... Songez aux femmes.... Songez aux enfants.... Vive l'Empereur ! Vive la France !... ».

On l'avait traîné contre un mur, et le vide s'était fait autour de lui.

Déjà les Cosaques s'apprêtaient à le fusiller et n'attendaient plus que le signal, lorsque la Madelon, qu'il avait laissée auprès de Raoul de Vauxchamps, accourut, se jeta dans ses bras et le couvrit de son corps, disant :

« Je veux mourir avec lui !

— Arrachez cette femme de là, » dit Oulsawieff.

Mais la Madelon s'était cramponnée à Mâchefer; elle l'enlaçait de ses bras, elle lui faisait un rempart vivant de toute sa personne.

Il était impossible de fusiller Mâchefer sans la tuer, et le général russe, indécis, regarda le chevalier.

C'était le chevalier qui avait demandé qu'on fusillât Mâchefer.

« Général, dit-il, cet homme est le meneur de tout le village. Tant qu'il vivra, nous ne serons pas en sûreté ici. »

On entendait toujours le bruit du canon, et ce bruit se rapprochait de plus en plus.

Était-ce le canon des Russes ?

Était-ce le canon de Napoléon ?

Le sort de Mâchefer dépendait peut-être de cette alternative.

Dans le premier cas, on avait bien le temps de fusiller Mâchefer.

Dans le second, il fallait se hâter.

Le chevalier le comprit et dit avec colère :

« Général, je vous ai livré Fontenelle ; c'est bien le moins que vous me fassiez l'honneur d'écouter mes conseils.

C'était M. le marquis de Bernerie, maire de Fontenelle. (Page 84.)

— Parlez..., dit Oulsawieff, qui ne put réprimer un geste d'impatience.

— Il faut un exemple. Il faut fusiller cet homme, qui est le meneur, l'instigateur de la résistance.

— Soit, » fit le général russe.

Et il commanda avec un accent de regret :

« Allons, séparez cette femme de cet homme et finissons-en ! »

On se jeta de nouveau sur la Madelon ; on essaya de la séparer de Mâchefer.

Mais elle tenait bon, poussait des cris et répétait qu'elle voulait mourir avec lui.

Soudain une rumeur se fit d'un bout à l'autre du village ; le chevalier pâlit et se troubla.

Le général russe, étonné, se retourna et abandonna un moment du regard celui qu'il avait condamné à mourir.

Un homme et une femme venaient d'apparaître au milieu des vainqueurs et des vaincus, et s'avançaient lentement vers Oulsawieff.

L'homme était un grand vieillard vêtu d'une longue redingote bleue boutonnée militairement et ornée de de la rosette d'officier de la Légion d'honneur.

Il portait à sa ceinture une écharpe tricolore.

C'était M. le marquis de Bernerie, le maire presque centenaire de la commune de Fontenelle.

Il s'appuyait sur Mlle Charlotte, sa petite-fille.

Charlotte était pâle comme une morte.

Le vieillard était calme comme ces vieux sénateurs romains que Brennus le Gaulois trouva sur leur chaise curule, en entrant dans la ville conquise.

M. de Bernerie écrasa d'un regard son petit-fils, passa outre, et tandis que la Madelon poussait un cri de joie, il vint se placer devant Mâchefer et dit au général russe :

« Si vous avez quelqu'un à faire fusiller ici, monsieur, ce quelqu'un c'est moi! je suis le maire de Fontenelle, et au nom de l'Empereur, je déclare que les habitants de ce village ont eu tort de déposer les armes.

— Mon père! s'écria Justin d'Ormignies.

— Arrière! cria le vieillard, vous n'êtes plus de mon sang. Je vous renie et je vous maudis!... »

Oulsawieff s'approcha du vieillard :

« Monsieur le marquis, dit-il, chacun a fait son devoir ici. Ces braves gens se sont défendus ; ils ne se sont rendus qu'à la dernière extrémité. Vous me demandez la vie de cet homme?... »

Et il montrait Mâchefer.

« Je ne veux pas qu'on me fasse grâce? cria Mâchefer. Vive la France! à bas les Cosaques!

— Cet homme vivra, dit Oulsawieff avec calme. Maintenant, monsieur le marquis, ajouta-t-il, s'adressant toujours à M. de Bernerie, je suis obligé de faire mon devoir aussi en vous priant de me rendre votre écharpe. Au nom des armées alliées, je prends possession du village de Fontenelle.

— Mon écharpe? fit le vieillard. Je la tiens de l'Empereur, mon maître à moi, et je ne la rendrai pas. Faites-moi fusiller, c'est votre droit, c'est votre devoir même. Mais je ne rendrai pas les insignes de mon autorité. »

Et le centenaire avait, en parlant ainsi, la tête si haute et si fière qu'il y eut parmi les Russes un murmure d'admiration.

Mais tout à coup un galop précipité se fit entendre à l'extrémité du village, et une demi-douzaine de cavaliers prussiens arriva ventre à terre en criant :

« Hurrah! hurrah! Napoléon! Napoléon!... »

C'étaient les premiers fuyards de cette armée en déroute que l'Empereur avait écrasée à Brienne et qui lâchait pied devant lui.

Le canon tonnait toujours, mais c'était le canon de la France!...

XIV

Quand souffle le vent du Sud, le désert voit s'élever un tourbillon de poussière qui passe destructeur et rapide comme le feu du ciel.

Devant lui fuient éperdues les gazelles et les autruches, ces hôtesses de la mer de sable.

Les palmiers craquent, se tordent et tombent; les sources des oasis se tarissent.

Ainsi a passé l'armée française victorieuse, chassant devant elle les Prussiens, les Autrichiens et les Russes. Aux cavaliers fuyards ont succédé d'autres cavaliers criant avec désespoir :

« En avant ! en avant ! Napoléon est derrière nous ! »

La France a ressaisi sa lourde épée ; celui à qui elle a confié ses destinées, pousse devant lui ces barbares qui marchaient sur Paris naguère, et les refoule vers Montmirail, où il leur réserve une nouvelle défaite.

Cela a duré deux heures.

Pendant ces deux heures, les Cosaques ont fui, les Prussiens ont fui, et avec eux les Autrichiens, les Anglais et les Bavarois.

Toute cette armée en déroute a traversé le village de Fontenelle.

Quand les Français et le corps d'armée du général Marmont sont arrivés à leur tour, ils ont trouvé, au milieu d'une population décimée, un vieillard presque centenaire donnant des ordres, — une jeune fille soignant un officier blessé, — un autre vieillard et un jeune homme prisonniers et gardés à vue, pour avoir livré le village à l'ennemi.

Un homme va et vient au milieu de ce tumulte.

Parfois triste et versant des larmes....

Parfois joyeux d'une joie hébétée, et repris par cette folie qui l'étreint depuis plus de cinq années.

C'est le mendiant héroïque, le fou balafré qu'on a vu tout le jour sur la barricade, pointant son canon et foudroyant les Cosaques.

C'est *Jean de Nivelle!*

Les Cosaques ont fui comme les oiseaux de proie devant la tempête.

Un drapeau, le drapeau français est resté debout.

Il flotte majestueux sur les deux barricades. Et les blessés se sont traînés au seuil de leurs portes pour saluer au passage l'armée libératrice.

On n'a pas fusillé Mâchefer.

Mâchefer est devenu l'aide-de-camp de M. de Bernerie.

Ce qu'il reste de lanciers valides a formé des postes.

On enterre les morts silencieusement et sans verser de larmes.

La France ne pleure qu'au lendemain du combat ceux qui sont morts pour elle.

Pâle, l'œil sec, le cœur vaillant, Mlle Charlotte de Bernerie est au chevet de M. de Vauxchamps.

Raoul a survécu à ses blessures.

Mlle Charlotte de Bernerie est au chevet de M. de Vauxchamps. (Page 88.)

LA BATAILLE DE MONTMIRAIL.

Raoul ne mourra pas.... l'œil de la femme adorée n'est-il pas fixé sur lui?

La Madelon regarde avec orgueil Mâchefer et dit avec sa robuste voix et sa naïveté de langage :

« C'est mon homme ! »

Tout le jour, disons-nous, l'armée française que Napoléon masse sur Montmirail, a traversé, détachement par détachement, le village de Fontenelle.

Enfin un dernier corps d'armée vient à passer.

Celui-là, le vaillant petit peuple qui a si généreusement versé son sang, la nuit dernière, le reconnaît aux battements enthousiastes de son cœur.

Voici la vieille garde, voici les mameluks et les maréchaux empanachés, et tout au milieu d'eux, montant un cheval blanc de race arabe, modestement vêtu de cette redingote grise qui sera à jamais immortelle, le vainqueur d'Arcole et d'Austerlitz, celui que le soldat appelle familièrement le *Petit Caporal*.

Napoléon a fait halte un moment au milieu de ce village à demi ruiné.

On lui a présenté les blessés, on lui a raconté la défense acharnée de la nuit.

Et l'Empereur s'est arrêté étonné, à la vue de ce vieillard qui n'a pas craint de ceindre l'écharpe tricolore en présence de six mille Cosaques.

« Votre nom? monsieur, lui demanda-t-il.

— François, marquis de Bernerie, répond le vieillard, ancien colonel du régiment de Bourgogne.

— Marquis, répond l'Empereur, je vous fais grand-officier de ma Légion d'honneur. »

Puis Napoléon aperçoit, à quelque distance du vieillard, une belle jeune fille sur laquelle s'appuie chancelant encore, mais soutenu par son dévouement, le jeune commandant de lanciers.

« Ce sont mes enfants, dit le marquis. »

Un sourire vient aux lèvres de l'Empereur.

« On est Français, je le vois, dans votre famille, » dit-il.

Et il salue de la main et va continuer sa route, lorsque Raoul de Vauxchamps s'avance résolûment :

« Sire ? dit-il.

— Que voulez-vous, colonel ? demanda l'Empereur ? »

Raoul frissonne.

D'un mot, l'Empereur a récompensé le jeune officier. Il était chef d'escadron. Napoléon vient de le faire colonel.

« Sire, reprend-il, je viens demander grâce à Votre Majesté.

— Grâce pour qui ? fait l'Empereur étonné.

— Pour deux malheureux égarés.... »

L'Empereur fronce le sourcil.

« Est-ce de ces deux hommes qui sont entrés dans le village à la tête des Cosaques que vous voulez parler ?

— Oui, sire. »

L'Empereur secoue la tête :

« C'est impossible, dit-il. Il faut des exemples. Ces deux hommes seront jugés par un conseil de guerre, et la sentence prononcée sera exécutée.

— Mais.... Sire.... balbutie Raoul, cette sentence c'est la mort. »

Napoléon pousse son cheval et ne répond pas.

M. de Bernerie a laissé retomber sa tête blanche sur sa poitrine.

L'un des deux hommes que l'Empereur vient de condamner à mourir, n'est-il pas de son sang, n'est-ce pas l'enfant de sa fille, M. le chevalier Justin d'Ormignies ?...

Napoléon traversant le village de Fontenelle. (Page 89.)

Le marquis a pâli, une larme a roulé dans ses yeux, mais il n'a pas demandé grâce.

L'Empereur est déjà loin.

En ce moment, une femme arrive au milieu des groupes qui se sont formés sur le passage de Napoléon.

Cette femme c'est la Nanette, la fille du fermier Jean Michel.

Et la Nanette apprend que son père prisonnier sera jugé par un conseil de guerre et probablement fusillé.

Elle pousse un cri et tombe évanouie dans les bras de l'homme qui l'a suivie pas à pas et se trouve derrière elle.

Cet homme c'est Jean de Nivelle le fou.

Jean de Nivelle est devenu grave en voyant l'Empereur.

On ne sait quel souvenir confus a passé dans sa mémoire troublée.

On l'a vu tourner tout à l'entour du cheval et regarder le cavalier.

Puis se frapper le front.... puis sourire de ce rire hébété qui dit si bien qu'il ne se souvient pas....

Il a fallu que la Nanette arrivât en jetant des cris pour attirer l'attention du fou.

Le fou, l'œil noyé de mélancolie, contemplait le nuage de poussière que Napoléon avait laissé derrière lui.

Alors, il a pris la jeune fille dans ses bras, il l'a chargée sur ses épaules, s'écriant :

« C'est ma fille ! c'est mon enfant !... »

Et il a pris en courant le chemin de la ferme de la Regratière.

. . . .

Le soir est venu.

Un détachement de dragons occupe la ferme de Jean Michel.

L'Empereur l'a désignée comme un point stratégique.

Deux hommes sont prisonniers dans cette ferme : Jean Michel et le chevalier d'Ormignies.

Arrêtés sur l'ordre du maréchal Marmont, ils doivent attendre là qu'un conseil de guerre s'assemble pour les juger.

Jean Michel est résigné à mourir.

Le chevalier, tout brave qu'il est, écume de rage en songeant que Raoul de Vauxchamps épousera Charlotte.

Aux consolations qu'essaye de lui donner Jean Michel tout près de mourir pour son roi, Justin d'Ormignies répond par des blasphèmes.

Justin ne craint pas la mort, — mais Justin voudrait mourir vengé.

Il a cru que Raoul était mort, et Raoul, vivant, a été transporté au château de Fontbrune où Charlotte lui prodigue ses soins.

Et comme si ce n'était pas assez de cette pensée pour le rendre ivre de fureur et de jalousie, on lui apporte un billet, il est signé de Raoul de Vauxchamps.

Raoul écrivait au chevalier :

« Espérez : j'ai obtenu du maréchal que le conseil de guerre ne serait assemblé que dans trois jours.

« D'ici là peut-être parviendrons-nous à fléchir l'Empereur !

« RAOUL. »

Et Justin d'Ormignies foule la lettre aux pieds et s'é- crie :

« Lui devoir la vie, jamais ! »

La Nanette est à genoux depuis le matin et murmure :

« Ah ! si ma sœur Toinette pouvait venir ! »

XV

Trois jours s'étaient écoulés.

Pendant ces trois jours l'armée française s'était massée du côté de Montmirail.

Tout laissait pressentir une de ces luttes suprêmes qui décident du sort des empires.

Napoléon s'était porté en avant, laissant Marmont derrière lui, et Marmont avait établi son état-major à Fontenelle.

Napoléon, on se le rappelle, avait donné l'ordre au maréchal de réunir un conseil de guerre et de lui déférer les deux hommes qui avaient livré le village aux Russes.

Cependant trois jours s'étaient écoulés, et le conseil de guerre n'avait point encore été assemblé.

Pourquoi ?

C'est que le maréchal avait hésité lorsque le pauvre et brave commandant Raoul de Vauxchamps lui avait dit :

« Un des deux hommes que vous allez fusiller est le petit-fils de ce vieillard que l'Empereur a trouvé, l'écharpe tricolore à la ceinture, tenant tête aux alliés. »

Frappé de cet argument, le maréchal n'avait pas hésité.

Il avait écrit à Napoléon, lui exposant la vérité, lui représentant même comme d'un fâcheux exemple, une trop grande sévérité.

Raoul avait ainsi gagné les trois jours qu'il avait annoncés à M. Justin d'Ormignies.

Or, le soir du troisième jour, l'Empereur n'avait pas répondu encore.

La ferme était toujours convertie en caserne provisoire et ses vastes bâtiments abritaient deux escadrons de hussards.

Prisonnier dans sa propre maison, Jean Michel jouissait cependant d'une certaine liberté.

Il allait et venait comme à l'ordinaire, mangeait avec ses enfants, et n'avait aucune entrave aux pieds ni aux mains.

Seulement il lui était interdit de sortir, même dans la cour.

M. le chevalier Justin d'Ormignies avait passé les trois jours couché, et gardant un silence farouche.

De temps en temps, s'il croyait entendre le bruit du canon, il se levait à demi et allongeait la tête.

Mais c'était une illusion. Le canon des alliés s'était tu.

Ils étaient donc là le soir du troisième jour, tous les gens de la ferme, depuis le père Jean Michel jusqu'à sa fille Nanette.

Marthe Michel n'avait pas osé remettre les pieds à Fontenelle.

On l'y eût écharpée.

Elle était demeurée à la *Regratière*.

« Oh ! Seigneur Dieu, disait-elle avec une sorte d'exaltation fiévreuse, tout n'est pas fini, allez !

— Que veux-tu dire ? demanda Nanette.

— J'ai dans mon idée, répondit Marthe, qu'il se prépare une grande bataille.

— Certainement, fit la jeune fille, ce sera pour demain ou après.

— Et si Napoléon est battu ?...

— Eh bien !

— C'est la vie de notre père.

— Qui te dit, fit Nanette, que l'Empereur ne fera pas grâce s'il est victorieux?

— Je ne veux pas de grâce! dit Jean Michel d'un ton farouche.

— Si l'Empereur vous fait grâce, mon père, répondit Nanette avec douceur, vous consentirez à vivre, ne fût-ce que pour vos enfants.

— Non, non, pas de grâce! dit le farouche vieillard. N'est-ce pas, monsieur le chevalier? »

Justin d'Ormignies était couché tout vêtu sur un des deux lits jumeaux qui garnissaient l'alcôve de la grande salle de la ferme.

Il avança la tête et répondit avec dédain :

« Je ne veux devoir ma grâce, ni à Napoléon, que je hais, ni à M. de Vauxchamps, ni à ma cousine Charlotte. »

Le fils du fermier, François Michel, qui jusque là n'avait rien dit, prit alors la parole :

« Vous, monsieur le chevalier, dit-il, on vous fera grâce.... vous êtes un noble, vous êtes le fils du château.... mais mon père, qui n'est qu'un pauvre paysan.... »

Le chevalier ne répondit pas, il tourna la face contre la muraille et rentra dans son dédaigneux silence.

« Pourquoi donc aussi, mon père, dit Nanette, faites-vous la besogne de M. le chevalier? Est-ce que vous êtes noble, est-ce que vous êtes riche, est-ce que vous avez un château?

— Tais-toi! » dit tristement le vieillard.

Nanette se mit à pleurer.

Le fermier et ses enfants retombèrent dans un morne silence....

Le feu s'éteignait. Un bout de chandelle, placé sur la table, se consumait lentement.

Au dehors on entendait rire les soldats qui bivaquaient dans la cour, à cette même place où le fermier Jean Michel avait fait boire son vin aux Cosaques.

C'était un douloureux contraste.

Là, on s'entretenait de la victoire de la veille, on buvait au combat du lendemain.

Ici, on songeait avec angoisse à la dernière heure de ce patriarche qui, bientôt, tomberait sous les balles françaises pour expier le crime d'avoir trahi la France.

Là, on disait : Mort aux alliés! vive l'Empereur!

Ici, on faisait des vœux pour l'ennemi, contre lui.

Mais la solennité du moment enlevait à cette opposition son caractère odieux de la veille.

Naguère, ils avaient un langage révoltant et cynique, ce François et cette Marthe Michel, qui se réjouissaient des maux de la France et accueillaient les Cosaques comme leurs amis.

Aujourd'hui, en voyant leurs larmes couler, en regardant le vieillard encore plein de force et de vie, et qui allait mourir, on leur pardonnait....

Un des garçons de ferme entra.

Il était allé à Fontenelle dans la soirée, pour y recueillir des nouvelles.

« Eh bien? lui demanda Marthe avec angoisse.

— On parle d'une grande bataille qui va se livrer. »

Le chevalier sortit de nouveau de son majestueux silence et demanda :

« Sait-on où sont les alliés?

— Ils se portent sur Montmirail où l'Empereur a concentré toutes ses forces.

— Sont-ils nombreux?

— On dit qu'ils sont tous réunis, les Russes, les Allemands et les Anglais.

— Napoléon sera écrasé, murmura le chevalier dont l'œil se reprit à briller d'un éclair de joie.

— Oui, dit le vieux fermier, mais nous ne le verrons pas.

— Qui sait?

— Il sera trop tard, vous dis-je.

— Bah!

— Nous serons fusillés avant la fin de la bataille.

— Moi, dit la Nanette d'une voix tremblante, j'ai dans l'idée que puisqu'on a tardé trois jours.... »

Elle s'arrêta.

« Eh bien! fit sa sœur.... après?...

— C'est qu'on fera grâce à mon père, à cause de M. le chevalier qui est le petit-fils du vieux marquis. L'Empereur aime trop M. de Bernerie pour laisser fusiller M. le chevalier.

— Qui sait? fit le chevalier d'un ton de philosophie. Qui vivra verra.

— Nous ne vivrons pas, allez, monsieur Justin, répondit le vieillard. J'aurais pourtant bien voulu voir le roi. »

Et le vieux chouan retomba dans son mutisme.

Tout à coup, on entendit le galop d'un cheval dans la cour.

« Voilà une estafette du maréchal Marmont, un colonel des hussards, dit François Michel.

— C'est peut-être la grâce de mon père, s'écria Nanette.

— Ou l'ordre de me fusiller, dit le fermier. Je suis prêt. »

Une minute s'écoula....

Une minute qui fut un siècle d'anxiété et de désespoir sombre.

7

Puis la porte s'ouvrit.

Le colonel qui commandait les hussards établis à la ferme entra et alla droit au chevalier qui s'était mis sur son séant pour le recevoir.

Le colonel était pâle et bouleversé.

« Monsieur, dit-il au chevalier, j'ai la douleur de vous apprendre que tous les efforts du maréchal, ceux de M. Raoul de Vauxchamps et les miens sont demeurés infructueux.

— C'est bien, monsieur, répondit Justin d'Ormignies d'un ton hautain.

— L'Empereur veut que vous soyez jugés, vous et le fermier Jean Michel. »

Justin d'Ormignies s'inclina.

« Et fusillés au point du jour, » dit-il avec ironie.

Le colonel ne répondit pas.

Il y avait un silence de mort autour de lui, silence qui n'était troublé que par les sanglots des deux filles de Jean Michel.

Le chevalier reprit :

« Est-ce ici que va se réunir le conseil de guerre ?

— Non, à Fontenelle, dans la maison commune. J'ai reçu l'ordre de vous y faire conduire sur-le-champ par un peloton de hussards. »

Le chevalier sauta à bas de son lit et dit en se redressant :

« Marchons ! je suis prêt.... »

Jean Michel se leva à son tour et dit avec calme, bien que d'une voix un peu émue :

« Adieu, mes enfants, ne me pleurez pas.... je vais mourir pour le roi !... »

Mais comme il disait cela, la porte de la ferme se rouvrit et une femme entra qui ne fit qu'un bond, qui ne jeta qu'un cri et enlaça le cou du fermier en disant :

« Mon père !...

— Toinette ! » exclama le vieillard.

Et les jambes du soldat de Fontenoy fléchirent, et sa voix mâle et ferme tout à l'heure s'emplit de sanglots....

« Ma fille ! murmura-t-il, ma fille ! mon enfant.... toi que j'ai tant pleurée.... je te revois enfin, et je vais mourir !.... »

Marthe et Nanette étaient tombées à genoux et priaient.

XVI

C'était bien, en effet, mame Toinette la Mère des compagnons, qui venait d'entrer au moment où son père allait partir pour le conseil de guerre.

Nous l'avons vue s'évanouir dans les bras de Quille-en-Bois, lorsque Saturnin, son fils adoptif, lui annonçait qu'on devait fusiller un vieux fermier, dans lequel elle avait sur-le-champ reconnu son père.

Saturnin était un de ces vélites de la garde, de ces jeunes gens intrépides et pleins d'avenir que l'Empereur aimait à voir autour de lui et dont, après chaque bataille, il faisait les messagers de ses victoires.

L'enfant avait jeté un cri en voyant défaillir la femme qui l'avait élevé.

Et lorsque la Mère des compagnons, revenant à elle, s'était écriée :

« C'est mon père !... mon père qui va mourir.... »

Saturnin lui avait dit :

« Partons.... nous irons nous jeter aux pieds de l'Empereur, et l'Empereur fera grâce.... »

Il était remonté à cheval, s'en était allé ventre à terre aux Tuileries, remettre le pli cacheté dont il était porteur, puis il était revenu disant :

« Je vous prendrai en croupe, ma mère. Nous voyagerons nuit et jour et nous arriverons à temps.

— Partons !

— Vous ne partirez pas seuls, » avait dit alors une voix, parmi les compagnons consternés.

Il ne s'agissait plus d'une fête, il n'était plus question de recevoir un forgeron, le verre à la main....

Non, il fallait partir et sauver le père de mame Toinette.

La voix qui venait de se faire entendre était celle du brave Quille-en-Bois.

L'invalide dit encore :

« L'Empereur se souviendra. J'étais à dix pas de lui quand un boulet emporta ma jambe, il me demanda mon nom.... c'est lui qui m'a décoré.... et l'Empereur n'oublie pas !

— Croyez-vous donc, avait dit Jean le Manchot, que je vais vous laisser partir seuls ?

— Oui, répondit Quille-en-Bois, il faut que l'un de nous reste ici ; il faut veiller sur les compagnons ; il ne faut pas que quelque misérable, comme celui que nous avons chassé tout à l'heure, vienne corrompre nos frères et leur parler des ennemis comme de nos libérateurs.

— Tu as raison, dit Jean le Manchot tristement, je resterai.

— Mais moi, mon père, dit une voix angélique, ne m'emmènerez-vous pas ? »

C'était Suzanne qui avait pris dans ses petites mains la main tremblante de la Mère des compagnons.

« Toi, oui, chère enfant du bon Dieu! avait répondu Quille-en-Bois. Les anges sont écoutés aux heures suprêmes, et quand tu diras que tu es la fille du brave colonel Simon, peut-être que l'Empereur se laissera fléchir par les larmes et les prières. »

Moins d'une heure après, mame Toinette quittait donc Paris, en compagnie de Quille-en-Bois et de deux enfants.

L'invalide et les femmes ne pouvaient pas monter à cheval; mais un voisin du faubourg, un brave fruitier, leur avait prêté sa carriole et sa jument, une grosse percheronne qui trottait quatre bonnes lieues à l'heure et avait un grand fond.

Saturnin galopait à côté.

Ils voyagèrent tout le jour, toute la nuit suivante et la journée du lendemain.

La pluie avait défoncé les chemins, déjà mis en piteux état par les caissons de l'artillerie qui se croisaient en tous sens depuis un mois sur le pauvre sol champenois.

Le cheval de Saturnin, épuisé de fatigue, tomba pour ne plus se relever, un peu avant le coucher du soleil.

Saturnin monta dans la carriole.

Puis, il vint un moment où la jument, si vaillante qu'elle fût, refusa d'aller plus loin.

Heureusement, Quille-en-Bois se reconnut aux dernières clartés du crépuscule, et dit :

« Nous ne sommes plus qu'à trois lieues de Fontenelle. »

Ils laissèrent la carriole dans un hameau, et continuèrent leur route à pied.

Il pleuvait à torrents.

A chaque pas, l'invalide trébuchait sur le sol glissant.

Saturnin le soutenait et lui donnait le bras.

La nuit était noire, le vent soufflait du sud avec violence.

Mais la Mère des compagnons disait de temps en temps :

« Mon Dieu ! pourvu que nous n'arrivions pas trop tard ! »

Et ces paroles redonnaient des forces à l'invalide et à la jolie Suzanne, dont les petits pieds étaient tout en sang.

Mame Toinette savait par Saturnin que le fermier qui avait arboré la cocarde blanche était gardé à vue dans sa ferme.

Son père était donc à la Regratière, à moins.... qu'il ne fût déjà mort.

Et c'était vers la Regratière et non vers Fontenelle qu'ils se dirigeaient à travers champs, pour aller au plus court. Un filet de fumée grise se détachait dans le lointain sur le ciel tout noir. Des lumières brillaient au travers des arbres.

Quille-en-Bois s'arrêta un moment :

« Reconnaissez-vous la ferme, là-bas, cousine ? demanda-t-il.

— Oui, oui, fit-elle. Avançons ! »

C'était trois quarts d'heure après que mame Toinette était entrée dans la salle basse où le colonel de hussards annonçait à Jean Michel et au chevalier d'Ormignies qu'il fallait partir pour Fontenelle.

L'émotion du vieillard fut terrible.

Toinette s'était jetée dans ses bras, tandis que Quille-en-Bois, Suzanne et Saturnin demeuraient à l'écart, saisis d'un douloureux respect.

Toinette était sa fille bien-aimée ; il l'avait pleurée comme morte ; il avait gémi vingt années de sa dureté, il avait mille fois demandé pardon à Dieu d'avoir brisé sa vie.....

Et il la revoyait tout à coup....

Et elle se jetait dans ses bras et l'appelait : « Mon père ! »

Et cela à l'heure où on venait lui dire :

« Il faut mourir ! »

Toinette n'avait rien deviné tout d'abord.

« Ah! disait-elle avec transport, il est vivant !... Vivant, mon père bien-aimé.... Je le savais bien, moi, qu'on lui ferait grâce!... N'est-ce pas, mon père, que l'Empereur vous a pardonné?... Mais vous ne recommencerez point, n'est-ce pas? Vous ne donnerez plus à manger aux Cosaques ce pain qui germe dans la terre française ; vous ne leur verserez plus, à ces soudards, le vin généreux que produit notre pauvre et bien-aimé sol champenois !

— Non, dit le fermier, comprimant un sanglot, je ne ferai plus tout cela.... car je vais mourir !

— Mourir ! »

Et elle eut un cri de désespoir suprême, un cri qui bouleversa tout le monde et fit pâlir le malheureux officier chargé d'exécuter les ordres du maréchal Marmont.

« Ne perdez pas tout espoir, madame, dit-il, votre père n'est point jugé encore.

— Mais je le serai dans une heure, dit le fermier.

— Il ne sera peut-être pas condamné à mort....

— Et à quoi voulez-vous donc qu'on me condamne ? s'écria Jean Michel. »

A ces mots, il releva la tête, redressa sa grande taille voûtée, et le vieux soldat de Fontenoy, essuyant ses larmes, eut un éclair de fierté dans ses yeux éteints :

« Voulez-vous pas, dit-il, qu'on m'envoie aux galères ? Je veux la mort du soldat.... c'est mon droit. »

Le colonel ne répondit pas.

Toinette avait jeté ses deux bras au cou de son père et disait :

« Non, non, on ne vous emmènera pas, mon père.... j'irai me jeter aux pieds de l'Empereur.... il fera grâce....

— L'Empereur est loin d'ici, répondit le colonel.

— Où qu'il soit, j'irai !... »

Et la Mère des compagnons sanglotait et se tordait les mains de désespoir, car Jean Michel s'était dégagé de son étreinte.

« Allons, dit tristement le colonel, il faut partir. »

Le chevalier Justin d'Ormignies, à l'écart dans un coin de la salle, regardait avidement Suzanne.

L'angélique beauté de la jeune fille avait produit sur lui une impression profonde, et il murmurait avec rage :

« C'est dur de mourir ! si j'avais un an devant moi, je voudrais être aimé de cette enfant, et j'aurais bien vite oublié Charlotte.

— Adieu, mes enfants, dit encore le vieux fermier. »

Et il alla embrasser immédiatement François, Marthe et Nanette, qui pleuraient silencieusement.

Il avait gardé Toinette pour une dernière étreinte.

Toinette, pâle, les yeux fixes, maintenant muette en son horrible désespoir, avait appuyé sa tête décolorée sur la poitrine du vieillard.

Jean Michel sentit l'émotion le reprendre à la gorge et deux larmes jaillir sur ses joues.

« Allons ! adieu... adieu !... fit-il. »

Et il la repoussa.

De nouveau Toinette voulut l'étreindre et se cramponna à lui.

Il se dégagea une fois encore et lui dit :

« Va-t'en, adieu.... »

Puis s'adressant au colonel :

« Marchons, monsieur ! »

Le chevalier d'Ormignies regardait toujours Suzanne, et sentait on ne sait quelle tempête mystérieuse gronder dans son cœur.

Toinette se laissa tomber dans les bras de Quille-en-Bois et s'écria avec un accent de douleur suprême :

« Mais où est donc l'Empereur ? »

En ce moment, un homme entra dans la ferme.

C'était Mâchefer.

XVII

Pour que Mâchefer vînt à la ferme, il fallait qu'il y eût quelque chose d'extraordinaire.

Mâchefer apportait un nouveau billet de Raoul de Vauxchamps pour le chevalier Justin d'Ormignies.

Raoul écrivait :

« L'Empereur a été inflexible : mais j'ai obtenu un sursis de vingt-quatre heures à l'exécution du jugement.

« Une grande bataille se prépare, peut-être s'engagera-t-elle demain au point du jour.

« Si l'Empereur est victorieux, — et nous le croyons

autant que nous l'espérons tous, — peut-être sera-t-il clément : ne perdez donc pas tout espoir.

« RAOUL. »

Cette fois, le chevalier ne foula point la lettre de Raoul aux pieds.

Le chevalier regardait Suzanne, et une lueur d'espérance avait passé dans ses yeux.

Cependant il dit avec ironie :

« Si je ne dois la vie qu'à la défaite des alliés, j'aime autant être fusillé. »

Ces mots arrachèrent la Mère des compagnons à la torpeur morale et physique où elle était plongée.

Elle releva la tête, enveloppa le chevalier d'un regard de mépris et lui dit :

« Ah! vous n'êtes pas Français !... »

Le chevalier haussa les épaules.

Quant au vieux Jean Michel, absorbé dans sa douleur, il ne prononça pas un mot.

Il regardait sa fille et murmurait :

« Il faut mourir, au moment où je la revois. »

Toinette eut alors une explosion de douleur :

« Non, dit-elle, non, vous ne mourrez pas, mon père.... J'irai me jeter aux pieds de l'Empereur....je lui dirai : « C'est moi, moi la jeune fille à qui vous avez souri et qui vous tendis un verre d'eau, la jeune fille qui vous souhaita la victoire.... »

— Moi, murmura Quille-en-Bois, je lui dirai que vous avez combattu les ennemis de la France, dans votre temps.... et l'Empereur fera grâce au conspirateur en faveur du vieux soldat.

— Eh bien, moi, fit le chevalier d'Ormignies avec dédain, je lui dirai que j'ai été sous-lieutenant en Autriche. Peut-être cela le touchera-t-il? »

Et le chevalier sortit en riant.

« Marchons! » dit Jean Michel, dont la voix se raffermit.

Et il ne voulut plus embrasser ses enfants.

« Adieu... » dit-il.

« Au revoir, mon père! » cria Toinette.

Le colonel des hussards fermait la marche et tira la porte sur lui.

Alors il ne resta dans la salle basse de la ferme que François Michel, sombre et morne, ses trois sœurs qui pleuraient, Saturnin, Suzanne, Quille-en-Bois et Mâchefer.

Celui-ci s'approcha de Toinette et lui prit les mains.

« J'ai bien peur, dit-il, que l'Empereur ne fasse pas grâce.... Mais il faut toujours essayer.... Au lieu de rester ici, il faut aller à Montmirail, où il a son quartier général.

— Est-il possible d'arriver avant le jour?

— Je ne sais pas.... à cause des avant-postes.... »

Puis Mâchefer regarda Saturnin.

« Mais, dit-il, si monsieur est avec vous, il vous fera passer avec son uniforme d'officier d'ordonnance; il lèvera toutes les consignes.

— Partons, dit Toinette, qui retrouva sa vaillante énergie et essuya ses larmes.

— Partons, répéta Quille-en-Bois.

— Il faut que vos sœurs et vos frères vous accompagnent, » dit Mâchefer.

Cette proposition fut accueillie par un geste de dénégation de la part de François et de Marthe Michel.

François dit :

« Demander quelque chose à l'Empereur, c'est peine perdue, il ne nous aime pas.

— Lâche ! lui dit Toinette, refuseras-tu donc de lui demander la grâce de ton père ? »

Marthe, qui était non moins entêtée, dit à son tour:

« Qui sait? il sera peut-être battu demain, et les Russes viendront délivrer notre père. »

Mame Toinette l'écrasa d'un regard.

« Tu n'es pas digne d'être ma sœur, dit-elle. »

François et Marthe baissèrent la tête après s'être consultés du regard.

« Allons, dit François avec un soupir, marchons. »

Suzanne vint se jeter au cou de sa mère adoptive :

« Moi aussi, dit-elle, j'irai:

— Non, mon enfant, répondit Quille-en-Bois, tu es brisée de fatigue, tes petits pieds sont meurtris et tout en sang. Je ne le veux pas. »

Suzanne dit, effrayée :

« Vous voulez donc que je reste ici avec tous ces soldats ?

— Non, répondit Quille-en-Bois, monsieur Mâchefer que voilà va te conduire au château de Fontbrune, où Mlle Charlotte prendra soin de toi.

— Ah ! je veux bien, dit Mâchefer, et vous pouvez être tranquille, mamzelle. Quand on est auprès de Mlle Charlotte, c'est comme si on était en paradis. »

Suzanne essuya une larme et murmura :

« Je vous obéirai, mon parrain. »

Les quatre enfants de Jean Michel se mirent en route, précédés par Quille-en-Bois et Saturnin, tandis que Mâchefer prenait dans ses bras Suzanne qui ne pouvait plus marcher et la portait au château.

Le triste cortége passa au milieu des soldats qui bivaquaient dans la cour.

Officiers et soldats se découvrirent devant ces enfants qui allaient implorer la grâce de leur père.

Mais tous, après leur départ, secouèrent la tête et un officier murmura :

« C'est un voyage inutile qu'entreprennent ces pauvres gens!... L'Empereur a refusé au maréchal, — il veut faire un exemple terrible.... »

Les pluies des jours précédents et d'une partie de la nuit avaient embourbé les chemins. Il ne fallait pas songer à aller autrement qu'à pied.

D'ailleurs, il n'y avait plus un cheval, ni une charrette à la ferme, ni dans les environs.

L'armée alliée en se retirant avait tout mis en réquisition.

Toinette et ses compagnons se dirigèrent vers Fontenelle qu'il fallait, du reste, forcément traverser pour se rendre à Montmirail.

Les abords du village étaient encombrés de soldats.

On avait allumé des feux autour desquels fantassins et cavaliers s'étaient groupés.

Comme l'avait dit Mâchefer, l'uniforme de Saturnin fut d'un grand secours pour lui frayer le passage.

Sur la place du village, il y avait un grand rassemblement.

Soldats, paysans, petits bourgeois se pressaient curieusement à la porte de la mairie.

Mame Toinette s'approcha et prêta l'oreille à ce qui se disait dans les divers groupes.

C'était à la mairie que s'était réuni le conseil de guerre.

On jugeait, en ce moment, le chevalier d'Ormignies et Jean Michel.

Il y avait si longtemps que Toinette avait quitté le pays que personne ne la reconnut.

Tandis que ses sœurs, son frère et Quille-en-Bois demeuraient à l'écart, hors des cercles de lumière décrits par les brasiers, Toinette, redevenue l'énergique Mère des compagnons, se mêla à la foule.

Elle écoutait avidement, elle imposait silence aux violentes pulsations de son cœur, elle cherchait à se rendre compte de l'opinion publique sur son père....

Un paysan disait :

« Pour être condamnés, ils le seront, c'est sûr, mais on ne fusillera que Jean Michel.

— Pourquoi donc ? dit un autre.

— Parce que Jean Michel est un pauvre homme.

— Eh bien ?

— Et que M. le chevalier est un noble.... et un riche.... et puis il est le fils du château, le cousin de Mlle Charlotte. »

Tandis que mame Toinette allait de groupe en groupe sans qu'on fît attention à elle, un homme la suivait pas à pas.

Cet homme la regardait avidement, s'arrêtait, se frappait le front, puis se remettait à la suivre.

Cet homme, c'était le fou Jean de Nivelle.

Deux fois son rire hébété avait reparu sur ses lèvres ; mais deux fois aussi, au rire avaient succédé des larmes.

Et le fou, devenu mélancolique, suivait toujours mame Toinette, qui par deux fois l'avait regardé avec un certain étonnement.

Enfin il se fit une grande rumeur aux abords de la commune.

Les attroupements augmentaient, en dépit de la pluie qui tombait toujours fine et serrée, de la nuit qui était noire, et de l'heure avancée, car il était près de minuit.

Un frisson parcourut la foule.

Avec le frisson, la rumeur s'apaisa; un silence effrayant se fit.

Mame Toinette sentit s'arrêter les pulsations de son cœur.

Le conseil de guerre avait clos les débats, et il allait prononcer la terrible sentence.

Le fou s'était glissé derrière mame Toinette, et il continuait à la dévorer du regard...

La foule attendait, anxieuse, la condamnation à mort des deux hommes qui avaient livré Fontenelle aux Cosaques....

XVIII

Pendant quelques minutes on eût entendu le bruit des cœurs battant dans les poitrines.

Enfin les portes de la commune s'ouvrirent et on en vit sortir deux soldats qui crièrent à la foule :

« Condamnés ! »

Mame Toinette sentit ses genoux fléchir.

Elle s'y attendait pourtant.... mais ce terrible mot lui arracha un cri de douleur et elle faillit tomber à la renverse.

Un homme était derrière elle qui la reçut dans ses bras.

C'était le fou.

Le fou la soutint, puis il l'enleva et la porta hors de la foule.

« Ah ! dit mame Toinette, il n'y a plus une minute à perdre, marchons.... marchons !... »

Quille-en-Bois, le fils du fermier et les deux sœurs de mame Toinette attendaient toujours à l'écart.

Toinette, que le fou avait remise sur ses pieds et qui puisait une nouvelle force dans son énergie, lui dit :

« Nous n'arriverons pas à Montmirail avant le jour....

— Nous avons vingt-quatre heures devant nous », objecta Saturnin.

Et tous se remirent en route.

Comme ils atteignaient les dernières maisons du village, une femme les rejoignit en courant.

C'était la Madelon....

L'héroïque fiancée de Mâchefer aborda la Nanette en lui disant :

« Il ne faut pas perdre tout espoir, ma mignonne. M. Raoul a parlementé tout le jour avec le maréchal, et comme il avait gagné trois jours déjà, il a encore obtenu que M. le chevalier et ton père ne seraient fusillés qu'après-demain matin, c'est-à-dire après la bataille.

— Nous arriverons à temps ! s'écria Saturnin.

— Et puis, qui sait ? fit Marthe Michel, demain il n'y aura peut-être plus d'armée de Napoléon.

— On s'est battu tout le jour à Champaubert, continua la Madelon, et les Russes ont été écrasés.

— Demain ils écraseront Napoléon », murmura la veuve indomptable avec un éclair de haine.

La Mère des compagnons lui jeta un regard de mépris :

« Tu blasphèmes, dit-elle, et c'est la mort de notre père que tu demandes en parlant ainsi.

— Allez, et bon courage, dit la Madelon, tout n'est pas perdu, et puis M. le marquis a écrit aussi à l'Empereur.

Un homme était derrière elle qui la reçut dans ses bras. (Page 111.)

— Il aura la grâce de son petit-fils, dit François Michel, mais on fusillera mon père. »

Et il continua à suivre mame Toinette qui s'appuyait sur le bras de Saturnin.

La Madelon les quitta; elle s'en retournait à Fontbrune.

C'était Mlle Charlotte qui, prévenue par Mâchefer, l'avait envoyée leur porter quelques paroles d'espoir.

Il pleuvait toujours, le vent soufflait avec violence.

A deux cents pas du village, les voyageurs trouvèrent un poste.

« Qui vive ! cria la sentinelle.

— Vélite de la garde », répondit Saturnin.

La sentinelle s'approcha et reconnut Saturnin auquel il dit :

« Où allez-vous ?

— Au quartier général de l'Empereur.

— Qu'est-ce que tous ces gens-là ?

— Des gens de Fontenelle qui vont demander la grâce du vieux fermier qui doit être fusillé. »

La sentinelle fit bien quelque difficulté, mais comme après tout, un vélite ayant rang d'officier, Saturnin était son supérieur, elle céda.

Mame Toinette et les siens passèrent.

Un peu plus loin, un escadron de hussards bivaquait en plein air, sous la pluie, autour d'un grand feu dont le vent courbait la flamme.

Saturnin fut obligé de renouveler ses explications.

L'officier à qui il s'adressa lui dit :

« Mon jeune ami, à Dieu ne plaise que j'empêche ces braves gens d'aller plus loin, mais je crains bien que vous ne fassiez un voyage inutile.

— Pourquoi ? demanda Saturnin en tremblant.

— Parce que les Russes seront attaqués au point du

jour, que la bataille d'aujourd'hui qui a eu Champaubert pour théâtre recommencera du côté de Montmirail et qu'il vous sera impossible d'arriver jusqu'à l'Empereur.

— Nous essayerons toujours », dit Saturnin.

Et ils continuèrent leur chemin.

Ils venaient de quitter le territoire de Fontenelle et s'étaient engagés dans les champs que bordent les bois de la Haute-Épine.

François Michel s'était offert à porter sa sœur Toinette, mais elle avait refusé.

« Tu ne penses pas comme moi, lui avait-elle dit. Je ne veux pas de tes services. »

Une fois, Marthe s'était retournée, étouffant un cri.

« Qu'est-ce donc? demanda Quille-en-Bois.

— Il me semble qu'on nous suit, répondit la veuve. Tenez, voyez-vous là-bas.... cette forme noire?... elle est immobile, maintenant.

— C'est un tronc d'arbre, dit François Michel.

— Non, c'est un homme.... Voyez.... »

En effet, la forme noire s'était remise en route.

« Eh bien! dit Quille-en-Bois, qu'est-ce que cela nous fait? »

Après les champs, il fallait traverser les bois.

Mais le forgeron invalide était un enfant du pays, et à vingt années de distance il se reconnaissait au milieu de cette nuit noire, comme en plein faubourg Saint-Antoine.

« Est-ce bien loin encore? » demanda la Mère des compagnons.

La courageuse femme marchait depuis si longtemps que ses chaussures étaient en lambeaux, tandis que ses pieds n'étaient plus qu'une plaie.

« Nous ne sommes encore qu'à la Haute-Épine, dit Quille-en-Bois.

— Et puis ? fit Saturnin.

— Après, nous aurons à traverser l'Épine-au-Bois, de là nous descendrons au village de Marchais.

— Une fois là, ajouta Quille-en-Bois, nous sommes à Montmirail.

— Ma mère, dit Saturnin, je vais vous porter.

— Non, mon enfant, non, je marcherai, répondit-elle.

— Pourquoi ne veux-tu pas que je te porte, moi ? dit François Michel avec colère.

— Parce que tu as donné à boire aux Cosaques, répondit-elle fièrement. »

Marthe jeta un nouveau cri.

« L'homme nous suit toujours, dit-elle.

— Où donc ? fit Quille-en-Bois.

— Là.... voyez.... »

Et elle étendit la main.

En effet, une forme noire se glissait à travers les arbres, non point en marchant, non point en courant, mais en accomplissant des espèces de bonds, comme un animal fauve qui traque une meute.

Et comme il se rapprochait de plus en plus, Quille-en-Bois cria :

« Halte ! il faut savoir à qui nous avons affaire. »

Et il attendit de pied ferme la forme noire qui continuait à arriver sur lui.

« Malédiction ! s'écria François Michel, je te reconnais.

C'est ce fou de malheur qu'on appelle Jean de Nivelle.

— C'est moi, dit le fou, qui d'un dernier bond arriva sur eux.

— Que veux-tu ? lui demanda brutalement François

— Je vais avec vous, répondit-il.
— Nous n'avons pas besoin de toi.... va-t'en ! »

Mais la Nanette le prit par la main et lui dit :

« Pourquoi veux-tu venir avec nous, mon bon Jean ?
— Pour vous guider.
— Nous n'avons pas besoin de toi, camarade, répliqua Quille-en-Bois. Je suis du pays, nous voici sur le chemin de la Haute-Épine.
— N'y allez pas, dit le fou.
— Pourquoi ?
— Les Russes y sont.
— C'est impossible, dit Saturnin, les Russes sont au delà de Montmirail. D'ici à Montmirail nous ne rencontrerons que des troupes françaises.
— Les Russes y sont.... répéta le fou. »

En même temps il s'était approché de la Mère des compagnons et il lui avait pris la main en lui disant :

« N'y allez pas ! »

Mais François Michel haussa les épaules et s'écria :

« Est-ce que vous allez écouter cet oiseau de malheur ? c'est un fou....
— Allons ! en route, mes enfants », dit Quille-en-Bois.

Le fou répéta une dernière fois :

« N'allez pas à la Haute-Épine. Tournez à gauche, descendez droit sur Marchais.
— Merci ! dit Quille-en-Bois, nous aurions de la boue jusqu'au ventre. »

Et la petite troupe continua son chemin sans écouter davantage les observations du fou.

Ce dernier poussa un soupir et les suivit à distance.

Ils étaient entrés sous bois maintenant, et longeaient une vaste clairière.

Tout à coup Quille-en-Bois, qui marchait toujours en tête, s'arrêta.

« N'y allez pas, dit le fou, les Russes y sont. » (Page 116.)

On voyait une lueur dans l'éloignement, à travers les arbres.

« Ce sont les maisons de la Haute-Épine, dit François.

— C'est plutôt un feu de bivac, dit Saturnin.

— En tout cas, ce ne peut être qu'un bivac français, » ajouta Quille-en-Bois.

Et ils continuèrent à avancer.

Le fou les suivait de loin.

Soudain il leur cria :

« Arrêtez ! les Russes ! »

François Michel haussa les épaules.

« C'est un fou, dit-il. Les Russes sont loin d'ici.... En avant !

— En avant ! » répéta Quille-en-Bois, lequel, cependant, avançait maintenant avec une certaine circonspection.

Jean de Nivelle les suivait toujours.

XIX

Quille-en-Bois continuait à avancer.

Cependant les paroles du fou l'avaient mis en défiance.

Après la bataille de Brienne, après surtout celle de Champaubert, les deux armées s'étaient retirées pêle-mêle vers Montmirail ; et il pouvait fort bien se faire que les Russes d'Oulsawieff ne fussent pas aussi loin que le prétendait François Michel.

A mesure qu'il approchait, le feu qu'il apercevait à

travers la clairière paraissait s'élargir et prendre les proportions d'un bivac.

Bientôt il put distinguer des ombres qui s'agitaient à l'entour.

Puis des voix confuses arrivèrent à son oreille.

Mais elles étaient trop loin encore pour qu'on pût dire si elles parlaient le français ou une autre langue.

D'ailleurs, à cette époque, le soldat russe parlait assez généralement français.

C'était la tradition du règne de la grande Catherine qui se perpétuait dans le siècle suivant, et l'empereur Alexandre n'avait point remis l'idiome russe en honneur, comme devait le faire plus tard son frère, le czar Nicolas.

Cependant Quille-en-Bois s'arrêta indécis.

« Qu'est-ce qu'il y a encore? demanda François Michel avec humeur.

— Le fou pourrait bien avoir raison », dit Quille-en-Bois.

François haussa les épaules.

« Il y n'a pas un Russe à dix lieues d'ici.

— Eh bien! quand il y en aurait, dit Marthe Michel, les Russes ne sont-ils pas nos amis?

— Pas les miens, dit Quille-en-Bois.

— Ni les nôtres, dit mame Toinette.

— Oui, mais ils ont bu et mangé chez notre père, dit la vieille entêtée, et ils s'en souviendront.... et ils nous laisseront passer. »

Un hennissement de cheval traversa l'espace et vint mourir aux oreilles de Quille-en-Bois, qui s'était remis en chemin.

De nouveau il s'arrêta.

« Bon! ricana François Michel, est-ce qu'il hennit en russe, ce cheval?

— Peut-être.... dit Quille-en-Bois. Je parierais que c'est un de ces méchants gringalets de chevaux gris que montent les Cosaques. »

Cependant il se remit en route.

« A la garde de Dieu ! » murmura la Mère des compagnons.

Ils firent un pas encore.

Tout à coup une ombre s'agita tout auprès d'eux et une voix cria :

« *Kor tam ?* »

C'était une vedette russe. Son exclamation répondait au *qui vive* d'une sentinelle française.

« Les Russes ! » exclama Quille-en-Bois.

Et il voulut battre en retraite.

Mais alors devant, derrière eux, à droite et à gauche, le forgeron et ses compagnons virent se dresser des Cosaques.

Ils étaient tombés au milieu d'une embuscade ennemie.

« Le fou avait raison ! s'écria Quille-en-Bois.

— Eh bien ! dit Marthe Michel, les Cosaques sont nos amis.

— Tais-toi, malheureuse ! » dit mame Toinette avec un accent de douloureuse indignation.

En un clin d'œil la petite troupe fut entourée.

Un officier, celui qui commandait l'embuscade reconnut l'uniforme de Saturnin et dit :

« Un soldat français.... un espion peut-être.... il faut le fusiller. »

Deux Cosaques s'étaient rués sur le vélite.

Saturnin avait tiré son épée.

Mais Quille-en-Bois lui dit :

« L'épée au fourreau, mon garçon, il est inutile de te faire massacrer. »

En même temps un autre officier s'approcha :

« Il faut conduire cet homme au général, dit-il. On l'interrogera. Peut-être aura-t-il de précieux renseignements à nous donner. »

Puis, s'adressant à Quille-en-Bois :

« Qui êtes-vous ? dit-il.

— Un paysan de Fontenelle.

— Où allez-vous ?

— A Montmirail.

— Vous ne saviez donc pas que l'armée russe occupait la Haute-Épine ?

— Si nous l'avions su, nous aurions fait un détour. »

Mais Marthe Michel s'écria :

« Ah ! je vous reconnais, vous, mon capitaine. »

Et elle s'avança vers lui.

« En effet, dit l'officier russe, j'ai vu cette femme. Qui êtes-vous ?

— C'est moi qui vous ai fait entrer dans Fontenelle, par ma maison, il y a cinq jours.

— Vous êtes la fille du fermier ?

— Oui.

— Et moi aussi, » dit la Nanette.

En même temps, elle vint se placer devant l'officier russe, et lui dit avec dédain :

« Vous devez bien me reconnaître, moi, puisque vous m'avez tirée au sort et que vous m'avez perdue. »

Ce reproche eut un bon résultat.

Le jeune officier s'adoucit et dit :

« Je vois que vous n'êtes pas des paysans hostiles aux armées alliées.

— Nous sommes des amis, dit François Michel.

— Parle pour toi, misérable ! » grommela Quille-en-Bois.

La Mère des compagnons gardait un morne silence.

« Mais comment êtes-vous ici ? reprit l'officier. Où allez-vous ?

— A Montmirail, dit Marthe.

— D'où venez-vous ?

— De Fontenelle.

— Qu'allez-vous faire à Montmirail ?

— Ah ! dit Marthe Michel, qui se mit à pleurer, nous allons nous jeter aux pieds de l'usurpateur.

— Pourquoi faire ?

— Pour lui demander la grâce de mon père ; car, reprit la veuve avec animation, vous ne savez pas, les Français ont repris le village. Et mon père a été fait prisonnier, et on vient de le condamner à mort !

— Alors, dit l'officier, vous arriverez trop tard à Montmirail.

— Oh non ! dit François.

— A l'heure qu'il est, votre père a été exécuté.

— Non.... on ne doit exécuter la sentence que dans vingt-quatre heures.

— Mais comment arriverez-vous à Montmirail ?

— Je ne sais pas, dit Marthe.

— Moi, reprit l'officier, je suis obligé de vous conduire au général, dont vous voyez le bivac, là, au travers des arbres, et de faire prisonnier ce jeune homme... »

Il désignait Saturnin.

« Jamais ! murmura le jeune vélite, je me passerais plutôt mon épée au travers du corps. »

La Mère des compagnons lui mit la main sur l'épaule.

« Sois calme, » dit-elle.

L'officier reprit :

« Peut-être bien que le général vous laissera partir.

— Est-ce celui qui a logé chez nous ? demanda Marthe.

— Oui, c'est le général Oulsawieff.

— Alors, il ne voudra pas la mort de mon père! dit la veuve, il nous laissera passer.

— Mais, dit le jeune Russe, les Prussiens qui occupent l'Épine-au-Bois vous arrêteront, eux. »

Quille-en-Bois, mame Toinette et la Nanette se tenaient un peu à l'écart.

Les rôles, comme on le voit, étaient changés.

C'étaient à présent Marthe la veuve et son frère qui protégeaient les autres.

« D'ailleurs, dit l'officier, qui vous dit que ce soir les Français occuperont encore Fontenelle?

— Je l'espère bien, grommela Quille-en-Bois.

— L'armée alliée est massée tout à l'entour de Montmirail, reprit l'officier; Napoléon a l'infériorité du nombre; il sera certainement écrasé.

— Oh! si vous pouviez dire vrai! fit Marthe. »

Mame Toinette leva silencieusement ses yeux au ciel comme pour lui demander pardon.

Saturnin et Quille-en-Bois écumaient de rage.

François Michel dit à son tour :

« Croyez-vous donc, Monsieur, que la bataille va s'engager bientôt?

— Au point du jour.

— Le jour n'est pas loin, » murmura Quille-en-Bois.

En effet, les étoiles pâlissaient et une bande blanchâtre s'étendait à l'horizon.

« Oui, j'en ai la conviction, reprit le jeune officier; la bataille qui va se livrer sera la dernière. Napoléon ne peut plus tenir.

— Dieu vous entende! dit Marthe.

— Je vais vous conduire au général, dit l'officier; mais je doute que vous puissiez atteindre Montmirail avant le jour. »

La Nanette se plaça devant Jean de Nivelle en disant : « C'est un ôu. » (Page 34.)

Comme il disait cela, un nouveau personnage arriva et dit en riant :

« Je savais bien que c'étaient les Russes.

— Le fou! exclama François Michel avec colère, toujours lui!

— Je vais avec vous, dit Jean de Nivelle. »

Et il se remit à gambader tout en regardant avidement la Mère des compagnons.

La petite troupe fut conduite au bivac d'Oulsawieff.

Le général était à cheval déjà et donnait des ordres.

Il écouta avec bienveillance la requête de Marthe Michel, mais il répondit :

« Je ne puis vous laisser passer. D'ailleurs, vous n'arriveriez pas.... on va se battre aux premières clartés de l'aube. »

La Mère des compagnons se tordait les mains de désespoir.

Quille-en-Bois murmurait :

» J'ai idée, moi, que mon empereur nous délivrera avant qu'il soit peu, et que les Prussiens et les Russes vont recevoir une fière tripotée. »

Le fou s'était mis à courir autour du feu du bivac du général Oulsawieff et chantait la Marseillaise.

Et comme Oulsawieff allait donner l'ordre de lui clouer son hymne patriotique d'un coup de lance dans la gorge, la Nanette se plaça devant le pauvre Jean de Nivelle et le sauva en disant :

« C'est un fou ! »

En même temps, dans le lointain, on entendit un premier coup de canon.

XX

Abandonnons un moment la Mère des compagnons et ses amis, tombés au pouvoir des Russes, et retournons à Fontenelle.

Il est deux heures du matin.

Les soldats bivaquent toujours sur la place, dans la rue et aux alentours du village.

Mais les habitants sont rentrés chez eux.

A l'agitation de la soirée a succédé ce calme morne et désolé des populations en deuil.

Car il n'y a plus maintenant une seule maison dans le village où la mort n'ait laissé sa redoutable empreinte.

Heureusement, c'est la mort des braves.

Chaque famille a payé son tribut à la patrie en laissant un des siens, il y a trois jours, sur ces deux barricades que les Russes, malgré leur nombre, n'eussent jamais emportées sans la trahison du chevalier d'Ormignies et de Marthe Michel.

Les veuves sont rentrées, et les orphelins aussi, et le vieillard qui n'a plus de fils, et le père dont la fille a été frappée, tandis qu'elle prodiguait ses soins à son frère blessé.

Les foyers se sont éteints, — éteintes sont les lumières.

Le feu seul des bivacs éclaire encore Fontenelle.

Pendant la soirée, on entendait le canon au lointain, dans la direction de Champaubert.

« On les a enfermés dans une salle basse à la mairie. » (Page 145.)

Pendant la soirée encore, on attendait avec une anxiété pleine de rancune et de colère la décision du conseil de guerre, relativement à ces deux hommes qui avaient trahi leur pays au profit de l'étranger.

Maintenant le canon a cessé de faire entendre sa grande voix.

Maintenant les coupables sont condamnés, et l'irritation populaire s'est apaisée pour faire place à une sorte de compassion.

On hait le chevalier d'Ormignies.

Il était hautain, dédaigneux, dur au pauvre monde.

Mais il est le petit-fils du marquis de Bernerie, le bienfaiteur de Fontenelle et de toute la contrée environnante.

Et on songe que là-haut, au sommet de la colline, dans les murs du château de Fontbrune, une mère pousse des cris de désespoir, tandis qu'un vieillard pleure silencieusement.

On n'aimait pas beaucoup Jean Michel, mais on adorait la Nanette; on se souvenait encore, çà et là, de cette charmante fille appelée Toinette et qui avait disparu, il y avait près de vingt ans.

Et l'on se dit maintenant que la mort du vieux fermier les frappera toutes deux au cœur.

Jean Michel ne doit plus revoir sa maison, ni M. Justin d'Ormignies le château.

On les a enfermés dans une salle basse de la mairie, et on a confié leur garde à deux soldats qui seront relevés d'heure en heure.

Jean Michel s'est étendu sur un peu de paille.

Résigné à mourir, il songe à ses enfants qu'il ne reverra plus.

Il songe à ce roi qu'il n'a jamais vu, mais qui est le petit-fils de celui sous lequel il servait à Fontenoy, et qu'il a vu parcourir l'armée française à cheval, suivi du Dauphin, à peine âgé de quinze ans.

Il songe surtout à Toinette....

Sa Toinette bien-aimée, dont il a fait le malheur jadis, en sa rude loyauté de vassal qui ne veut point s'allier à son seigneur.

A quoi songe M. le chevalier d'Ormignies?

Il songe que Raoul de Vauxchamps n'est pas mort et qu'il ne mourra pas.

Qu'il épousera tôt ou tard sa cousine Charlotte, et héritera, par cette alliance, des vastes domaines de Bernerie.

Il songe encore....

Non, depuis quelques heures, la rage froide qui débordait du cœur de M. Justin d'Ormignies est mêlée d'un autre sentiment.

Tandis qu'il pensait à Charlotte, une femme a surgi devant lui, ébloui ses yeux, troublé sa raison....

Suzanne!...

Et le chevalier sent l'écume border ses lèvres, à cette pensée qu'il sera fusillé le lendemain, et que jamais il ne reverra cette admirable créature, qui lui est apparue une heure comme l'ange de la mort.

Aussi se promène-t-il d'un pas inégal et brusque dans ce cachot improvisé, où Jean Michel s'est couché dans un coin.

Une ou deux fois, le fermier a levé la tête, disant :

« Vous vous faites trop de bile, monsieur le chevalier. Il ne faut pas avoir peur de la mort comme ça. »

A quoi le chevalier a répondu :

« Je ne crains pas de mourir, mais j'ai besoin de vivre encore.

— Pourquoi ?

— Pour me venger.

— Moi, j'ai pardonné à mes ennemis, monsieur le chevalier, et tous mes comptes sont réglés avec ce monde. »

Et, sur ces paroles de paix, le fermier est retombé dans son mutisme et sa rêverie.

Trois fois déjà, les soldats qui gardent les deux condamnés à vue ont été changés.

Les premiers fumaient, les seconds jouaient, les troisièmes ont bu une bouteille de vin.

Ni les uns, ni les autres n'ont osé adresser la parole aux deux condamnés.

Les derniers venus sont de tout jeunes gens, des soldats de trois mois, recrues arrachées la veille à leur charrue, si on en juge par leur figure juvénile et leur menton sans trace de barbe.

Ils se sont pris à considérer ce vieillard et ce jeune homme que la mort attend.

L'un, en regardant le vieillard, songe à son propre père, un vieillard aussi.

L'autre, qui a laissé au pays une promise en pleurs, se demande si ce jeune homme qui va mourir ne laisse pas une fiancée au désespoir.

Et ils se sont pris à causer tout bas.

« Voilà une vilaine besogne, mon pauvre Joseph, qu'on nous a donnée là, dit l'un.

— Moi, répond l'autre, j'ai des frissons d'épouvante depuis ce soir.

— Pourquoi?

— Parce que je ne voudrais pas faire partie du peleton qui fusillera demain ces malheureux. »

Ces deux soldats sont d'origine alsacienne.

Ils parlent entre eux leur langue maternelle, allemand.

Jean Michel n'a pas même tourné la tête.

Mais le chevalier, qui a servi en Autriche et qui sait

la langue saxonne aussi bien que le français, va s'asseoir sur le lit de paille du vieux fermier et, pour distraire un moment sa pensée en délire, il écoute la conversation des deux soldats.

« Frantz, dit Joseph, il paraît que ces deux hommes sont bien détestés dans le pays.

— Oui, répondit Frantz ; c'est tout simple, ils ont livré le village.

— As-tu entendu ces cris de joie, quand on a appris qu'ils étaient condamnés ?

— Oui.

— Personne ne les plaint....

— Oh ! si fait, dit Frantz, j'ai entendu un homme et une femme qui causaient tout bas à l'écart.

« La femme disait avec des larmes dans la voix :

— Est-ce que tu ne pourrais pas le sauver ?

— Si je le voulais.... peut-être.... mais....

— Mais tu ne le veux pas !

— Non, les Cosaques ont tué mon fils.

— Oui, mais il t'a donné souvent du pain, à toi et à tes enfants.

— Mon fils est mort, disait l'homme d'un ton farouche.

— Et si on te donnait de l'argent.... beaucoup d'argent ?.... »

L'homme a paru hésiter.

« Qu'a-t-il répondu ? demanda Frantz.

— Je ne sais pas, car en ce moment, il y a eu un mouvement de la foule et je les ai perdus de vue tous deux, l'homme et la femme. »

Joseph dit encore :

« Sais-tu duquel ils parlaient ?

— Je ne sais pas. »

Frantz regarde les murs épais et nus de la salle basse, la porte solide et ferrée, et continue :

« Il est bien difficile de s'évader d'ici, surtout avec la consigne que nous avons de tirer dessus.

« Et puis, il y a le poste dans la salle voisine, et des soldats tout à l'entour de la commune, et à moins qu'il n'y ait un chemin sous terre et que nous soyons garrottés!... »

A ces dernières paroles des deux conscrits, M. d'Ormignies n'a pu se défendre d'un léger tressaillement.

En ce moment la porte s'ouvre et un sergent entre apportant une cruche de vin, du pain et de la viande....

« C'est du château qu'on vous envoie à souper, camarades, » dit-il.

En même temps il pose les aliments et la cruche sur un banc et se retire.

« Je n'ai pas faim, dit Jean Michel. »

Et il se retourne sur son lit de paille, la tête contre le mur.

« Moi, dit le chevalier, je n'ai pas grand soif, et j'aimerais mieux un verre d'eau.

— Je vais vous en apporter, » dit le sergent.

Et il s'en va.

M. d'Ormignies regarde la cruche de vin avec une expression de joie étrange.

Avec le pain on lui a donné un couteau.

Il entame le pain.

Le couteau rencontre un corps étranger.

Et M. d'Ormignies tressaille de plus belle, et il se dit que peut-être les conscrits ont bien entendu et qu'on songe à le sauver.

XXI

Le chevalier attendit pour achever de couper son pain que le sergent lui eût apporté de l'eau.

Puis, quand celui-ci s'en fut allé, il se tourna un peu, de manière à n'être pas aperçu des soldats.

Le pain ouvert, il s'en échappa une petite pierre autour de laquelle était roulé un papier.

La salle basse était éclairée par une chandelle de suif placée sur le banc qui servait de table.

Le chevalier profita d'un moment où les deux conscrits parlaient allemand avec animation et ne s'occupaient pas de lui, pour déplier lestement le papier.

Deux lignes d'une écriture allongée le couvraient.

Cette écriture était celle de sa cousine, Mlle Charlotte de Bernerie.

La jeune fille écrivait :

« Espérez et ne buvez pas, mais faites boire. Vos amis sont sous terre. »

Le chevalier, comme on le voit, en demandant de l'eau au sergent, avait eu le pressentiment de ce conseil qu'on lui donnait.

Il se mit donc à manger, après avoir dit à Jean Michel :

« Est-ce que tu n'as pas faim ?

— Non, monsieur.

— Ni soif.

— Non, monsieur. »

Jean Michel ne répondait plus que par monosyllabes.

Il avait toujours la tête tournée contre le mur.

Un des deux soldats, celui qui parlait avec le plus d'animation, se décida alors à adresser la parole au chevalier.

« Vous ne buvez donc que de l'eau, monsieur ? lui dit-il.

— Le vin me fait mal….

— Ça dépend des estomacs, paraît-il, reprit l'autre qui fit clapper sa langue.

— Est-ce que ma cruche de vin vous ferait plaisir ? demanda le chevalier d'un ton indifférent.

— A vous parler franc, répondit le soldat qui s'appelait Joseph, nous boirions un coup volontiers, mon camarade et moi.

— Prenez, dit le chevalier. »

Et, modérant non sans peine un vif mouvement de joie, il leur tendit la cruche.

Les deux soldats burent à tour de rôle.

D'abord une petite gorgée, puis une seconde.

Frantz dit en allemand :

« Voilà du fameux vin. »

A quoi Joseph répondit :

« C'est le vin qui vient du château. Dans un château il y a toujours du bon vin. »

Le chevalier n'avait mangé que du bout des dents et il avait à peine touché au morceau de viande.

Frantz lorgnait le morceau de viande et le reste du pain, comme Joseph avait lorgné la cruche.

« Si le reste de mon souper vous fait envie, dit encore le chevalier, il est à votre service. »

Les deux Alsaciens se regardèrent, hésitèrent un moment, puis Frantz dit :

« Ce n'est pas de refus. »

Ils se mirent à manger. Le reste de la cruche y passa.

« Pauvre Monsieur, disait Frantz qui avait le vin quelque peu sentimental, il a fait son dernier repas. »

Joseph répondit :

« C'est dur de mourir quand on est si jeune.

— Bien certainement, reprit Frantz, il y a quelque part une fiancée. »

La demoiselle du château, peut-être.

— Mais pour sûr, dit Joseph, puisqu'elle lui a envoyé de si bon vin. »

Comme la figure du chevalier était parfaitement indifférente, les deux soldats, persuadés qu'il ne comprenait pas un mot d'allemand, continuaient à causer fort librement.

« Oui, c'est un bon vin, dit Joseph, jetant un coup d'œil plein de regrets sur la cruche vide. Mais je voudrais bien qu'on vînt nous relever.

« Pourquoi ?

— Ce vin m'a cassé la tête.

— Eh bien ! dors, je veillerai.... » dit Frantz.

Joseph s'allongea sur le banc. Bientôt il ferma les yeux et le chevalier qui, lui aussi, s'était étendu sur la paille et feignait de dormir, entendit un ronflement sonore.

Frantz avait la tête plus solide que Joseph ; mais ce n'était qu'une affaire de temps.

Un quart d'heure plus tard, il fut pris du même besoin de dormir.

Cependant il lutta quelques minutes.

Un moment même, il fut sur le point de cogner à la porte de la salle basse avec la crosse de son fusil et d'appeler le sergent pour se faire relever.

Mais la crainte d'une punition l'en empêcha.

Ses yeux se fermèrent, comme ceux de Joseph s'étaient fermés.

Il laissa tomber sa tête sur son épaule, puis son corps se voûta et finit par s'allonger pareillement sur le banc.

Alors le chevalier entendit deux ronflements au lieu d'un.

Et il n'était pas difficile de deviner que le vin absorbé par les deux soldats renfermait une substance narcotique quelconque.

En même temps, le chevalier crut entendre un bruit sourd, lointain, un bruit souterrain.

Il prêta l'oreille, le bruit continuait.

Il se coucha à plat ventre, la face appuyée contre les dalles qui formaient le sol.

Le bruit devint plus distinct.

On eût dit des ouvriers mineurs creusant un boyau à camouflet.

Ce fut un trait de lumière pour le chevalier.

Il se souvint.

Il se souvint d'avoir entendu dire dans son enfance que la maison commune actuelle de Fontenelle était le reste d'un ancien couvent aux trois quarts démoli pendant la Terreur.

Sous le couvent il devait y avoir eu, et y avoir même encore, des souterrains et des tombeaux.

Et le chevalier continua à prêter l'oreille.

Le bruit approchait.

Alors M. d'Ormignies poussa Jean Michel du coude et lui dit tout bas :

« On vient nous sauver.

— Parlez pour vous, monsieur le chevalier.

— Si on me sauve, on te sauvera aussi.

— Je ne veux pas, dit Jean Michel.

— Es-tu fou?

— Non, je ne veux pas fuir. Je n'ai jamais fui quand j'étais soldat, ce n'est pas à quatre-vingts ans que j'aurai peur de la mort. »

Le chevalier n'insista pas. Il savait que Jean Michel était entêté et ne revenait jamais sur ses décisions.

Tout à coup le bruit cessa, mais le sol trembla sous le chevalier.

La dalle sur laquelle il appuyait sa tête pour écouter fut agitée comme par un tremblement de terre.

Puis elle se souleva à demi....

Les soldats dormaient toujours.

Le chevalier aida la dalle à quitter sa place.

On la poussait du dessous, il la tira à lui et soudain il vit un trou béant.

En même temps, une tête apparut au milieu de ce trou et prit la place de la dalle.

Le chevalier fronça le sourcil, car il reconnut Mâchefer.

Mâchefer lui dit :

« Ne craignez rien, je viens vous sauver.... C'est ma mère qui l'a voulu, ainsi que Mlle Charlotte.... car, moi, je ne suis pas votre ami.... Mais il suffit que Mlle Charlotte veuille.... »

Et Mâchefer se hissa dans la salle basse, ajoutant :

« Nous avons retrouvé un vieux souterrain qui partait de la cave du père Antry et aboutissait ici. »

Personne dans Fontenelle, excepté lui, ne savait ça.

Comme il s'était vanté, hier soir, de pouvoir vous sauver, s'il le voulait, nous en avons profité.

« Allons ! Jean, dit une dernière fois le chevalier, viens-tu ?

— Non, répondit le fermier sèchement.

— Tant pis pour toi ! »

Et le chevalier se laissa couler dans le trou que la dalle avait laissé à découvert, et Mâchefer le suivit en disant :

« Un cheval tout sellé vous attend. Vous irez rejoindre vos bons amis les alliés !.... »

Ce fut la vengeance de Mâchefer.

. . . .

Une heure après, le chevalier d'Ormignies était hors de danger et se présentait aux avant-postes prussiens.

XXII

Revenons maintenant à mame Toinette et à ses compagnons, que nous avons laissés au bivac du général Oulsawieff.

On avait voulu fusiller Jean de Nivelle.

Mais la Nanette s'était placée devant lui en disant : « C'est un fou ! »

Et comme la folie est plus respectable encore que la vieillesse, on avait fait grâce à Jean de Nivelle.

Murchoff, le jeune officier de Cosaques qui s'était opposé tout à l'heure à ce que Saturnin fût fusillé, et avait insisté pour conduire au bivac du général mame Toinette et ses compagnons ; Murchoff, ce même officier qui, à la ferme de la Regratière, avait osé jouer la Nanette à pile ou face, repentant sans doute de cette odieuse conduite, s'était fait le protecteur de la jeune fille et de tous ceux qui étaient avec elle.

« Ces braves gens, avait-il dit au général, ne peuvent

rester ici. Tout à l'heure l'action s'engagera. Ils seront foulés sous les pieds des chevaux ou balayés par la mitraille.

— Où veux-tu donc les conduire? demanda Oulsawieff.

— Là-haut, à la ferme de la Haute-Épine. »

Et le jeune homme, étendant la main, montrait à un quart de lieue de distance, à mi-côte, la ferme où le général Sacken, qui commandait l'infanterie russe, avait établi son quartier général. »

« Comme tu voudras, répondit Oulsawieff. »

Mame Toinette disait :

« Pourquoi ne me laissez-vous pas passer? Les Prussiens ne sont pas plus méchants que vous, ils ne feront pas autrement.

— Trop tard, répondit Murchoff. Voyez, le jour vient. »

En effet, les premiers rayons de l'aube glissaient des collines sur la plaine encore noyée dans le brouillard.

A la lisière des bois, aux flancs des coteaux, brillaient encore les feux de la nuit.

Des masses sombres s'agitaient par place; un murmure confus, un cliquetis d'armes, parfois l'éclair d'un coup de feu, tout annonçait la présence d'une armée russe.

Dans la plaine, au contraire, une brume épaisse, unie comme un lac des Alpes.

Le fou, qui s'était remis en route, à côté de Quille-en-Bois et de mame Toinette, le fou disait :

« Où est donc Napoléon? où est son armée? où est Montmirail? on ne voit rien. »

En effet, la brume enveloppait tout encore.

Murchoff, à cheval devant cette petite troupe, lui faisait ouvrir un passage.

On s'étonnait bien un peu de voir ces femmes, ce jeune homme vêtu d'un uniforme français et les trois hommes qui les suivaient, passer au milieu de tout un corps d'armée ennemi.

Murchoff disait un seul mot :

« Ordre du général Oulsawieff ! »

Et on s'inclinait.

Ce fut ainsi qu'ils arrivèrent jusqu'à la ferme de la Haute-Épine, presque convertie en caserne.

Les habitants avaient fui.

Le jour avait grandi durant ce trajet, et le clocher pointu de Montmirail commençait à percer le brouillard au lointain.

« Qu'est-ce que tous ces gens-là ? » demanda à son tour le général Sacken.

Murchoff le lui expliqua.

« Voyage inutile ! dit le Russe. Ce soir, Napoléon n'aura plus d'armée, plus de couronne, et partant plus de grâce à signer. Restez ici, mes amis, je réponds de de la vie du fermier. »

Mais mame Toinette leva sur le général russe un fier regard :

« Dût mon père mourir, dit-elle, je prie Dieu qu'il ne réalise pas vos espérances.

— Vous aimez donc bien votre Empereur, dit-il avec un accent d'ironie.

— Oui, répondit mame Toinette, depuis que la guerre est chez nous, et qu'il est devenu l'âme et l'esprit de la France. »

Le général ne répondit pas.

D'ailleurs, il avait bien autre chose à faire, en ce moment, que de s'occuper de ces menus gens, comme il disait.

On allait se battre, et le général était plein d'espoir.

Il se borna donc à donner l'ordre de laisser mame Toinette et son monde dans la ferme, et de ne leur point faire de mal.

Quille-en-Bois frappait avec rage sur son manche à balai.

« Ah! si je pouvais courir, disait-il, comme je passerais au travers de tout ce monde-là! »

La ferme n'avait plus de mur d'enceinte, on l'avait jeté par terre pour faire place à une batterie d'artillerie qui avait passé la nuit dans la cour.

De l'endroit où ils étaient, mame Toinette et les autres apercevaient, dans la plaine et dans le lointain, les toits de Montmirail qui commençaient à se dégager du brouillard.

Murchoff leur dit :

« Entrez dans la ferme. Ceci est un point stratégique important. L'ennemi cherchera à l'emporter. Le canon va tonner; vous vous exposeriez à une mort certaine.

— Non, dit mame Toinette, nous resterons!.... je veux voir.... »

Un Cosaque paraissait avec un drapeau à la main.

Un drapeau noirci, troué de balles, un drapeau français, trophée qu'il brandissait insolemment.

Quille-en-Bois et Saturnin oublièrent toute prudence.

Le forgeron apostropha le Cosaque :

« Est-ce toi qui as trouvé ce drapeau? lui dit-il.

— Je ne l'ai pas trouvé, répondit le Russe, je l'ai pris.

— A qui?... à un soldat vivant? .

— Non, je l'ai tué. »

Quille-en-Bois ne répondit pas; mais il se mordit les lèvres jusqu'au sang, tandis que mame Toinette suivait d'un œil sombre le Cosaque qui s'éloignait et allait déposer le drapeau derrière l'affût d'un canon.

Le jour continuait à grandir.

L'orient s'empourprait et le soleil n'était pas loin.

Le fou s'était placé à côté de mame Toinette et l'œil fixé sur la plaine, il attendait.

Un nouveau coup de canon se fit entendre.

Alors, le tambour des Russes battit aux champs; les officiers se montrèrent à cheval, les clairons sonnèrent, et cette armée qui occupait les hauteurs, s'apprêta à descendre dans la plaine comme un torrent de fer et de feu.

François Michel disait à Marthe qui, comme lui, se tenait maintenant à l'écart de Quille-en-Bois et de la Mère des compagnons :

« Le général russe a raison. Napoléon n'aura pas de grâce à signer ce soir.

— Dieu t'entende! murmura Marthe d'un ton farouche.

Mame Toinette disait de son côté :

« Ces gens-là qui se montrent si sûrs de la victoire seront mis en déroute ce soir, comme une bande de corbeaux devant un aigle. »

On avait oublié de demander son épée à Saturnin.

Ou plutôt, par une sorte de délicatesse et de courtoisie, le capitaine Murchoff n'avait pas rempli cette formalité.

L'épée de Saturnin au milieu d'une armée russe n'était-elle pas une arme inutile?

Le fou continuait à fixer son regard sur la plaine toujours noyée dans le brouillard.

« J'attends le soleil, » disait-il.

Et, en effet, quelques instants plus tard, un éclair s'alluma au sommet des collines lointaines, ricocha et tomba sur la plaine.

C'était le premier rayon de soleil.

Soudain, la brume se déchira en mille lambeaux; des milliers d'éclairs répondirent au premier, l'astre-roi ricocha sur les baïonnettes françaises.

Alors on vit distinctement l'armée de Napoléon solennellement rangée en bataille dans la plaine et appuyée d'un côté au village de Marchais, de l'autre à la petite ville de Montmirail.

Et le fou, électrisé, s'écria :

« Je les reconnais! Je les reconnais tous! Voyez-vous, là-bas? C'est le général Friant avec la vieille garde. Là, c'est la division du duc de Trévise, et, plus près, la cavalerie de Nansouty.

« Voyez-vous! voyez-vous!

— Place! place! crièrent les Russes. »

La batterie d'artillerie qui était dressée à l'Épine-au-Bois, répondit au canon de la plaine.

En même temps, le général Sacken commanda de marcher en avant!

Mame Toinette s'était mise à genoux.

Marthe Michel s'approcha d'elle :

« Tu pries pour notre père? dit-elle.

— Non, répondit mame Toinette, je prie pour la France. »

XXIII

Le combat dure depuis huit heures.

Au brouillard humide qui, le matin, couvrait la plaine, a succédé un autre brouillard.

C'est la fumée de la bataille.

Lac immense tacheté de lueurs fauves, la plaine de Montmirail ressemble maintenant à une immense fournaise recouverte de cendres, et de laquelle se dégagent de seconde en seconde les éclairs fulgurants des bombes et des boulets qui sillonnent l'espace.

Le soleil est impuissant à jeter quelque lumière au travers de ce chaos grandiose.

Et ceux qui sont restés à la Haute-Épine, c'est-à-dire mame Toinette, Quille-en-Bois, François Michel et ses deux autres sœurs, et le jeune Saturnin, prisonnier, ne peuvent se rendre compte de l'effroyable tumulte qui a lieu sous leurs pieds.

En haut, le soleil et la vie.

En bas, la mort et l'obscurité.

Les Russes, comme une avalanche glissant de la cime des Alpes, sont descendus dans la plaine où les attendait Napoléon.

Les Français ont marché à la rencontre des Russes.

Les Anglais sont de la fête.

Trois brigades du général d'Yorck sont venues renforcer le corps d'armée de Sacken.

Les Prussiens ne sont pas loin.

On les attend pour décider du sort de la journée.

Sacken a établi son centre à l'Épine-aux-Bois, son aile gauche est à la Haute-Épine.

Les deux armées se disputent le village de Marchais.

L'infanterie de Sacken a occupé le village ; la division française du général Ricard le reprend à la baïonnette.

Les Russes sont refoulés.

Le nuage de fumée se dissipe parfois, quand, renonçant à faire feu, les armées ennemies en viennent à la baïonnette.

Et alors, ceux qui des hauteurs assistent émus, pleins

d'angoisse, à cette lutte de géants, attendent avec anxiété.

Jusque-là, on ne voyait rien.

Le nuage avançait ou reculait, se repliait sur lui-même ou se déroulait, immense comme un large reptile.

Étaient-ce les Français qui gagnaient du terrain ?

Les Russes et les Anglais étaient-ils victorieux ?

Mystère !

Mystère pour mame Toinette et ses compagnons.

Marthe Michel et son frère étaient pleins d'espoir.

Marthe disait :

« Nos bons amis les Russes ont eu raison ce matin, le tyran livre sa dernière bataille.

— Notre père ne mourra pas, répétait François, nous le reverrons à la ferme, et il pourra saluer le retour du roi qui le récompensera de sa belle conduite. »

L'œil fixe, pâle comme une morte, mame Toinette a le cou tendu, l'oreille ouverte.

On dirait ce cheval de guerre qui entend les bruits de la bataille et n'y peut assister.

Mame Toinette fait des vœux pour la France !

Ah ! si elle était un homme !

L'invalide Quille-en-Bois et Saturnin, gardés à vue par dix Cosaques qui ont ordre de faire feu sur eux, à la moindre démonstration hostile, rongent leur frein avec rage.

Saturnin dit :

« C'est ce misérable François Michel qui nous a fait tomber au pouvoir des Russes. Il espère tout d'eux et rien de notre Empereur !

« Sans lui, à cette heure, je serais à cheval et je me battrais pour la France.

« Oh ! si la vie de ces femmes qui sont avec nous ne

dépendait pas de notre sagesse, comme je me ferais tuer! »

Le fou est monté sur un pan de muraille resté debout, pour y voir de plus loin.

« Vive la France! » crie-t-il à pleins poumons.

François Michel s'avance vers lui menaçant :

« Misérable! dit-il, veux-tu nous faire fusiller? »

Le fou se met à rire et hausse les épaules.

François Michel a saisi la lance d'un Cosaque pour en frapper Jean de Nivelle.

Quille-en-Bois la lui arrache des mains et lui dit :

« Tu veux donc, malheureux! que j'oublie que tu es le frère de Toinette et mon cousin? Tu veux donc que je te tue! »

Le fou n'a pas pris garde à la tentative d'agression dont il était l'objet, le fou a les yeux fixés sur la bataille.

Le jour décroît, il est trois heures de l'après-midi, l'arme blanche a remplacé l'arme à feu.

Le nuage s'est entr'ouvert.

« Vive l'Empereur! crie le fou! Bravo? Ricard!... Marchais est à nous. »

En effet, les Français ont repris de nouveau le village et sabré sur leurs pièces les artilleurs Russes qui s'y étaient établis.

Les soldats de Sacken se replient maintenant vers l'Épine-au-Bois et la Haute-Épine.

Les quelques Cosaques demeurés à la ferme descendent pour se joindre à ceux qui lâchent pied devant l'armée française.

Un moment de tumulte indescriptible s'écoule.

« Hurrah! » crient les Cosaques.

Et ils s'élancent au secours des leurs.

Celui qui le matin, portait un drapeau tricolore

ramassé sur le champ de bataille de Champaubert, l'a jeté pour reprendre sa lance.

Les Russes qui avaient laissé derrière eux la route de la Ferté, la repassent maintenant en désordre, lâchent pied et continuent à se replier vers la ferme.

« A nous les Français, à nous ! hurle le fou.

— Vive l'Empereur ! murmure mame Toinette défaillante d'émotion.

— Mais malheureuse ! s'écrie François Michel hors de lui, si ton Empereur triomphe, c'est la mort de notre père ! »

Elle ne répond pas ; mais son cœur bat avec violence, son œil n'abandonne pas les péripéties du combat.

Elle voit les Russes avancer et reculer tour à tour.

Tantôt les uniformes sombres se déploient, tantôt les panaches rouges et blancs gagnent du terrain.

Les uniformes sombres, c'est les Russes.

Les panaches blancs et rouges, c'est l'armée française.

Enfin, les Russes ont renoncé à reprendre le village de Marchais ; mais ils veulent à tout prix défendre la Haute-Épine.

C'est là que Sacken attendra les Prussiens.

Le canon tonne de nouveau. Le flanc de la colline est une fois encore plongé dans l'obscurité et le brouillard de fumée et de feu.

Toujours debout sur son pan de mur, le fou crie à tue-tête :

« Vive l'Empereur ! »

Mame Toinette est montée auprès de lui.

Et lui, tout fier, tout glorieux, il la soutient dans ses bras, la presse parfois sur son cœur avec enthousiasme, et s'écrie :

« Va, sois tranquille, l'Empereur fera grâce à on père. »

. . . .

Cependant, le combat à l'arme blanche vient de recommencer.

Les Russes lâchent pied devant cette arme terrible dont, seule, l'armée française sait se servir.

Ils continuent à remonter vers les hauteurs, reculant lentement vers la vieille garde, que commande le général Friant.

Le nuage s'est dissipé une fois encore.

« A nous la victoire ! » dit Quille-en-Bois.

— Non, pas encore.... tu verras.... » ricana François Michel.

« Les Russes l'ont dit, répond Marthe, c'est la dernière bataille de Napoléon. »

Mame Toinette est toujours muette, toujours pâle et froide de visage, avec son cœur qui bout et lui brûle la poitrine.

Les Français montent toujours.

Tout à coup la Mère des compagnons a une inspiration.

Elle se souvient de ce drapeau jeté derrière un canon russe.

Et, sautant du pan de mur, elle va s'en emparer.

Tous les Cosaques sont à la bataille; aucun n'a vu l'action de mame Toinette.

La vaillante femme est remontée sur le pan du mur; elle brandit et déploye le drapeau.

Et la vieille garde qui, d'en bas, voit flotter les trois couleurs au-dessus d'elle, semblable au fleuve en courroux, qui monte et rompt ses digues impuissantes, culbute les Russes, les écrase, et emporte à la baïonnette la ferme de la Haute-Épine, au moment même où la

Mère des compagnons, frappée d'une balle, tombe dans les bras du fou, et murmure d'une voix éteinte :

« Vive la France ! »

XXIV

Jean Michel avait donc dédaigné de fuir.

Quand le chevalier et Mâchefer eurent disparu par ce trou béant, le vieux fermier se dit:

« Chacun a ses principes. Je n'ai pas voulu fuir, parce que je n'ai plus que quelques jours à vivre, et qu'à mon âge, reculer devant la mort est une lâcheté.

Mais le jeune homme a bien fait.

Il est le fils du château, il a une mère.... il doit épouser sa cousine Mlle Charlotte.

Il a bien fait! »

Et il se leva de son lit de paille et s'approcha du banc sur lequel les soldats s'étaient endormis.

Frantz et Joseph ronflaient comme des toupies hollandaises.

Le premier avait parfaitement compris ce qui était arrivé.

Le vin offert par le chevalier, qui n'avait bu que de l'eau, était mélangé d'une substance soporifique.

Jean Michel les secoua l'un après l'autre.

Tous deux soupirèrent.

Aucun ne s'éveilla.

Alors le fermier se dit encore, tandis qu'un sourire malicieux glissait sur ses lèvres :

La mère des compagnons, frappée d'une balle, tombe dans les bras du fou. (Page 146.)

« Il ne faut pas qu'on sache par où il a pu s'échapper.

« Ils croiront à un miracle, ces mécréants. »

Et il repoussa la dalle et l'ajusta dans son alvéole avec la précision d'un ouvrier maçon.

Puis, avec ses mains, il remplit de poussière les fentes qui l'entouraient, et, en quelques minutes, il répara si bien la besogne de Mâchefer, qu'il eût été impossible de dire quelle était la dalle qui avait été déplacée.

Après quoi, il se coucha tout de son long et attendit.

Deux heures s'écoulèrent.

On n'entendait aucun bruit dans la salle basse où avaient été enfermés les deux prisonniers.

Les soldats qui causaient assez bruyamment naguère s'étaient tus subitement.

Le sergent et les quatre hommes de garde dans la pièce voisine finirent par s'inquiéter de ce silence.

Le sergent ouvrit la porte.

D'abord il ne vit que les soldats qui dormaient sur leur banc.

« Voici deux gaillards qui feront connaissance avec la salle de police, » dit-il.

Et il entra.

Jean Michel était immobile sur sa paille et paraissait dormir.

Mais où était le chevalier?

Le sergent cria aux armes !

Les hommes accoururent et s'arrêtèrent stupéfaits sur le seuil.

Les deux factionnaires ne s'étaient pas éveillés.

Seul, Jean Michel leva la tête.

« Où est l'autre? où est l'autre? criait le sergent.

— Les anges sont venus le chercher, ricana Jean Michel. »

Le sergent ne croyait que médiocrement à l'intervention des anges.

L'officier qui commandait le poste de la maison commune fut averti et accourut en toute hâte.

Ce fut un véritable moment de stupeur.

Le chevalier s'était évadé.

Par où ? Comment?

Les soldats dormaient toujours, et on reconnut bien vite qu'ils avaient avalé une forte décoction de jus de pavots.

Un seul homme aurait pu dire ce qu'était devenu le chevalier.

Mais cet homme, Jean Michel, refusa de parler.

« Si vous êtes pressé, dit-il, fusillez-moi tout de suite. »

Et il rentra dans son silence plein de dignité et de dédain.

Les soldats sondèrent les murs à coups de crosse, vérifièrent les barreaux d'une fenêtre.

Les murs rendirent partout un son mat et plein, les barreaux étaient intacts.

Nul ne songea au sol et au chemin souterrain qu'avait pris le fugitif.

Il fallut se résigner.

« Tu payeras pour deux, toi ! dit le sergent à Jean Michel.

— Je suis prêt, » répondit le vieillard.

A partir de ce moment, il ne parla plus.

On avait emporté les deux ivrognes et on les avait remplacés par deux vieux soldats qui passèrent le reste de la nuit l'arme au bras.

Le jour vint.

Jean Michel avait fini par s'endormir.

Et une fois endormi, il rêva à sa Toinette bien-aimée,

l'enfant pleurée si longtemps, et qu'il n'avait revue quelques minutes que pour lui dire un éternel adieu.

Quand il s'éveilla, le soleil entrait à flots dans la salle basse.

Un bruit sourd retentissait dans l'éloignement.

Les deux grognards étaient toujours là.

« Est-ce l'heure ? demanda le vieillard.

— Quelle heure ? fit un des soldats.

— L'heure de me fusiller.

— Cela ne nous regarde pas. »

Jean Michel prêta l'oreille.

« J'entends le canon, dit-il.

— Oui, répondit un des grognards avec humeur. On se bat à Montmirail et nous n'y sommes pas ! Nous aimerions mieux cela cependant, que de garder un vieil imbécile comme toi. »

Le fermier se tut de nouveau.

XXV

Les heures passèrent ; le jour décrut ; puis l'ombre vint.

Le canon n'avait cessé de tonner.

Quelquefois, songeant à sa fille et à ses autres enfants, Jean Michel se disait :

« Qui sait ? l'Empereur sera battu peut-être ; les alliés triompheront et viendront me délivrer. »

On lui avait apporté à manger et à boire.

Mais il avait refusé.

« Un soldat, avait-il répondu, doit recevoir la mort comme il recevrait la communion, — à jeun. »

Après le soleil disparu était venu le crépuscule; puis le rayon de clarté qui passait par l'unique fenêtre de la salle basse s'était obscurci, et enfin les ténèbres lui avaient succédé.

Jean Michel voyant cela se disait :

« On me fusillera donc à la lueur des torches ? »

Était-ce lassitude, ou bien l'effet de ce jeûne austère, auquel il s'était condamné depuis la veille? Jean Michel, qui songeait à mourir, s'endormit.

Il s'endormit et il rêva.

Son rêve était peuplé de soldats aux brillants uniformes.

Il entendait sonner les trompettes et résonner les tambours.

Où était-il?

Il lui eût été impossible de le dire, mais il se voyait dans une grande ville toute pavoisée.

Cette ville était traversée par une armée victorieuse.

Uniformes rouges et blancs, bleus et jaunes, casques étincelant au soleil, panaches aux couleurs flamboyantes, — rien n'y manquait.

La cavalerie d'abord.

En avant, les mousquetaires, puis les chevau-légers, puis les gardes-du-corps.

Jean Michel se revoyait jeune lui-même, et il se trouvait au milieu de cette fameuse maison du roi que Richelieu commandait à Fontenoy, et qui décida, vers le soir, du gain de la bataille.

Les cavaliers passèrent.

Puis vint l'infanterie, et Jean Michel s'agita sur la paille de son cachot, et murmura des paroles joyeuses, dans son sommeil.

Il avait reconnu son régiment à lui, son brave et beau régiment, le régiment bleu et blanc des gardes françaises.

Et Jean Michel était redevenu jeune, et il se croyait au retour de Fontenoy.

Puis, tout à coup, le tableau changeait.

La ville pavoisée, l'armée triomphante, tout avait disparu.

Jean Michel était seul.

Il était seul, au milieu d'une plaine déserte, marchant tête nue sous la pluie et le vent, et glissant à chaque pas, dans la nuit, sur un sol détrempé par l'hiver.

Où allait-il?

Il ne le savait pas, mais une lueur rougeâtre, qui brillait à l'horizon, le guidait.

Cette lueur grandissait à mesure qu'il approchait.

Puis, elle prit les proportions d'un incendie.

Jean Michel marchait toujours.

Alors il vit un village en flammes, un village occupé par une troupe de soldats.

Et, au milieu de ces soldats, un homme à genoux à qui on lisait une sentence.

A quelques pas, d'autres soldats, le fusil chargé, attendaient que l'ordre fût donné de fusiller le coupable.

Qu'avait fait cet homme? Quel crime avait-il commis pour mériter la mort?

Jean Michel qui dans son rêve était entré dans le village, le demanda.

On lui répondit que l'homme qui allait mourir était un habitant de ce pays.

Le village avait été assiégé par une armée ennemie.

Cet homme avait livré le village, et les ennemis l'avaient incendié.

Puis, ils avaient continué leur chemin, semant partout le meurtre, le pillage et l'incendie.

Une autre armée était venue après eux.

Celle-là était une armée française.

La fureur des malheureux villageois incendiés l'avait désigné à la vengeance publique.

On l'avait condamné à mort. Il allait être fusillé.

Jean Michel s'approcha plus près encore.

En ce moment le condamné, qui était à genoux et tournait le dos à Jean Michel, se releva.

Et Jean Michel jeta un cri.

Il venait de se reconnaître dans cet homme.

Ce condamné qui allait mourir, c'était lui!...

Et le fermier s'éveilla, le front baigné de sueur.

Il se retrouvait dans la salle basse de la maison commune de Fontenelle.

Deux vieux soldats le gardaient toujours à vue.

Et Jean Michel se dit qu'il avait rêvé vrai, car l'heure de l'exécution devait approcher.

Et, se dressant sur son séant, il dit à l'un des soldats :

« Pour quand est-ce?

— Pour demain matin, lui répondit le grognard.

— Quelle heure est-il?

— Minuit. »

Jean Michel songeait à la bataille qui avait dû se livrer dans la journée.

Et il se disait qu'il avait encore cinq ou six heures à vivre.

Les bruits lointains qui, toute la journée, étaient arrivés jusqu'à lui, s'affaiblissaient de plus en plus.

La nuit avait retrouvé sa puissance silencieuse.

Quelques coups de canon retentissaient encore, mais éloignés les uns des autres.

« Vieil entêté, lui dit-il, un homme qui a de tels enfants est Français malgré lui. » (Page 154.)

La bataille était finie.

A qui donc était la victoire?

Et Jean Michel songeait à Toinette, et faisait des vœux pour les Russes.

Tout à coup au bruit lointain du canon succéda un autre bruit.

Celui des clairons et des tambours.

Et le bruit se rapprochait accompagné d'un indescriptible tumulte.

Jean Michel comprit qu'une armée victorieuse entrait dans Fontenelle, tambours et musique en tête.

Et Jean Michel espéra que c'était l'armée russe.

Et il eut un battement de cœur.

Tout à coup la porte de sa prison s'ouvrit avec fracas.

« On vient me délivrer! s'écria Jean Michel.... ce sont les Russes? vive le roi! »

Mais un homme s'élança vers lui, et lui appliquant la main sur la bouche :

« Mais vous voulez donc absolument mourir, vieux fou? lui dit-il.

En même temps il le prit dans ses bras, le chargea sur son épaule et s'élança au dehors :

« Place! place! » criait-il.

C'était Mâchefer.

Passant de l'obscurité à la lumière, Jean Michel fut ébloui un moment par une vive clarté, assourdi par le roulement des tambours et les fanfares bruyantes.

Mâchefer s'était arrêté sur le seuil extérieur de la maison commune.

Le vainqueur de Montmirail faisait son entrée dans Fontenelle, au milieu de son état-major.

Devant lui, on portait les aigles encore une fois victorieuses, et, en avant des aigles, un brancard sur lequel Jean-Michel vit une femme couchée.

Pâle et sanglante, mais le sourire aux lèvres, elle tenait dans ses mains le drapeau qu'elle avait planté sur un pan de mur à la ferme de la Haute-Épine.

Jean Michel jeta un cri :

« Ma fille ! »

Puis il vit quelque chose qui brillait sur sa poitrine. C'était la croix que Napoléon lui avait donnée.

« Mon père, cria-t-elle, les chirurgiens disent que je ne mourrai pas.... mais si je meurs, je mourrai contente, car j'ai racheté votre vie au prix de mon sang. »

Napoléon se fit amener le fermier.

« Vieil entêté, lui dit-il, un homme qui a de tels enfants est Français malgré lui. Au nom de ta fille, qui a versé son sang pour la France, au nom de cette patrie que tu as servie jadis et que tu as méconnue hier, je te fais grâce.

Et Napoléon passa, tandis que le vieux soldat versait une larme et tombait enfin à genoux.

FIN DU PROLOGUE.

PREMIÈRE PARTIE.

LA MÈRE DES COMPAGNONS.

I

Paris avait dansé cette nuit-là.

Paris était encore en carnaval.

A trente lieues de Paris, la France livrait ses dernières batailles, elle défendait pied à pied son sol envahi, mais Paris dansait.

Là-bas, sur les bords de la Marne et de la Seine, le canon qui gronde, l'aigle soutenant une lutte désespérée avec les vautours, les cris des blessés, les chants patriotiques de ceux qui vont au combat, le deuil et la gloire, le désespoir et la fierté d'un peuple qui ne veut pas mourir....

Ici les joies immondes du carnaval.

Paris est un colosse d'iniquité et de grandeur.

Il a ses heures de sublime folie et de grandiose héroïsme, ses courtisanes qui attendent avec impatience l'or de l'étranger, et ses ouvriers en sabots qui deviendront soldats au premier appel de la patrie en danger.

Paris sait bien que l'ennemi marche sur Paris.

Mais l'ennemi est loin encore....

Paris est en carnaval, et il a le temps de danser.

Le peuple est en joie, la Courtille du faubourg du Temple a retenti toute la nuit des sons d'un bruyant orchestre et du tumulte sans nom d'une foule en délire.

La nuit s'était écoulée et le jour, prêt à poindre au travers d'un ciel nuageux et gris, allait bientôt donner le signal de cette fameuse *descente* qui a été si longtemps un des spectacles les plus bouffons et les plus étranges. A la barrière de Belleville, en face de l'octroi, chez un marchand de vin qui avait pour enseigne au *Faisan de Bourgogne*, une joyeuse réunion s'était installée depuis longtemps dans un des cabinets qui donnaient sur la rue du Faubourg-du-Temple.

Ils étaient là sept ou huit, hommes et femmes, annonçant par leur mise des gens étrangers à la population des faubourgs.

Les femmes étaient en robe de bal, — les hommes portaient l'habit noir, les bottes molles et la cravate blanche empesée, dans laquelle le cou disparaissait tout entier.

Ils avaient soupé joyeusement, et les nombreuses bouteilles entièrement vides, qui couvraient la table, accusaient leur intempérance.

« Alcindor, dit une des femmes, est-ce bien vrai au moins que les alliés vont venir à Paris ? »

C'était une créature de vingt-trois ou vingt-quatre ans, blonde, mignonne, potelée et rose comme une pomme d'api.

Le gros bracelet à plaque de rubis qu'elle portait au bras gauche, les deux pendeloques en diamant de ses oreilles, et les dentelles qui garnissaient à profusion le

Cendrinette (Page 156.)

bas de sa robe gris perle, annonçaient, sinon une courtisane éhontée, au moins une de ces femmes douteuses pour qui le théâtre n'est qu'un moyen d'arriver à une fortune mystérieuse.

« Comment donc ! si c'est vrai, répondit le jeune homme qu'elle avait appelé Alcindor, mais sans doute, c'est vrai !...

— On dit qu'ils sont tous très-riches, » reprit Cendrinette.

C'était le nom de la jeune femme.

« Fabuleusement, répondit Alcindor.

— Les Russes surtout, dit une autre femme qui se nommait Arsène, une brune superbe, avec des yeux bleus et une carnation splendide. Mais c'est égal, moi je préfère les officiers français.

— Merci bien, dit une troisième. Un officier, ça n'a pas le sou. On meurt de faim avec lui. »

Alcindor reprit :

« Mes petites chattes, vous pouvez aiguiser vos quenottes. Les lingots de l'étranger sont en route.

— Quel bonheur ! vais-je en ruiner de ces Cosaques !

— Et moi des Prussiens....

— Moi, fit une quatrième, je tomberai sur les Anglais.

— C'est votre façon à vous autres de faire du patriotisme, n'est-ce pas ? » ricana un des jeunes gens.

On appelait celui-là le beau Polydore.

Il était chef de rayon au grand magasin de la *Boulangère*, rue des Francs-Bourgeois, une des plus importantes maisons de nouveautés de la capitale.

« Chacun sert son pays à sa manière, dit Cendrinette. Qu'en dis-tu la *Baronne* ?

Celle à qui on donnait ce titre en guise de sobriquet,

leva la tête et promena sur toutes ces figures surexcitées par l'ivresse un froid regard.

On eût dit l'œil du basilic, ce monstre charmeur.

« Vous croyez donc qu'ils seront bientôt ici? dit-elle.
— Avant huit jours.
— Et Napoléon tombera?
— Parbleu ! répondit Alcindor. Et il n'est que temps. Si Napoléon tenait un an encore, il n'y aurait plus un seul pékin, comme disent tous les traîneurs de sabre.

Nous serions tous obligés de partir. Et dame ! mes petites belles, je vous l'avoue humblement, je n'aime pas le métier de la guerre. Je suis chanteur de mon état, et j'ai en aversion la musique de cet instrument brutal qu'on appelle le canon. »

Celle qu'on avait appelée la baronne eut un de ces sourires qui donnent froid au cœur.

« Ah ! il tombera? » reprit-elle.

Et dans cette interrogation nouvelle, il y eut un tel accent de haine que tous tressaillirent.

Cendrinette lui dit :

« Tu n'as jamais voulu nous conter ton histoire, madame. Pourquoi?

— Mon histoire, répondit la *baronne*, elle est effrayante de simplicité. J'aime un homme mort. »

Ces mots jetèrent un frisson au milieu de la gaieté des convives.

« Et cet homme.... c'est *lui* qui l'a tué....
— Tu veux dire, reprit Cendrinette, que ton fiancé, ou ton amoureux, nous ne savons lequel, est tombé sur un champ de bataille?

— Non, répondit-elle d'une voix sourde. Il n'est pas mort de la mort du soldat. »

Elle eut un rire nerveux, un rire désespéré.

Les bouteilles vides qui couvraient la table accusaient leur intempérance. (Page 156.

« Vous ne savez pas, poursuivit-elle, pourquoi on m'appelle la *baronne?*

— Non, dirent-ils tous à la fois.

— Je ne suis pas baronne, reprit-elle, je suis une fille du peuple.

J'ai dansé sur la corde dans mon enfance, j'ai chanté dans les rues pour quelques sous. Puis le vice m'a pris à la misère et j'ai échangé ma mansarde contre un appartement luxueux.

Mais à cette époque on ne m'appelait pas encore la baronne.

J'étais belle, brillante, hardie, c'en était assez pour que mes adorateurs fussent nombreux.

Vous parlez des alliés qui ont de l'or? et nos généraux, à nous, qui, au bout d'une campagne, avaient huit jours devant eux pour manger deux années de solde!

— Alors, interrompit Cendrinette, pourquoi souhaites-tu comme nous la chute de Napoléon?

— Attends, tu verras.

— Ce que je veux voir, dit Alcindor, c'est pourquoi on t'appelle la baronne.

— Mais attendez donc, fit-elle, j'avais vingt ans, je n'avais jamais aimé.

Une nuit, j'étais seule, calculant ma fortune naissante avec l'âpre froideur d'un banquier, lorsque ma porte s'ouvrit brusquement et livra passage à un homme à demi-vêtu, au visage pâle, à la chevelure en désordre, qui me dit d'une voix égarée :

Sauvez-moi! sauvez-moi! »

Je cachai cet homme.

Quel danger courait-il? Je l'ignorais.

Quel crime avait-il commis? je ne le lui demandai pas.

Il était jeune, il était beau, il était persécuté.

Moi qui n'avais jamais senti les battements de mon cœur, je me pris pour cet homme d'un amour ardent, effréné, sauvage.

Pendant deux mois, je le tins caché dans mon logis, et j'eus pour lui tous les empressements, toutes les tendresses, toutes les folies de l'amour.

— Prends garde, interrompit Alcindor, tu vas jouer la comédie !...

— Et Mlle Georges est meilleure que toi, dit Cendrinette. »

Elle haussa les épaules et ne répondit pas.

« Après? dit le beau Polydore.

— Après? fit-elle d'une voix brève et sifflante, un jour on entoura ma maison, les soldats y pénétrèrent, et la fouillèrent de fond en comble.

Quand il se vit découvert, il se défendit comme un lion; il voulait mourir les armes à la main, et il tint tête longtemps avec son épée et ses pistolets.

Mais il y a des gens qui n'ont pas de chance; il fut pris vivant, terrassé, garotté et traîné en prison.

Trois jours après sa tête tomba.

— Mais c'était donc un assassin? fit Cendrinette.

— Non. C'était un conspirateur. Il avait fait partie du complot organisé par le général Mallet.

« Ah! fit-elle avec un accent de haine féroce, si je hais tant cet homme que la France admire, c'est que je me suis traînée à ses pieds pour avoir la grâce du malheureux, et qu'il m'a repoussée. »

Et elle eut un rire de damnée, et tendit son verre, disant :

« Donnez-moi à boire, j'ai soif! »

Comme elle le vidait d'un seul trait, un nouveau personnage entra dans le cabinet.

« Hé ! c'est le chevalier de Biribi ! s'écria Alcindor. Viens donc vite, on raconte des histoires lugubres.

— Heureusement, je m'appelle la Gaieté, moi, » dit le nouveau venu.

Et il se mit à table, tandis que la baronne pleurait dans son verre.

II

Celui qui répondait à ce singulier nom était une célébrité du monde dansant.

Le chevalier de Biribi avait passé la nuit au bal.

Quel âge avait-il ?

Nul ne le savait.

A première vue, on lui donnait trente-cinq ans, — le soir surtout, à l'éclat des bougies.

En y regardant de plus près, on se disait qu'il pouvait bien en avoir cinquante.

Le chevalier était encore vêtu à la mode du Directoire.

Les basques de son habit gorge de pigeon balayaient le sol.

Ses cadenettes étaient toujours roulées avec soin.

Il portait de larges boucles d'oreille, avait conservé cette canne énorme et tordue qu'on appelait « un pouvoir exécutif, » et deux clefs de montre qui tombaient parallèlement de son gousset sur son abdomen, au bout de deux rubans parallèles, mais de couleur différente.

Quel était son vrai nom?

Personne à Paris ne le savait.

Le chevalier avait fait son apparition dans le monde pour la première fois au bal de Tivoli, vers la fin du Directoire.

Ses talents chorégraphiques, sa jolie figure, ses airs impertinents lui avaient fait une réputation.

Les femmes avaient raffolé de lui.

Depuis dix-huit ou vingt ans, *Biribi*, — car on l'appelait ainsi fort souvent, supprimant le titre de chevalier, auquel, du reste, il paraissait tenir beaucoup, — Biribi, disons-nous, se montrait partout le soir, et nulle part dans la journée.

C'était un de ces astres nocturnes que le premier rayon du soleil fait disparaître et qu'on ne revoit qu'avec la première bougie.

Il avait eu mainte bonne fortune, mais aucune femme ne pouvait se vanter de savoir quelle rue il habitait, quelle occupation il avait dans la journée.

Biribi était bien — comme il le disait — le chevalier la Gaieté.

Il riait partout et toujours.

Sa réputation de joyeuseté était telle, du reste, qu'il suffisait qu'il entrât quelque part pour qu'un long éclat de rire retentît aussitôt.

Jamais on n'attendait Biribi.

Il arrivait quand on pensait le moins à lui.

Il s'en allait sans dire adieu et ne donnait jamais de rendez-vous à personne.

Cendrinette, en le voyant entrer, s'écria :

« Voilà l'homme pour qui je serais morte d'amour et qui n'y a jamais fait attention.

— Ma toute belle, répondit le chevalier en se mettant à table, s'il en était ainsi, vous ne me verriez pas tour-

Le chevalier de Biribi. (Page 161.)

ner autour de vos beaux yeux comme un papillon autour d'une chandelle.

— Bravo! Biribi, dit Alcindor.

— On n'a jamais trouvé de pareilles phrases dans *la nouveauté,* » ajouta le beau Polydore avec une pointe de raillerie.

Cendrinette fit la grimace :

« Alors, dit-elle, donnez-moi donc une explication.

— Plaît-il? fit le chevalier.

— Est-ce que vous avez une bonne mémoire?

— Excellente!

— Vous n'en avez pas l'air.

— Bah !

— Car vous avez oublié le rendez-vous que je vous ai donné.

— A moi ?

— Oui, il y a huit jours. N'était-il pas convenu que je vous attendrais.... le lendemain.... à trois heures?...

— Ma parole d'honneur panachée! répondit Biribi, c'est ma foi vrai !

— Pourquoi n'êtes-vous pas venu ?

— J'ai eu des affaires de famille.

— Tu as donc une famille, Biribi?

— Allons donc ! dit la brune qu'on appelait Arsène.

— Tout homme a ou a eu une famille, fit gravement Alcindor.

— Excepté les enfants trouvés.

— Cendrinette, fit le beau Polydore, tu viens de dire une sottise. Les enfants trouvés ont un père et une mère, comme tout le monde ; seulement ces derniers se dérobent à leur reconnaissance. Voilà tout. »

Le chevalier de Biribi qui, paraît-il, ne tenait pas beaucoup à défrayer la conversation de sa personnalité, profita de cette explication donnée par le beau Polydore, pour dire tout de suite ;

« Ah çà ! mais on s'ennuyait donc ici ?

— A mourir, dit Alcindor.

— Pourquoi cela, mes enfants ?

— Parce que la baronne pleure et nous raconte des histoires de guillotine.

— Ah ! » fit le chevalier de Biribi qui eut un singulier clignottement d'yeux.

La baronne le regarda :

« Tu connaissais mon histoire, toi, chevalier, dit-elle.

— Oui, oui, dit Biribi dont la voix perdit un moment son timbre railleur. Mais ce n'est pas une raison pour nous la raconter.

— Pourtant, je voudrais bien savoir pourquoi on l'appelle la baronne ?

— C'est bien simple. L'homme qu'elle a aimé était baron.

— Baron pour de vrai ?

— Mais oui.

— Baron comme tu es.... chevalier ? » ricana Alcindor.

— Biribi eut une pose tragi-comique :

« Je n'aime pas, dit-il, qu'on plaisante sur ma noblesse. »

Cendrinette lui serra tendrement la main, et lui dit d'un ton narquois :

« Noble ou non, je t'aime. »

Puis elle ajouta :

« Et tu auras beau faire, cette fois....

— Quoi donc ! fit le chevalier.

— Je saurai où tu demeures,

— Bah !

— Je ne te quitte plus, je m'attache à toi comme un lierre à un arbre, et il faudra bien....

— Mes enfants, dit le beau Polydore, j'ai un joli spectacle à vous proposer.

— Lequel ?

— Si vous voulez, quand nous aurons vu la descente le la Courtille....

— Nous irons nous coucher ?

— Non, nous irons voir le départ de la Cour.

— Heim? fit Biribi qui affecta un air tout à fait indifférent. Qu'est-ce que cela ?

— Voilà, reprit le commis. L'Impératrice et le roi de Rome quittent Paris.

— Où vont-ils ?

— A Fontainebleau, probablement.

— Preuve nouvelle que les Prussiens arrivent, » fit Cendrinette.

Le chevalier de Biribi prit un ton sévère :

« Ma petite, dit-il, quand on est jolie comme toi, on ne se mêle pas de politique.

— C'est donc de la politique, les Prussiens?

— Sans doute.

— Si je les aime, moi !...

— Chut ! chut ! tu ne peux pas aimer tout le monde à la fois.

— Ah ! c'est juste.

— Et pour aujourd'hui....

— C'est toi, dit Cendrinette, saisissant de nouveau la main du chevalier.

« Et je ne te lâche pas, ajouta-t-elle, je veux pénétrer le mystère de ton existence.

— Bien d'autres que toi ont eu la même idée, va.

— Et aucune n'a réussi ?

— Pas que je sache !... »

Et un sourire énigmatique et moqueur glissa sur les lèvres du chevalier.

« Je serai plus habile que les autres, moi, dit Cendrinette.

— Nous verrons.... »

Le chevalier se leva :

« En attendant, dit-il, voici le jour, si nous allions voir la descente de la Courtille ?

— Parbleu ! nous n'avons pas besoin de nous déranger pour cela, répondit Alcindor. C'est pour avoir le coup d'œil que nous sommes ici. »

Le bruit de la rue devenait semblable à celui de l'Océan qui monte peu à peu et déferle sur les rochers.

La fameuse descente de la Courtille commençait.

Alcindor et ses convives quittèrent la table et se mirent aux fenêtres.

Cendrinette saisit le bras de Biribi en lui disant :

« N'espère pas m'échapper, je te tiens ! »

III

La descente de la Courtille commençait.

C'était un tohu-bohu, un pêle-mêle, un tapage que la plume est impuissante à rendre.

Véritable macédoine humaine, cette foule bariolée, bigarrée, mi-partie de velours et de soie et mi-partie de haillons, descendait comme un torrent des Alpes, les pentes rapides de Belleville et du faubourg du Temple, chantant, hurlant, effrayante de cynisme et d'ébriété.

Le désordre des idées politiques se mêlait à ce désordre des mœurs.

A cette heure, Paris était sans nouvelles, et Paris attendait les événements.

Quel serait son maître demain, de l'empereur Alexandre, le Cosaque couronné, ou de ce soldat élevé sur le pavois par la victoire, et qui, après s'être appelé le général Bonaparte, avait eu nom Napoléon ?

Nul ne le savait.

Aussi dans ce flot humain qui descendait des hauteurs, aux premières lueurs du matin, chaque opinion se traduisait librement.

Un pierrot souillé de boue, déchiré, l'œil poché, avait mis une serviette au bout d'un bâton et chantait le *Réveil du peuple,* cet hymne royaliste des populations de l'Ouest.

Un autre masque hurlait la *Marseillaise.*

Et les deux chansons se mêlaient en une cacophonie étrange, et la foule descendait toujours répétant les deux refrains.

Le désordre a des entraînements inouïs.

Il vint un moment où ces femmes galantes, où ces pauvres gens appartenant aux classes moyennes de la société, comédiens et commis ayant une certaine aversion de la blouse, hétaïres couvertes de dentelles, et rêvant les roubles de la Russie, furent gagnés par ce délire universel, et se précipitèrent hors de ce cabinet où ils avaient soupé :

« Suivons la foule ! » criait Alcindor.

Et il dégringola l'escalier le premier.

La brune Arsène lui prit le bras.

« Tu es mon cavalier ! » dit-elle.

La femme qu'on appelait la baronne, celle qui pleurait un mort, ne voulait pas descendre.

Le beau Polydore l'entraîna :

« Viens donc, dit-il.

— Je suis très-bien là, répondit-elle.

— N'as-tu pas entendu Biribi?

— Que disait-il donc?

— Que la cour faisait ses malles.

— Ah ! oui, dit-elle avec un accent de haine et un regard de flamme.

— Eh bien! puisque tu ne les aimes pas, viens les voir partir, acheva le beau Polydore.

— Ça va, » dit-elle.

Et elle se cramponna à son bras.

Cendrinette s'était emparée de ce mystérieux personnage qu'on appelait Biribi.

« Oh! chevalier, disait-elle, avec un accent de comique sensibilité, chevalier, je t'aime !...

— Tu me l'as déjà dit, ma petite.

— Je t'aime et je ne veux pas te quitter.

— C'est trop d'affection, en vérité, ricana Biribi.

— Je suis riche, reprit Cendrinette en riant. Un colonel qui s'est fait tuer, il y a six mois, m'a laissé sa fortune. Si tu le veux, je t'épouserai!

— Viens toujours, dit le chevalier, j'y songerai. »

Et il descendit avec elle.

Bientôt ils furent mêlés à la foule et entraînés dans le tourbillon.

Le chevalier se disait :

« Je suis en retard déjà; je devrais être rentré. Comment me débarrasser de cette petite indiscrète? »

Cendrinette se disait de son côté :

« J'ai de bonnes raisons pour pénétrer le mystère dont s'enveloppe Biribi. Je me suis juré de ne pas le quitter; et quand je me suis fait un serment, je le tiens. »

Entraînée par le fleuve humain, la petite troupe fut portée plutôt qu'elle ne marcha vers les boulevards.

Mais là, il y eut un mouvement de recul.

La foule s'arrêta brusquement, puis fut reportée en arrière par une autre foule.

« Oh! oh! murmura Biribi, qu'est-ce que cela?

— Je vais monter sur tes épaules, et je te le dirai, » répondit Cendrinette.

Et en effet, légère comme un clown, et avant que Biribi eût donné ou refusé son assentiment, elle avait grimpé sur lui et se tenait debout sur ses épaules.

« J'ai bien envie de la secouer et de m'esquiver, » pensa le chevalier.

Mais la curiosité le retint.

« Que vois-tu? dit-il.

— Des soldats.... non.... c'est de la garde nationale.... répondit Cendrinette.

— Ah!

— Il y en a plein le boulevard.

— Et puis?...

— Et puis je vois des ouvriers...., des gens en blouse.... qui paraissent attendre quelque chose.... il y a une foule immense.... »

La cohue des masques, cette orgie humaine qui s'était trouvée arrêtée dans sa course, avait subitement éteint son vacarme, hymnes patriotiques et chansons poissardes.

Refoulée de plus en plus par un peloton de dragons qui barrait le faubourg du Temple à sa jonction avec le boulevard, elle porta le chevalier Biribi, qui avait toujours Cendrinette sur ses épaules, jusque vers une borne qui se trouvait à la porte d'une vieille maison.

Alors le chevalier, qui avait pris les deux jambes de

la pécheresse dans ses mains pour la maintenir sur ses épaules, monta sur la borne et put voir à son tour.

Le boulevard était, en effet, encombré d'un flot de peuple.

Un peuple silencieux, un peuple de rudes ouvriers et de petits bourgeois.

Les uns sortaient de leur lit, les autres avaient déserté leurs ateliers qui s'ouvraient avant le jour.

Aucun n'avait passé la nuit au bal.

Ceux-là ne dansaient point, ceux-là n'attendaient point les Russes et les Prussiens avec une cupide impatience.

La garde nationale composée de vieillards, en grande partie, car tout ce qui était jeune était sous les drapeaux, la garde nationale formait la haie.

Un escadron de lanciers s'avançait au pas, ne rudoyant point la foule, mais disant :

« Place ! mes amis, place ! »

Et derrière les lanciers, le chevalier de Biribi et Cendrinette, les seuls qui pussent se rendre un compte exact de ce qui se passait, aperçurent plusieurs voitures de voyage qui allaient au pas.

Dans la première, ils virent une femme et un enfant.

La femme était vêtue de deuil et souriait à travers ses larmes.

L'enfant souriait avec grâce et envoyait des baisers à ce peuple morne et recueilli.

Et le peuple, en ce moment, ne jeta qu'un cri, n'eut qu'une seule voix qui se dégagea de dix mille poitrines à la même seconde :

« Ne partez pas ! ne partez pas ! »

Un ouvrier, un forgeron qui n'avait plus qu'une jambe, s'avança vers la voiture, ôta son bonnet et dit :

— Majesté, restez avec nous. Nous vous défendrons,

nous nous ferons tous tuer pour vous et pour votre enfant. »

L'Impératrice secoua la tête, tendit silencieusement la main au forgeron et lui dit :

« L'Empereur le veut! »

Et Quille-en-Bois, car c'était lui, se courba frissonnant.

L'homme du peuple avait effleuré de ses lèvres l'auguste main de la fille des Césars.

IV

Il y eut parmi cette foule un moment d'angoisse douloureuse et de pénible émotion.

Les forgerons, les menuisiers, tout ce brave et vaillant faubourg Saint-Antoine s'était avancé après Quille-en-Bois et entourait la voiture impériale.

Pas de manifestations bruyantes, pas de cris.

La troupe éhontée qui descendait de la Courtille avait fait silence elle-même, et semblait rougir des oripeaux qui la couvraient.

Les ouvriers considéraient tour à tour cet enfant, à la naissance de qui les cloches du monde entier avaient été mises en branle....

Cette femme, de vieille maison souveraine, fille de race orgueilleuse s'il en fut, et qui avait placé sa main dans la main du soldat couronné.

Femme et enfant partaient.

Où allaient-ils ?

Où donc le vent de la destinée mène-t-il les rois et les peuples ?

Pourquoi Napoléon voulait-il que sa femme et son fils quittassent Paris ?

Voilà ce que le rude et bon Quille-en-Bois, qui était devenu l'orateur du peuple de Paris, demandait en son pittoresque langage.

« Majesté, disait-il, le *petit caporal* n'a donc plus confiance en nous? Qu'est-ce qu'ils ont donc fait de mal, les Parisiens, qu'il leur reprend sa femme et son fils? L'Empereur ne sait donc pas que c'est un dépôt sacré pour nous, et que tant que vous serez parmi nous, il n'y aura pas un pavé, pas une maison qui ne vous appartienne ? »

L'Impératrice émue répondit :

« Les Prussiens et les Russes marchent sur Paris, l'Empereur ne veut pas.... »

Quille-en-Bois osa interrompre la fille des Césars :

« Ah! Majesté, dit-il, tant que le roi de Rome sera dans les murs de Paris, les Prussiens et les Russes n'y entreront pas. Nous construirons des barricades, nous creuserons des fossés, nous brûlerons les maisons de la banlieue pour nous défendre avec un cercle de feu! Au nom de la patrie, Madame, ne partez pas!

— L'Empereur le veut! » répondit Marie-Louise.

L'enfant impérial saluait toujours et envoyait des baisers à cette foule qu'il ne devait plus revoir.

Marie-Louise le prit dans ses bras, l'éleva pour que tous pussent le mieux contempler, et lui dit :

« Mon enfant, remerciez ces braves gens; ce sont les enfants de Paris, et Paris c'est le cœur de la France. »

Puis elle fit un geste d'adieu, et la voiture impériale se remit en marche.

Quille-en-Bois, sombre et morne, se rangea, et, la

tête nue, le front penché, il versa deux grosses larmes, tandis que le cortége impérial s'éloignait.

Cependant Cendrinette était toujours perchée sur les épaules du chevalier de Biribi.

Le chevalier lui-même était demeuré sur sa borne.

« Ah çà! ma petite, dit-il après quelques minutes, est-ce que tu ne vas pas bientôt descendre?

— Mais si, » répondit-elle.

Et elle se laissa glisser à terre.

Puis elle lui reprit le bras et dit encore :

« Allons nous-en !

— Veux-tu que je te reconduise ? demanda le chevalier.

— Non, c'est moi....

— Plaît-il?

— Tu ne me connais donc pas ? fit-elle.

— Mais si.

— Je ne me suis jamais manqué de parole. Or, m'étant juré de t'accompagner chez toi....

— Et si je n'ai pas de chez moi?

— Quelle sottise !

— J'habite avec ma famille.

— Bon! tu me présenteras.... »

Le chevalier soupira et fit mine de s'avouer vaincu.

« Allons! soit, dit-il, viens....

— Tu m'emmènes ?

— Il le faut bien.

— Quel bonheur! murmura Cendrinette qui rajusta son manteau sur ses épaules frissonnantes au contact de l'air matinal. Je vais donc pénétrer le mystère dont s'enveloppe le chevalier de Biribi ?

— Curieuse, va ! »

Et le chevalier, après lequel se cramponnait toujours Cendrinette, joua des coudes pour sortir de la foule,

Les voitures impériales étaient loin ; la garde nationale avait cessé de former la haie, le peuple envahissait la chaussée du boulevard.

Les ouvriers huaient les masques, à l'exemple de Quille-en-Bois qui avait saisi au collet un jeune homme déguisé en pierrot et le secouait en lui disant :

« As-tu pas honte, misérable ivrogne ?

— Ma petite, dit le chevalier dont l'habit gorge de pigeon, les clefs de montre, les cadenettes et la queue commençaient à être quelque peu un déguisement de carnaval, si tu m'en crois nous ne traverserons pas ici.

— Pourquoi ?

— Tu es en robe de bal ?

— Oui.

— Et moi je suis vêtu comme un ci-devant, ainsi qu'on disait du temps de la République.

— Naturellement, puisque tu es un aristocrate.

— Oui, mais les aristocrates sont mal venus aujourd'hui, surtout dans ce quartier. Viens, nous allons faire un détour. »

Et au lieu de chercher à traverser la foule des gardes nationaux et des ouvriers, Biribi entraîna Cendrinette vers le canal, prit une ruelle à gauche, puis une autre à droite, et de ruelle en ruelle et de rue en rue, se glissa jusqu'au faubourg Saint-Martin.

En cet endroit la foule s'était déjà dissipée.

« Viens vite, » répéta le chevalier.

Il paraissait maintenant si pressé de rentrer chez lui et de se faire accompagner par Cendrinette, que celle-ci lui dit naïvement :

« Voyons, chevalier, serais-tu marié ?

— Jamais.

— Alors, pourquoi personne ne sait-il où tu demeures ?

— Mais c'est une plaisanterie, ce que tu dis là, ma petite.

— Ouais ?

— Tu ne le sais pas, toi, mais tous mes amis le savent.

— Vraiment ? Alcindor, Polydore prétendent pourtant....

— Ce ne sont pas mes amis.

— Ah ! c'est juste. Ce sont des connaissances de bal.

— Justement.

— Mais, qu'est-ce que tu fais, de ton état ?

— Je n'ai pas d'état.

— Tu vis donc de tes rentes ?

— Mais oui....

— Et c'est beau, ton *chez toi* ? fit-elle avec une curiosité de grisette....

— Tu verras.... »

Tout en causant, ils étaient arrivés rue Meslay.

« C'est là ? fit-elle.

— Oui, au milieu de la rue. »

Et il allongea le pas.

Le jour avait grandi, un pâle rayon de soleil perçait le brouillard du matin. Les boutiques s'ouvraient une à une.

Le chevalier de Biribi s'arrêta devant une maison à à deux étages et à porte bâtarde.

Au rez-de-chaussée, point de boutique : au premier et au deuxième étage toutes les croisées hermétiquement closes.

« C'est là ? fit Cendrinette.

— Mais oui, répondit le chevalier.

— Ta maison a l'air honnête d'une maison de province.

— D'autant plus honnête, fit Biribi en riant, qu'elle est à moi.

— Tu es propriétaire ?
— Oui, mon amour. »

Cendrinette lui sauta au cou.

« Je t'épouse, fit-elle.

— Folle ! laisse-moi donc frapper. »

Et le chevalier souleva un lourd marteau de bronze qui retomba sur la porte avec un bruit sourd.

La porte s'ouvrit.

En parfait gentilhomme, Biribi s'effaça pour laisser passer Cendrinette.

Celle-ci entra sans défiance.

Mais comme elle faisait trois pas dans une allée assez sombre, le chevalier, demeuré sur le seuil, tira vivement la porte à lui.

La porte se fermait bruyamment, et Cendrinette se retournant, se trouva prisonnière.

Le chevalier fuyait à toutes jambes.

V

Cendrinette, entendant la porte se refermer derrière elle, s'était retournée vivement.

Le chevalier avait disparu.

En même temps, à l'extrémité de l'allée, une tête de vieille femme se montra à travers le carreau d'une loge de portier.

« Qui est là ? » dit une voix grondeuse et criarde.

Cendrinette stupéfaite ne répondit pas tout d'abord.

La vieille femme sortit de sa loge et s'avança menaçante vers la pécheresse.

« Qui êtes-vous ? que voulez-vous ? qui demandez-vous ? fit-elle sur trois tons différents, mais toujours hargneux.

— Excusez-moi, madame, balbutia Cendrinette, mais je.... croyais.... »

Et elle regardait toujours du côté de la porte, espérant voir reparaître le chevalier.

La portière toisa d'un coup d'œil les oripeaux et dentelles qui couvraient Cendrinette.

« Il est inutile de vous demander qui vous êtes ? fit-elle d'un ton dédaigneux et moqueur.

— Madame !...

— Chez qui croyez-vous donc venir ? reprit la portière. C'est le chevalier Biribi qui vous a amenée ?

— Oui.

— Il a sonné, j'ai tiré le cordon, poursuivit la portière. Il vous a poussée devant lui ?

— Oui, madame.

— Vous êtes entrée sans défiance, et il a vivement tiré la porte ?

— En effet.

— Par conséquent, vous voici prisonnière, tandis qu'il se sauve à toutes jambes. »

Et la vieille femme se mit à rire.

« Madame, balbutia Cendrinette, dites-moi si réellement je suis chez le chevalier.

— Plaît-il ? ricana la portière.

— Il m'a dit que cette maison lui appartenait.

— Vous êtes simplette, ma petite. Biribi avoir une maison à lui, ah ! par exemple ! Biribi n'a rien.... rien de rien....

— Mais enfin, vous le connaissez ?

— Si je le connais ! et il y a beau jour encore !

— Alors dites-moi pourquoi il m'a amenée ici.

— Je ne sais pas comment la chose s'est passée, reprit la portière, mais je m'en doute.

— Ah ! »

La vieille femme s'était radoucie peu à peu ; cela tenait peut-être à ce qu'elle avait aperçu un gros bracelet et des diamants, et que Cendrinette lui paraissait une connaissance bonne à cultiver.

Aussi passa-t-elle subitement du mot « ma petite » au mot « madame. »

« Entrez donc dans ma loge, dit-elle, il fait un froid de loup ici, nous jaserons un brin. »

Cendrinette était furieuse du tour que lui avait joué le chevalier Biribi, de plus elle était possédée de cette ardente curiosité si tenace au cœur et à l'esprit des femmes.

Elle ne se fit donc pas prier.

La loge de la portière n'était pas grande et son ameublement consistait en un lit de sangle, un vieux fauteuil de velours jaune placé au-dessous du cordon, et un réchaud en fonte sur lequel chantait une bouilloire.

« Approchez-vous du poêle, dit la vieille femme et chauffez-vous un brin. Voulez-vous prendre un peu de café. »

Cendrinette refusa d'un geste amical.

Puis elle s'assit dans le vieux fauteuil.

« Vous avez passé la nuit, sans doute ? reprit la vieille.

— Oui, dit Cendrinette.

— J'ai été comme vous, madame, ces jeunesses, ça ne doute de rien.... ça se met tout sur le dos, ajouta-t-elle d'un ton maternel et grondeur tout à la fois.... mais faut penser à l'avenir, madame.... car vois-tu, mon enfant, j'ai été comme toi, moi. J'en ai traîné du velours et de la dentelle.... maintenant je tire le cordon.... décidément tu es jolie à croquer, madame. »

Cendrinette souriait des tutoiements et des marques de respect entremêlés de la bonne femme.

« Qu'est-ce qu'on dit de la politique? reprit la vieille. Napoléon fait-il ses malles?

— Je ne sais pas, répondit Cendrinette qui songeait bien moins à Napoléon qu'au chevalier Biribi, énigme vivante qu'elle s'était juré de déchiffrer.

— Reverrons-nous bientôt le roi, ma petite? poursuivit la portière, car je suis devenue légitimiste, moi, ou plutôt, non, je l'ai toujours été.

— Je ne sais pas, dit encore Cendrinette. Cependant on prétend que les Russes marchent sur Paris.

— Bonne affaire pour toi, ils sont fort riches, tu peux m'en croire, madame.... du moins, c'est Biribi qui le dit.... Ah! si j'étais jeune!...

— Mais, madame, dit Cendrinette, vous m'avez promis de me dire....

— Quoi donc?

— Où demeurait réellement le chevalier. »

La portière se mit à rire.

« Moi, je t'ai promis ça? dit-elle, allons donc!

— Mais oui....

— C'est pas possible.

— Pourquoi?

— Mais parce que je ne l'ai jamais su moi-même.

— Pourtant vous le connaissez?

— Depuis plus de vingt ans.

— Quel âge a-t-il donc?

— Peut-être quarante ans, peut-être soixante. »

Cendrinette avait mis la main dans sa poche, et de cette poche s'échappait un cliquetis argentin.

Les yeux de la vieille s'allumèrent et elle prêta complaisamment l'oreille à ce bruit.

« Voyons, ma petite mère, reprit Cendrinette, puisque vous m'avez fait entrer chez vous... c'est que vous aviez quelque chose à me dire.

— Heu ! heu ! »

En même temps, Cendrinette tira de sa poche un beau Napoléon double, tout luisant et tout neuf qu'elle mit dans la main crochue de la vieille.

Celle-ci reprit :

« Est-ce que par hasard vous auriez un coup de soleil pour ce mauvais sujet de Biribi ?

— Non, mais...

— Mais vous êtes curieuse, comme nous le sommes toutes.

— C'est vrai, soupira Cendrinette.

— Et ça vous intrigue, mon enfant, l'existence mystérieuse de cet homme qu'on ne voit que la nuit comme les chauves-souris ?

— J'en conviens et je me suis juré...

— Faut vous rendre votre parole à vous-même, ma petite.

— Jamais ! »

Le visage souriant de la vieille s'assombrit.

« Il y a des mystères qu'il ne faut pas sonder, je te le conseille, madame.

— Je n'ai peur de rien, moi.

— Il faut avoir peur de tout, » répondit la vieille avec un sentiment d'effroi.

Cendrinette était une femme de résolution.

« Je veux savoir ! » répéta-t-elle.

Et elle tira sa bourse, à travers les mailles de soie de laquelle étincelaient dix ou douze pièces d'or.

« Tout cela est pour vous, » dit-elle.

Un nuage vertigineux passa sur le visage osseux de la vieille. Elle détourna ses yeux éblouis.

« Mais, ma petite, dit-elle, je vous jure bien que je ne sais pas où demeure Biribi.

— Alors, comment le connaissez-vous ?

— Oh ! il y a longtemps... j'étais jeune et jolie...

— Bon ! mais vous avez continué à le voir.

— Sans doute, il vient chercher ses lettres ici.

— Tous les jours ?

— Non, toutes les nuits.

— Et puis, c'est tout ?

— Mais oui.

— Vous ne savez pas quelle est sa profession ?

— Non. Je vous jure. »

Un coup de sonnette retentit à l'oreille de Cendrinette toujours assise dans le fauteuil.

« C'est le facteur, dit la vieille. Tire donc un peu le cordon, madame. »

Cendrinette obéit, la porte s'ouvrit et se referma.

La vieille se pencha au carreau et dit :

« Ce n'est pas le facteur, plaît-il ? qu'est-ce que c'est que ça ? »

Un homme monta les trois marches qui conduisaient à la loge de la portière.

Celle-ci masquait si bien Cendrinette, en ce moment, que le visiteur matinal ne la vit pas, et se crut seul avec la portière.

C'était un garçon de vingt-cinq ans, vêtu d'un carrick, portant bottes molles et chapeau à bords retroussés.

Il avait une jolie figure impertinente et hautaine.

« Monsieur de Biribi ? » demanda-t-il.

Cendrinette tressaillit, demeura immobile au fond du vieux fauteuil et attendit....

VI

La portière répondit à l'inconnu :

« Je ne connais pas dans la maison la personne dont vous parlez. »

L'inconnu cligna de l'œil d'une façon significative. Puis il ouvrit sa redingote à brandebourgs et en tira une carte qu'il mit sous les yeux de la vieille femme.

Celle-ci répondit :

« C'est bien. Je connais ça.

— Ah ! c'est heureux. »

A son tour la portière cligna de l'œil et dit :

« Vous reviendrez ce soir. Vous trouverez une lettre.

— Mais non, cela ne se peut, dit l'inconnu. Il faut que je le voie sur-le-champ. »

La portière lui fit un nouveau signe mystérieux. En même temps, elle s'effaça de manière qu'il pût voir Cendrinette assise dans le fond de la loge.

« Mais, fit-il, ne comprenant pas encore, il est donc sorti ?

— Il ne demeure pas ici.

— Vraiment ?

— C'est la vérité, mon cher monsieur.

— Mais où demeure-t-il ?

— Je ne sais pas. Il vient tous les jours chercher ses lettres. Voilà tout. »

L'inconnu parut visiblement contrarié.

Cendrinette chez la portière de la rue Meslay. (Page 182.)

Mais la portière avait un air si naïf et si franc, qu'il ne put douter de la véracité de ses paroles.

« Et quand faut-il revenir pour le voir ? demanda-t-il encore.

— Laissez-moi votre carte et le nom de l'hôtel où vous êtes descendu. »

Le jeune homme déposa sa carte sur la table.

Cendrinette, qui avait des yeux de lynx, lut à distance ce nom :

Le chevalier d'Ormignies.

L'inconnu ajouta :

« Je suis à l'hôtel du Lion-d'Or, rue Saint-Sauveur.

— Il ira, » répondit la portière.

Le jeune homme salua et s'en alla d'un air visiblement contrarié.

Quand il fut parti, Cendrinette regarda la vieille femme.

« Ah ! dit-elle, je vois bien qu'on n'obtient rien de vous.

— Comment donc ça, ma petite ?

— Ce jeune homme s'en va comme il est venu.

— Mais, madame, dit la portière, aussi vrai que je m'appelle Mme Eugène, du nom de mon pauvre défunt, je te jure que je ne sais pas où demeure Biribi.

— Même si je vous donne cela ? »

Et Cendrinette jeta sa bourse sur la table.

« Hélas ! » soupira la vieille, jetant un regard de convoitise sur les pièces jaunes qui brillaient à travers les mailles de la bourse, mais n'osant y toucher.

Cendrinette reprit la bourse et la mit dans sa poche.

« Je vois, dit-elle, que de vous il n'y a rien à tirer. »

Et elle se leva.

« Peut-être, dit madame Eugène.

— Ah! dit Cendrinette qui se rassit aussitôt.

— Vous pouvez tirer de moi un bon conseil, ma petite.

— Voyons?

— Un conseil qui ne sera pas trop payé par l'or que vous venez de me montrer.

— J'écoute, dit Cendrinette.

— Aimez-vous Biribi?

— Moi? allons donc! fit Cendrinette avec un rire si franc et si net qu'on ne pouvait s'y tromper.

— Pourquoi tenez-vous tant à savoir où il demeure?

— Pour le surprendre.

— Dans quel but?

— Je suis curieuse.

— Eh bien! si tu m'en crois, madame, tu rentreras ta curiosité.

— Mais pourquoi?

— Parce que les gens qui suivent Biribi jouent de malheur.

— Ah! bah!

— Je ne puis pas vous en dire plus long, ma petite. »

Et la portière se renferma dans un majestueux silence.

La pécheresse se leva pour tout de bon :

« Adieu, dit-elle.

— Tu t'en vas, madame?

— Mais sans doute. Je vais me coucher.

— Tu renonces donc?

— Il le faut bien. Adieu.... »

Et Cendrinette s'esquiva hors de la loge, et descendit les trois marches en courant, criant d'un ton moqueur :

« Le cordon, s'il vous plaît? »

Une tête apparut au milieu de ce trou. (Page 184.)

Mme Eugène ne se fit pas prier ; elle tira le cordon, la porte s'ouvrit et Cendrinette se trouva dans la rue.

La rue Meslay est une rue tranquille entre toutes, bien qu'à proximité du boulevard et de la porte Saint-Martin.

On dirait une sentinelle avancée de ce pays paisible qu'on appelle le Marais. Il n'y avait pas dix personnes dans la rue.

Seulement en face même de la maison d'où sortait Cendrinette, un homme vieux et un jeune enfant, tous deux vêtus de velours vert, étaient assis sur un crochet de commissionnaire. Le commissionnaire, voyant Cendrinette, la salua.

Cendrinette, étonnée, regarda cet homme.

« Tiens, dit-elle, c'est vous, père Jean?

— Moi-même, mamzelle.

— Vous avez donc changé de quartier?

— Depuis six mois : cette place était tenue par mon frère. Le pauvre homme est mort ; j'ai pris sa clientèle et j'ai cédé la mienne à mon aîné.

— Ah ! vraiment? dit Cendrinette à qui venait une singulière idée ; et jusqu'à quelle heure restez-vous là?

— Oh! fort tard, dans ce quartier. C'est une rue de gros négociants, ils ont des courses à faire faire jusqu'à neuf heures du soir.

— Et où demeurez-vous, père Jean? car je ne suppose pas que vous couchiez sur votre crochet.

— Non, mamzelle. »

En même temps, le Savoyard étendit la main.

« Tenez, là-haut, dit-il, cette fenêtre à rideau jaune, au-dessus du charbonnier.

— Père Jean, dit résolûment Cendrinette, voulez-vous que je vous fasse gagner deux Napoléons?

— Seigneur Dieu! exclama le Savoyard effrayé, c'est donc pour commettre un crime?

— Mais non, dit Cendrinette en riant. Est-ce que vous m'avez jamais connue méchante, père Jean, vous qui m'avez vue toute petite dans la boutique de maman, qui était blanchisseuse au coin de la rue Mandar?

— Oh! pour ça non, mamzelle.

— Ce garçon-là est votre fils? »

Et elle désignait le bambin.

« C'est mon dernier, oui, mamzelle.

— Lève-toi, petit, dit Cendrinette, qui se plaça à côté de lui. Je suis de sa taille, ajouta-t-elle. Vous me prêterez ses habits.

— C'est vrai que nous sommes en carnaval tout de même, murmura le père Jean.

— Ce n'est pas pour cela.... mais c'est mon secret. Au revoir, père Jean, je reviendrai ce soir à l'entrée de la nuit. »

Et Cendrinette s'en alla.

. . . .

Le soir, en effet, comme l'ombre descendait dans la rue Meslay, et qu'on allumait les premiers réverbères, le Savoyard, toujours assis avec son fils sur son crochet, vit une femme s'approcher de lui.

C'était Cendrinette.

Seulement, la pécheresse avait dépouillé ses riches oripeaux du matin.

Elle était vêtue en grisette : robe de laine, petit bonnet insolemment posé sur le devant de la tête, et tablier d'indienne, dans les poches duquel elle avait fourré ses jolis petits doigts dépouillés de leurs bagues.

« Allons chez vous, dit-elle au père Jean.... ou plutôt, non, le petit va me conduire.

—Mais, qu'est-ce que vous voulez donc faire, demanda le Savoyard.

— Je veux guetter quelqu'un.

— Ah!

— Un homme que j'aime et qui me trompe.

— Fort bien, et vous avez besoin pour cela des habits de mon garçon?

— Oui, père Jean. »

Le commissionnaire enjoignit à son fils de conduire Cendrinette à leur pauvre logis.

Là, sur l'ordre de la jeune femme, le bambin ôta sa veste d'uniforme après laquelle pendait une médaille.

La robe glissa et s'arrondit à ses pieds.

Alors Cendrinette endossa la veste médaillée, se coiffa de la casquette à longue visière de l'enfant, et mit dans la main de celui-ci une grosse pièce de cinq francs en lui disant :

« Tu vas rester ici. »

Puis elle redescendit et rejoignit le père Jean.

Celui-ci lui dit en riant :

« Je ne peux pas m'y tromper, moi. Mais les passants s'y tromperont, pour sûr. Vous avez l'air d'un vrai petit Savoyard, mamzelle.

— Je l'espère bien, » répondit Cendrinette en riant.

Et elle s'assit à côté du commissionnaire, murmurant tout bas :

« Maintenant, mon vieux Biribi, tu peux venir chercher tes lettres…. je ne te quitterai plus. »

Et Cendrinette, la curieuse, attendit, les yeux fixés sur cette maison mystérieuse dans laquelle le ténébreux chevalier donnait des rendez-vous.

VII

Rétrogradons maintenant de quelques heures et suivons le chevalier Biribi au moment où, après avoir vivement tiré la porte et enfermé Cendrinette dans l'allée de la maison de la rue Meslay, il se sauvait à toutes jambes.

Au bout de la rue, le chevalier se retourna.

Il se retourna pour voir si Cendrinette n'était pas déjà ressortie et ne courait pas après lui.

Puis il regarda rapidement à droite et à gauche, et s'assura que personne ne faisait attention à lui.

Alors, au lieu de monter vers le boulevard, il descendit la rue Saint-Martin d'un pas rapide.

Une véritable métamorphose s'était opérée dans l'allure et la physionomie du chevalier.

Il ne marchait plus en se dandinant.

Il ne faisait plus tournoyer d'un air conquérant son fameux *pouvoir exécutif*.

Le sourire, ce sourire quelque peu béat que ses compagnons de plaisirs nocturnes lui connaissaient, avait fui ses lèvres.

Le chevalier était soucieux, hautain, en marchant d'un pas rapide.

Souvent il se retournait pour voir si on ne le suivait point.

Il arriva ainsi jusqu'à l'Hôtel-de-Ville, puis jusqu'à la Seine qu'il traversa sur le pont au Change.

Paris était plein de rumeurs.

Au même instant deux bras l'enlacèrent. (Page 189.)

Les gens qui avaient fait carnaval rentraient chez eux; quelques ouvriers allaient à leur chantier.

Çà et là, sur les quais, sur les ponts, des groupes de huit ou dix personnes causaient à mi-voix et d'un air lugubre.

On s'entretenait des événements, du départ de l'Impératrice et du roi de Rome, des dernières batailles livrées par Napoléon, des alliés qui s'avançaient toujours sur Paris.

Le chevalier traversa tous les groupes, écouta çà et là, puis continua son chemin.

Quand il fut dans la Cité, il regarda l'heure au Palais de justice.

« Sept heures ! murmura-t-il. On doit m'attendre depuis longtemps. »

Il gagna le quai des Orfévres, tourna à droite et s'arrêta devant une porte bâtarde, qui était celle d'une haute et sombre maison, la plus vieille peut-être de tout le quai.

Il enfila une allée noire.

Au bout de l'allée était un escalier tournant, aux marches de pierres usées et glissantes.

Une corde fixée le long du mur servait de rampe.

Le chevalier s'y engagea et monta rapidement, sans le secours de la corde, ce qui était une preuve que le chemin qu'il prenait lui était familier.

Il monta quatre étages.

Au quatrième, il se trouva devant une petite porte dans la serrure de laquelle il mit une clef qu'il tira de sa poche.

La porte s'ouvrit et le chevalier franchit le seuil.

Au même instant deux bras l'enlacèrent, une bouche rose se posa sur son front et une voix harmonieuse et fraîche lui dit :

« Ah ! père... père ! j'ai eu bien peur, va !

— Et de quoi donc, mon enfant ? » demanda le chevalier.

Le chevalier entraîna la jeune fille loin du seuil de la porte qu'il referma.

« Et de quoi donc as-tu peur, ma chérie? répéta-t-il. Tu sais pourtant bien que je m'en vais tous les soirs.

— Oui, mais tu rentres le matin, bien avant le jour.

— C'est vrai.

— Et il est huit heures, bien sonnées.

— C'est vrai ; mais une nuit de mi-carême, tu comprends.... »

La jeune fille se prit à rire.

« Père, dit-elle, tu ne me diras donc jamais pourquoi tu t'absentes ainsi tous les soirs ? »

Le chevalier tressaillit à cette question directe.

Puis il jeta un regard rapide autour de lui : — l'œil du maître qui rentre dans sa maison, comme on dit.

C'était un pauvre logis composé de trois petites pièces se commandant, — meublées avec une simplicité monastique, — les deux premières du moins.

Car la troisième était la chambre de la jeune fille.

Là, il y avait un joli papier à ramages sur les murs, des rideaux de mousseline à bordure rose aux croisées, un tapis qui dissimulait le carrelage rougi à l'encaustique, un *petit bonheur du jour* en bois de rose, des chaises et une causeuse en velours d'Utrecht, une pendule sur la cheminée et auprès les deux vases de fleurs classiques qu'on n'avait pas ridiculisés encore.

Tout le reste était mesquin.

La salle à manger était garnie d'une table et d'un dressoir en noyer, et de chaises de paille.

La seconde pièce, qui était la chambre de Biribi, était plus pauvre encore.

On y voyait un vieux lit à colonnes dont le lambrequin de serge n'avait plus de couleur certaine, un fauteuil éraillé et une table chargée de papiers, la plupart couverts d'une écriture hiéroglyphique.

« Mon enfant, dit le chevalier que ce rapide coup d'œil à travers les trois pièces avait satisfait sans doute, je sors pour des affaires politiques.

— Je le sais bien, dit la jeune fille avec effroi.

— Et c'est pour cela que tu as eu peur?

— Oh! non.... pas pour cela seulement.... »

Biribi fronça le sourcil.

« Parle donc, alors dit-il.

— Eh bien! te l'avouerai-je?... »

Et la voix de la jeune fille trembla.

« Parle! répéta Biribi.

— Je suis sortie hier soir, après ton départ, pour aller à l'église, prier pour le roi, comme tu me le recommandes.

— Eh bien?

— Un homme m'a suivie....

— Folle! dit le chevalier, tu es assez jolie pour cela.

— Il a osé me parler....

— L'insolent! Mais tu as pressé le pas sans lui répondre, j'imagine?

— Oui, mon père.

— Et il a passé son chemin?...

— Non, il est entré dans l'église avec moi.

— Mais il s'est tenu à distance.... respectueuse?...

— Oui, derrière un pilier.

— Pourquoi donc aussi, mon enfant, reprit le chevalier qui, s'étant plongé dans son grand fauteuil, avait fait asseoir sa fille sur ses genoux, — pourquoi donc n'as-tu pas emmené Gertrude, notre vieille servante?

— Tu sais bien, père, qu'elle couche là-haut, au sixième.

— Eh bien?

— Et qu'elle se couche de bonne heure.

— Enfin, c'est là tout ce qui t'est arrivé?

— Oh! non.

— Quoi donc encore? dit Biribi visiblement inquiet.

— Quand je suis sortie, l'homme est sorti avec moi.

— Bon! après?

— Sur la place du Parvis un autre homme s'est joint à lui.

— Et ils t'ont suivie tous les deux?

— Jusqu'à la porte, mais sans me parler, cette fois, je suis montée toute tremblante, et j'ai bien fermé les portes, puis je me suis mise au lit et j'ai soufflé la lumière.

— Et tu t'es endormie?

— Oh! non, j'avais trop peur. Au bout d'une heure, comme j'entendais chuchotter et marcher sur le quai, je me suis levée, j'ai ouvert la fenêtre sans bruit et j'ai avancé la tête.

« Les deux hommes étaient toujours là. »

Cette fois l'inquiétude de Biribi augmentait.

« Ils se sont promenés une partie de la nuit, de long en large, poursuivit la jeune fille, j'avais tiré les persiennes, ce qui fait qu'ils ne pouvaient pas me voir. La nuit était silencieuse et leur voix montait.

— As-tu donc entendu ce qu'ils disaient?

— Vaguement, seulement l'un d'eux a prononcé fort distinctement notre nom. »

Biribi pâlit.

« L'autre disait, poursuivit la jeune fille, qu'il fallait se méfier de nous.

— Oh! vraiment! »

Et le chevalier, reposant sa fille à terre, se leva brusquement.

En même temps il se dépouilla de son habit à longues basques et de son chapeau tromblon.

Le *pouvoir exécutif* était depuis longtemps dans un coin de la chambre.

« Et quand sont-ils partis ?

— Au petit jour, il y en a un qui a dit à l'autre : « C'est trop tard pour aujourd'hui, nous verrons demain.... »

Le chevalier avait endossé une robe de chambre de couleur grise et posé sur sa tête une petite calotte de velours ornée d'un gland fané.

« Mon enfant, dit-il à sa fille, prépare le déjeuner, et appelle cette paresseuse de Gertrude.

— Est-ce que tu ressors, mon père ?

— Non, je vais voir ce que font mes employés ; à tout à l'heure. »

Le lit du chevalier avait, comme nous l'avons dit, des rideaux de serge verte ; mais il ne touchait pas au mur.

Biribi souleva la draperie du fond, pressa un ressort mystérieux, et la jeune fille entendit un bruit sec, celui d'une porte qui s'ouvrait et se refermait.

Son père, ou du moins celui qu'elle appelait ainsi, n'était plus là !

VIII

La fille du chevalier Biribi était une de ces créatures presque idéales que les peintres osent à peine rêver.

Blonde, mignonne en sa taille élancée et souple, yeux bleus mélancoliques, fossette au menton, bouche vermeille, mains et pieds d'enfant.

Elle avait un joli nom, — Juliette.

Quand elle sortait, le dimanche, pour aller à Notre-Dame sa paroisse, accompagnée de Gertrude, la vieille servante, si modeste que fût sa robe d'organdi et son petit chapeau de paille ou de velours épinglé, on l'eût prise pour une fille de grande maison, tant elle avait de grâce et de fierté dans la démarche et de décence aristocratique dans le maintien.

Mamzelle Juliette, comme on l'appelait, ne connaissait personne, tout le monde la connaissait et la saluait.

Qui était-elle?

Nul ne le savait au juste.

Juliette avait seize ans.

Il y en avait douze qu'elle était venue habiter cette modeste maison du quai de l'École, avec son vieux père, — car pour tous le chevalier Biribi était vieux.

Et pour dire vrai, le chevalier n'était ni chevalier ni Biribi pour les gens du quartier.

Jamais on ne l'avait vu dans ce pittoresque et rajeunissant costume, qui faisait l'admiration des bals publics et de leurs habitués.

Le chevalier de Biribi ne prenait pas de si minutieuses précautions pour dérober à tous les regards et à toutes les curiosités sa vie diurne, pour porter au quai de l'École son habit gorge de pigeon, ses clefs de montre et son bâton noueux.

Au quai de l'École, Biribi avait un autre nom.

C'était un ancien militaire de l'armée de Condé, un ci-devant, le baron de Fenouil-Caradeuc, ruiné par la Révolution, plongé tout jeune dans les prisons révolutionnaires, échappé à l'échafaud par miracle, et réfugié

Juliette. (Page 194.)

auprès des princes, sous le commandement desquels il avait fait merveille à Coblentz. Sa femme était morte de douleur, disait-on, et peut-être aussi de privations et de misère.

Biribi se promenait en plein jour dans la Cité.

Seulement personne ne l'eût reconnu.

Il était vêtu d'une longue houppelande, portait un chapeau à cornes, poudrait ses cheveux, emprisonnait sa queue grise dans une bourse de taffetas noir et supprimait ses deux clefs de montre.

Une canne à pomme d'or remplaçait son pouvoir exécutif. Le soir venu, M. le baron de Fenouil-Caradeuc pressait le ressort secret de la mystérieuse porte masquée dans le mur, sous les draperies de son lit, et disparaissait.

Rarement sa fille l'avait vu en chevalier Biribi; mais elle l'avait vu cependant.

Fort souvent le chevalier sortait par la maison voisine, avec laquelle communiquait son appartement, au moyen de cette issue que nous venons de décrire.

Du reste, il attendait toujours la nuit, et la nuit sombre, ce qui n'était pas difficile, car le quai de l'École était l'endroit de Paris le plus chiche de réverbères.

Il n'y avait donc dans la Cité, pour âme qui vécût, pas la moindre apparence d'identité entre M. le chevalier Biribi et le bon vieux baron de Fenouil-Caradeuc.

Seule, Juliette possédait en partie le secret de son père.

Nous disons en partie, car elle ne savait pas le but et la cause de ces nuits passées au dehors et de ce déguisement sous lequel, de l'autre côté de la Seine, le chevalier Biribi était aussi connu que le vieux baron de ce côté-ci.

La jeune fille n'avait qu'une amie, qu'une confidente, c'était la vieille servante appelée Gertrude.

Il y avait vingt ans qu'elle était au service du chevalier.

Où l'avait-il prise ?

Gertrude ne l'avait jamais dit à personne.

Son bonnet haut de forme disait qu'elle était Normande d'origine.

C'était tout ce qu'on savait.

Comme ses maîtres, Gertrude ne parlait jamais à qui que ce fût.

Ce jour-là, M. de Biribi venait à peine de disparaître que Gertrude qui, elle aussi, avait une clef de l'appartement, descendit de sa mansarde et entra.

« Te voilà, paresseuse ? dit Juliette qui l'embrassa.

— Ne m'en parlez pas, mamzelle, répondit Gertrude.

— Aurais-tu été malade ?

— Non, mais j'ai été réveillée dans mon premier sommeil.

— Ah !

— Et je ne me suis plus rendormie que le matin. »

Gertrude jeta un regard inquiet autour d'elle.

« Votre père n'est donc pas encore rentré ? dit-elle.

— Si, mais il est rentré bien tard. »

Gertrude leva les yeux au ciel d'un air mystérieux et plein d'angoisses.

« Et qu'est-ce qui t'a donc réveillée ?

— On parlait sous les fenêtres.

— Ah !

— Deux hommes se sont promenés longtemps.

— Ce sont ceux qui m'ont suivie. »

Gertrude fit un brusque mouvement de surprise.

« Ils vous ont suivie ? dites-vous.

— Oui, quand je suis revenue de l'église,

— Ils ne vous ont pas parlé, au moins ? »

Et la vieille servante manifesta la même inquiétude que Biribi tout à l'heure.

« L'un seulement.

— Que vous a-t-il dit ?

— Oh ! je ne sais pas...... j'ai marché plus vite et je me suis sauvée.

— Mademoiselle, dit encore Gertrude, quand ils étaient sous les fenêtres, avez-vous entendu ce qu'ils disaient ?

— Non, mais j'ai bien entendu par exemple le nom de mon père.

— Ils parlaient de M. le baron ?...

— Non, du chevalier Biribi.

— Vous avez bien entendu ?

— Oui. »

Gertrude leva de nouveau les yeux au ciel.

« Oh ! quelque jour, dit-elle, tout se découvrira....

— Que veux-tu dire ? demanda vivement Juliette.

— Suffit ! je m'entends, dit la vieille servante.

— Mais, ma bonne Gertrude....

— Non, mamzelle, non.... Après tout.... »

Et Gertrude jeta un regard défiant autour d'elle.

« Mais qu'as-tu donc ce matin ? fit la jeune fille de plus en plus inquiète.

— Rien.

— Tu me trompes, Gertrude. Que veulent dire ces paroles : Un beau jour, tout se découvrira ?...

— Je ne sais pas.... c'est des mots en l'air....

— Mais, mon père ?...

— Après tout, grommela Gertrude, comme si elle se fût adressé une semonce à elle-même, il est bon pour vous, monsieur Biribi.... il vous aime....

— C'est naturel, puisqu'il est mon père. »

Et Juliette eut un sourire angélique.

« C'est bon ! c'est bon ! dit Gertrude. Voyons, je vas faire le déjeuner. »

Mais Juliette se plaça résolûment devant elle :

« Non, dit-elle, je veux que tu me donnes l'explication de tes paroles.

— Mais je n'ai rien dit, mamzelle.

— Que peut-on découvrir ?

— Hé ! le sais-je.

— Mon père court-il donc un danger ?

— Tout le monde en court plus ou moins en ce monde. M. Biribi est comme les autres.

— Mais enfin, pourquoi appelles-tu mon père M. Biribi ? demanda la jeune fille avec insistance.

— C'est son nom.

— Mais point, ma bonne Gertrude. Tu sais bien qu'il s'appelle le baron de Fenouil-Caradeuc ?

— Si l'on veut, » grommela Gertrude.

Et elle fit un pas vers sa cuisine, afin d'éviter de répondre plus longtemps à la jeune fille.

Mais celle-ci ne se tenait pas pour battue, et sans doute elle allait continuer à questionner mame Gertrude, lorsqu'il se fit un bruit derrière le lit.

La porte masquée s'ouvrit et Biribi rentra.

Biribi n'était plus Biribi.

Biribi avait perdu sa désinvolture jeune et son air vainqueur, et il avait fait place à ce respectable baron de Fenouil qu'on vénérait dans le quartier.

Biribi était fort pâle, — Biribi était ému.

D'où venait-il et que lui était-il arrivé ?

C'est ce que nous allons vous dire, en nous reportant au moment où il avait pressé le ressort de la porte masquée et avait disparu aux yeux de sa fille, initiée du reste, depuis longtemps, à cette sortie mystérieuse.

IX

Cette porte qui venait de s'ouvrir devant le chevalier Biribi et s'était ensuite refermée sur lui, donnait sur un corridor obscur de quelques pas de longueur.

Au bout de ce corridor était une autre porte, sous laquelle passait un filet de clarté.

Biribi la poussa et elle céda.

Alors le chevalier se trouva au seuil d'une vaste pièce qui ne ressemblait en rien au logement qu'il quittait. C'était un cabinet de travail, confortablement meublé, tendu de papier vert, et prenant jour sur le quai de l'École, mais dépendant d'un autre escalier et d'une autre maison.

Au milieu était un vaste bureau couvert de paperasses.

Quelques tableaux ornaient les murs qui disparaissaient en partie sous de larges casiers pleins de livres.

La cheminée avait une belle pendule en bronze doré.

Au coin de la cheminée, quand Biribi entra, un jeune homme était nonchalamment assis dans un grand fauteuil, les pieds sur les chenets.

C'était un homme d'environ vingt-huit ans, grand, mince, blond, avec une lèvre railleuse, un œil bleu qui rayonnait sans chaleur, et quelque chose de hautain et de sec dans toute sa personne.

On eût dit un officier autrichien.

Il était enveloppé dans une belle robe de chambre,

avait sur la tête une calotte en velours cerise, et à l'annulaire de la main gauche une bague de prix.

A la façon dont il était installé au coin du feu, on devinait qu'il était là chez lui.

« Bonjour, mon oncle, dit-il en tendant la main à Biribi ; tu rentres tard, ce matin.

— Je ne pouvais plus me débarrasser d'une femme.

— Comment la nommes-tu ?

— Cendrinette. »

Le jeune homme tira un carnet de sa poche et écrivit dessus au crayon ce nom de Cendrinette.

« On la surveillera, dit-il.

— Ensuite, reprit Biribi qui se débarrassa de sa perruque et de ses cadenettes, lesquelles étaient si bien ajustées qu'on eût parié que c'étaient ses propres cheveux, je me suis attardé un peu à causer avec ma fille.

— *Ma fille* est joli ! ricana le jeune homme. Est-ce tout ?

— Mais sans doute, » répondit Biribi.

Puis, fronçant le sourcil :

« Ah ! pardon, j'oubliais....

— Quoi donc ?

— Hier soir, deux hommes ont suivi Juliette.

— Ah !

— Puis ils se sont promenés sous mes fenêtres une partie de la nuit.

— Qu'est-ce que cela prouve, mon oncle, sinon que Juliette est une jolie fille et que la graine des amoureux germe toujours.

— Oui, mais ils ont prononcé plusieurs fois mon nom.

— Le nom de cet excellent baron de Fenouil-Caradeuc ?

— Non, celui du chevalier de Biribi.

Un jeune homme était nonchalamment assis. (Page 199.)

— Ceci est plus grave. »

Puis, se levant, le jeune homme se mit à arpenter la chambre à grands pas.

Puis encore, s'arrêtant tout à coup :

« Dis donc, mon oncle, depuis combien de temps fais-tu le joli métier auquel tu m'as initié?

— Depuis vingt ans.

— Depuis vingt ans, reprit le jeune homme, tu as mangé à tous les râteliers, vécu de tous les partis, servi et trahi tout le monde!

— Tais-toi.

— Mais non, laisse-moi parler, au contraire, nous sommes seuls; avant de nous occuper des affaires du jour, nous pouvons bien faire un bout de conversation. »

Biribi inclina la tête.

« Soit, dit-il.

— Depuis vingt ans, donc, tu t'appelles le baron de Fenouil pour les uns, Biribi pour les autres et pour moi....

— Chut!

— C'est inouï, dit le jeune homme en riant, comme ton vrai nom te porte sur les nerfs.

— C'est vrai.

— Je t'en fais grâce, mais je continue. Le baron de Fenouil a rendu de grands services à la police impériale depuis vingt ans; il a mis sous la main de la justice une jolie collection de conspirateurs, hein?

— C'est vrai.

— Le chevalier Biribi, de son côté, a entretenu une petite correspondance fort utile avec les princes, avec Pitt et Cobourg, avec l'Autriche, que sais-je?

— J'en conviens.

— Et le gouvernement de l'Empereur s'est montré reconnaissant, puisqu'il permet au forçat....

— Tais-toi, s'écria Biribi.

— Je t'appellerai tout simplement le baron de Fenouil-Caradeuc. »

Biribi interrompit brusquement le jeune homme en disant :

« Toutes ces choses-là ne te regardent pas.

— Mais si, mon oncle, tu vas voir.... Le chevalier Biribi est en grande estime dans le parti royaliste.

— Oh! je le sais.

— Vienne la monarchie, et le baron de Fenouil-Caradeuc jouira en paix de ses titres, sera réintégré dans son grade d'officier supérieur de l'armée de Condé.... Va, ne crains rien, mon oncle, ajouta le jeune homme d'un ton railleur, tes anciens camarades sont presque tous morts, et ceux qui survivent sont si vieux qu'ils n'hésiteront pas à te reconnaître.

— Je l'espère bien, dit le chevalier; mais la monarchie reviendra-t-elle?

— Sans doute. Comment, tu as passé la nuit dehors et tu ne sais rien?

— Oh! si fait....

— Eh bien! fais-moi ton petit rapport et, ensuite, je te ferai le mien.

— Tu as donc aussi du nouveau?

— Peut-être.... Je suis rentré au petit jour. J'ai passé la nuit dans le quartier des Tuileries.

— Moi, dit Biribi, je suis allé à la Courtille, j'ai couru une douzaine de bals publics, je suis entré dans dix cabarets. Mais il n'y a plus grand'chose à faire, maintenant, depuis que les Prussiens sont en France.

Les hommes redeviennent patriotes et ne conspirent plus.

Les femmes ne rêvent que l'arrivée des Russes. Mais les Russes arriveront-ils?

Juliette. (Page 200.)

— Tu es sceptique, mon oncle.

— Oui, dit Biribi, j'ai vu faire à ce diable d'homme de si grandes choses que je crois encore à son étoile.

— Et tu ne te presses pas de tourner?

— Mais non....

— Tu sais que l'Impératrice est partie?

— Je l'ai vue passer. Mais j'ai vu aussi le peuple des faubourgs sur pied et criant vive l'Empereur!

— L'Empereur livre ses dernières batailles, dit le jeune homme.

— Je l'espère sans y croire.

— Eh bien! crois-y un moment, mon oncle, et causons.

— Je t'écoute.

— Suppose que les alliés entrent à Paris dans huit jours?

— Bon!

— Que le roi Louis XVIII soit proclamé?

— Très-bien.

— Il faut que nous lui mettions sous la main le plus tôt possible une bonne petite conspiration.

— C'est juste. Et ce ne sera pas difficile à trouver.

— Heu! heu!

— C'est sa faute.

— Napoléon ne s'en ira pas sans laisser un parti formidable.

— Oui, mon oncle, mais il ne faut toucher ni à des maréchaux ni à des officiers supérieurs.... C'est toujours malsain.

— A qui songerais-tu donc?

— J'ai notre affaire.

— Voyons?

— Il y a dans le faubourg Saint-Antoine une femme connue pour la solidité de ses opinions patriotiques et qui, tu verras, si les alliés entrent à Paris, jouera un grand rôle.

— Ah! ah!

— C'est mame Toinette, la Mère des compagnons forgerons.

— Et tu comptes sur elle?

— Pour organiser un bon petit complot soit contre les alliés, soit contre la monarchie, si elle revient. Tu es sûr de tes épaulettes et de ta croix de Saint-Louis, toi, mais je veux gagner les miennes, dit le jeune homme en riant. »

Biribi laissa tomber sur lui un regard de satisfaction.

« Tu es un élève qui fait honneur à son maître, dit-il.

— C'est que tu es un bon professeur, mon oncle! »

Et ces deux hommes, liés par un passé mystérieux et terrible, eurent un sourire à faire frémir.

X

Comment se nommait-il ce jeune homme qui paraissait être le complice et l'âme damnée du chevalier de Biribi?

Dans le monde, car il y allait, vêtu au goût du jour, un bout de ruban bleu à sa boutonnière, il passait pour un attaché d'ambassade démissionnaire, et se faisait appeler le vicomte de Montrevel.

Biribi lui donnait un nom moins aristocratique.

Dans l'intimité il l'appelait Coqueluche.

Coqueluche. (Page 204.

Le vicomte ne s'en fâchait point.

La vraie provenance, l'exacte généalogie de Coqueluche était un mystère pour tous, excepté pour Biribi.

Il y avait quinze ans de cela, le chevalier rentrant chez lui un soir, aperçut de la lumière.

Comme il habitait seul, à cette époque, il n'avait pas eu un seul instant de doute.

Les voleurs étaient chez lui.

Le chevalier était armé. Il monta l'escalier à pas de loup, et fit irruption chez lui, un pistolet de chaque main.

Mais quelle ne fut pas sa surprise en voyant un enfant de douze ou treize ans, en blouse, tête nue, une pipe à la bouche, occupé à forcer tranquillement son secrétaire !

Biribi l'ajusta.

Mais le gamin avait également un pistolet, et il en braqua froidement le canon sur Biribi, en lui disant :

« Je vois que nous allons faire un coup double. »

Il y avait un tel sang-froid, une telle résolution dans le regard, la voix et l'attitude de l'enfant, que Biribi hésita et abaissa ses pistolets.

« Petit misérable ! » dit-il.

Le gamin répondit avec cynisme :

« Vous arrivez à temps, je n'ai rien pris.

— Et tu te fais prendre, dit Biribi jouant sur le mot.

— Oh ! pour ça, non, » répondit l'enfant.

Il tenait toujours Biribi sous le canon de son pistolet.

« Laissez-moi m'en aller, » dit-il.

Instinctivement, Biribi s'effaça et démasqua la porte.

Le gamin lui dit :

« A la bonne heure, foi de Coqueluche, vous êtes bon enfant. Je ne reviendrai pas.

— Tu t'appelles Coqueluche ? dit Biribi.

— Pour vous servir, mon bourgeois.
— Tu es voleur....
— De profession, comme vous voyez.
— Quel âge as-tu?
— Quatorze ans.
— Tu promets....
— Et je tiens, comme vous voyez. Allons, papa, laissez-moi passer, ou je tire le premier. »

Mais Biribi eut un sourire plein d'indulgence.

En même temps, il déposa ses pistolets sur le marbre de la cheminée.

« Tu vois que je suis bon enfant, dit-il.
— Hein? fit Coqueluche.
— Causons un brin, mon amour. »

Coqueluche tenait toujours son pistolet à la main.

« Comme ça, dit-il, je n'y vois pas d'inconvénient.
— Tu me plais, petit, reprit le chevalier d'un ton paternel.
— Enchanté de vous botter, papa. »

Puis un éclair traversa l'esprit de l'enfant :

« Est-ce que vous seriez un *ami*, vous aussi? » dit-il.

Ami, en argot, signifie voleur.

« Peut-être.... »

En même temps, Biribi tira de sa poche une bourse qui renfermait une dizaine de piastres et la tendit à l'enfant.

« Tiens, dit-il, voilà des arrhes.
— Est-ce que vous voudriez m'embaucher?
— Parbleu, sans cela.... »

Ces deux êtres, l'homme et l'enfant, échangèrent un regard et se comprirent.

Ce regard fut un pacte. Ce pacte fut tenu fidèlement de part et d'autre.

C'était un voleur occupé à forcer tranquillement son secrétaire. (Page 205.)

Le petit voleur et le mystérieux personnage qui répondait au nom de Biribi devinrent inséparables.

Coqueluche était joli garçon, il était audacieux et intelligent.

Biribi avait compris, du premier coup d'œil, tout le parti qu'il en pourrait tirer.

Il lui fit son éducation.

Six ans après, Coqueluche faisait son entrée dans le monde sous le nom du vicomte de Montrevel.

Il tirait bien l'épée et le pistolet, parlait plusieurs langues, s'habillait à ravir, montait à cheval et avait des succès sans nombre auprès des femmes.

Cependant il ne possédait pas tous les secrets du maître.

Qu'était-ce que Biribi?

D'où venait-il? quel était son but?

Voilà ce que Coqueluche n'avait appris que peu à peu et vaguement.

La veille encore de ce jour où nous venons de voir le chevalier le rejoindre dans ce cabinet de travail où le jeune homme l'attendait, assis au coin du feu, Coqueluche ignorait si Juliette était réellement ou non la fille de Biribi.

Mais, depuis la veille, comme on va le voir, Coqueluche avait appris du nouveau.

« Oui, reprit-il, mon oncle, — il l'appelait familièrement ainsi, — tu n'as pas vécu vingt années de la monarchie et de la république, de l'empire et de l'invasion, sans amonceler sur ta tête un orage qui ne peut manquer d'éclater.

— Que veux-tu dire? dit Biribi inquiet.

— La police impériale se défie un peu, crois-le bien, du baron Fenouil-Caradeuc.

— Tu crois?

— Et les royalistes, donc ! Penses-tu que le chevalier Biribi, l'ami intime de ce pauvre baron de Ravines qui a porté sa tête sur l'échafaud, à la suite de l'échauffourée du général Mallet....

— Tais-toi !

— Il y a une femme qui te soupçonne fortement de l'avoir vendu....

— Qui donc ?

— Celle qu'on appelle *la baronne*, pardieu !

— C'est pour cela, murmura Biribi, que ces hommes qui ont prononcé mon nom, cette nuit, sous mes fenêtres.... »

Coqueluche se mit à rire :

« Oh ! ne t'en inquiète pas, dit-il.

— Hein ? fit le chevalier.

— Je les connais.

— Toi ?

— Oui, l'un de ces deux hommes....

— C'était...? fit Biribi anxieux.

— C'était moi, mon oncle, répliqua froidement Coqueluche.

— Toi ? toi, dis-tu ?

— Oui, mon oncle.

— C'est toi qui as suivi Juliette ?

— Mais oui, c'est moi.

— Pourquoi ? dans quel but ?

— Dans le but de te donner l'éveil.

— Je ne comprends pas, dit Biribi étonné.

— Tu vas comprendre.

— Ah ! voyons ? »

Coqueluche se leva, posa la main sur l'épaule du chevalier et lui dit :

« J'ai envie de me marier.

— Plaît-il ?

— Et de devenir ton gendre. »

A ces paroles, Biribi fit un bond en arrière.

« Toi? dit-il, toi? tu songes à épouser Juliette?

— Oui, elle est charmante.

— Tu veux épouser ma fille! s'écria Biribi indigné.

— Calme-toi donc, mon oncle. D'abord, Juliette n'est pas ta fille. »

Ce dernier mot arracha un cri au chevalier qui devint livide.

« Ah! dit froidement Coqueluche, j'ai appris bien des choses depuis hier. Assieds-toi donc, mon oncle, je vais te les dire.... »

Biribi, pâle et les dents serrées, regardait Coqueluche avec une sorte d'épouvante.

XI

Coqueluche continua avec un sang-froid superbe :

« Vois-tu, mon oncle, tu as eu parfaitement raison de me prendre dans ton jeu, il y a quinze ans, et de te charger de mon éducation; mais tu as eu tort de me faire des mystères pour des niaiseries. »

Biribi avait la sueur au front et regardait Coqueluche d'un air effaré.

Celui-ci reprit :

« Je sais tous tes secrets, ou à peu près. Si je voulais te trahir....

— Malheureux! dit Biribi avec un accent presque solennel, tu oublies que je t'ai servi de père....

— Mais c'est pour que tu m'en serves tout à fait que je te dis tout cela.

— Hein?

— J'aime Juliette. »

Et Coqueluche articula ces deux mots avec une légère émotion dans la voix.

« Juliette n'est pas pour toi.

— Et pourquoi donc, fit Coqueluche avec une emphase comique, M. le vicomte de Montrevel ne deviendrait-il pas le mari de Mlle de Fenouil-Caradeuc?

— Oh! fit Biribi qui se remettait peu à peu, c'est que Mlle de Fenouil-Caradeuc a ses parchemins en ordre.

— Tandis que le vicomte de Montrevel n'a pas même de parchemins?

— Justement.

— Aussi ai-je compté sur toi, mon oncle, répondit Coqueluche d'un ton railleur.

— Sur moi?

— Pardieu! n'as-tu pas trouvé au forçat Duriveau les titres du vrai baron de Fenouil?

— Maître Coqueluche, dit Biribi avec colère, je vous ai défendu....

— Oui, de t'appeler Duriveau, je sais ça. Mais songe que c'est la dernière fois. Seulement, il faut bien que nous puissions nous entendre.... »

Et Coqueluche regarda si étrangement celui qu'il appelait son oncle, que Biribi courba la tête et dit avec un soupir :

« Voyons, où veux-tu en venir?

— Mais à te raconter l'histoire que j'ai apprise et que je ne savais pas hier. »

Biribi soupira de nouveau, mais il ne protesta plus.

Coqueluche poursuivit :

« Mon bon oncle, il paraît que tu t'ennuyais fort pendant l'année 1811. Cela se comprend. Napoléon était au faîte de sa puissance, le roi de Rome venait de naître, la France acceptait son nouveau maître, et le monde entier s'inclinait. Personne ne conspirait plus, le roi Louis XVIII négligeait la pension du chevalier Biribi, le ministre de la police oubliait le baron de Fenouil-Caradeuc. Bref, tu avais des loisirs pesants.

« Il paraît que lorsque les hommes de valeur s'ennuient, ils écrivent leurs mémoires. C'est ce que tu fis. »

Biribi fronça de nouveau le sourcil :

« Après? fit-il en regardant Coqueluche.

— Or, poursuivit le jeune homme, tes mémoires sont tombés sous ma main.

— Misérable ! s'écria Biribi.

— Ta ! ta ! ta ! ne t'emporte pas, mon oncle. Tu vas voir.... c'était avant-hier soir. Tu venais de sortir, ta fille aussi. Je te croyais encore chez toi. Je suis entré, Tu perds un peu la tête depuis quelque temps. Tu avais oublié la clef à ton secrétaire. Je n'ai donc pas eu besoin de le forcer. J'ai trouvé un certain cahier manuscrit écrit en anglais.... mais tu sais que j'ai appris l'anglais.... il était écrit de ta main, et contenait des récits fort curieux, entre autres choses, l'histoire d'un certain Duriveau qui....

— Mais tais-toi donc, misérable ! exclama Biribi.

— Soit, fit Coqueluche. Mais enfin, comme tu le vois, je suis fixé.

— Après, que veux-tu?

— Je veux que tu deviennes raisonnable. Je veux être ton gendre....

— Mais....

— Écoute bien. Le roi va revenir, la chose est certaine.

— Qui sait?

— Admets-le. Le roi revient.

— Bon !

— Le roi n'a rien à refuser au baron Fenouil-Caradeuc qui lui a rendu de si grands services.

— Ce n'est pas une raison pour qu'il fasse quelque chose pour le faux vicomte de Montrevel.

— Tu lui demanderas un titre pour ton gendre.

— Mais tu veux donc absolument?...

— J'aime ta fille, murmura Coqueluche.

— Oh ! » fit Biribi avec un nouveau soupir.

Puis vivement :

« Mais, malheureux, qui te dit qu'elle t'aimera?

— Je ferai ma cour, sois tranquille. D'ailleurs tu me présenteras dans les règles.

— Cela ne fera pas qu'elle puisse t'aimer.... »

Coqueluche haussa les épaules :

« Et mon surnom, dit-il, pourquoi donc crois-tu qu'on me l'a donné ? n'ai-je pas toujours été la coqueluche des femmes? tu en sais quelque chose, puisque la marquise de Rousseville....

— Tais-toi ! »

Coqueluche frappa du pied avec impatience. Puis il se mit à rire :

« Ah ! çà, mais, dit-il, on ne peut te parler de rien aujourd'hui. Est-ce que tu as mal aux nerfs, mon oncle?

— Non, j'ai faim.

— Eh bien ! va déjeuner.... nous reprendrons notre conversation après, à moins que tu ne veuilles déjeuner avec moi?

— Merci, ma fille m'attend.

— Tu es superbe quand tu dis : *ma fille!* »

Biribi haussa les épaules et s'en alla.

Mais il était tout bouleversé, et grommelait entre ses dents :

« Lui, épouser Juliette, jamais! »

Mame Gertrude regarda son maître et s'aperçut de son trouble.

« Bon! murmura-t-elle, il y a du grabuge. »

Biribi se mit à table de mauvaise humeur.

« Petit père, lui dit la jeune fille en lui jetant ses deux bras autour du cou; comme tu es pâle! es-tu souffrant?

— Non, mon enfant.

— Aurais-tu appris quelque mauvaise nouvelle?

— Oui.

— Oh! mon Dieu!

— L'Empereur perd chaque jour du terrain et les alliés marchent sur Paris.

— Mais, petit père, dit naïvement la jeune fille, ne m'as-tu pas dit que les alliés ramèneraient le roi?

— Peut-être....

— Et le roi nous rendra notre château et nos biens.... »

Tandis qu'elle parlait, Juliette ne vit pas la vieille servante, qui, placée derrière elle, haussait les épaules d'un air furieux.

Biribi surprit ce geste:

« Vieille sorcière, dit-il d'un ton menaçant, tu ferais mieux d'aller faire un tour rue Meslay. »

Et il accompagna ces paroles d'un regard si impérieux, que Gertrude quitta la salle à manger, toute tremblante.

. . . .

Moins d'une heure après, Gertrude revint de la rue Meslay.

Biribi s'était remis de son émotion.

Juliette enlevait le couvert, et le plus grand calme paraissait régner dans l'humble logis du vénérable baron de Fenouil-Caradeuc.

« Eh bien? dit-il.

— La demoiselle que vous avez enfermée dans l'allée, répondit Gertrude, a essayé de corrompre la mère Eugène.

— Ah!

— Mais elle n'a pu y parvenir, comme bien vous pensez.

— Et elle s'est en allée?

— Oui.

— C'est égal, murmura Biribi, je me méfierai de cette jolie Cendrinette.

— Ensuite, dit Gertrude, il est venu un jeune homme qui m'a remis cette carte. Il repassera ce soir rue Meslay. »

Et Gertrude mit sous les yeux de Biribi la carte du chevalier Justin d'Ormignies.

La physionomie de Biribi s'éclaira :

« L'homme que j'attendais! » murmura-t-il.

XII

Biribi, à partir de ce moment, sembla faire trêve à ses préoccupations.

Son front assombri se rasséréna et le sourire revint sur ses lèvres.

Juliette n'osait trop lui faire de nouvelles questions.

Quant à la vieille Gertrude, elle allait et venait de la cuisine à la salle à manger avec un pas inégal et brusque qui témoignait sa mauvaise humeur.

Le chevalier acheva de déjeuner ; puis il passa dans sa chambre, et de sa chambre dans ce corridor mystérieux qui conduisait au cabinet de M. le vicomte de Montrevel.

Coqueluche n'avait pas bougé de place.

Seulement, il s'était mis à table.

C'est-à-dire qu'un grand diable de laquais en culotte de peluche jaune et en bas de soie avait roulé devant lui, près du feu, un guéridon qui supportait une aile de volaille, une tranche de pâté et une bouteille de vieux vin.

« Tu as eu tort, mon oncle, dit Coqueluche en voyant reparaître Biribi, de ne pas déjeuner avec moi. Voilà un pâté qui est délicieux, tandis que tu as dû manger quelque infime ragoût....

— Le baron de Fenouil n'est pas riche, murmura Biribi en souriant.

— Tiens ! te voilà de meilleure humeur ?

— Mais oui.

— Alors, tu ne m'en veux pas ?

— Non, certes.... cher enfant.... »

Et Biribi donna sur l'épaule de Coqueluche une petite tape familière.

Puis il s'assit auprès de lui.

« Fais-moi donner du café, dit-il. Nous avons à causer.

« Ah ! ah ! »

Le chevalier n'était plus le même. La carte de M. Justin d'Ormignies l'avait mis en belle humeur.

« As-tu donc quelque chose de nouveau ? demanda Coqueluche.

— Oui.

— Des lettres ?

— Non, une carte.... celle du chevalier d'Ormignies.

— Ah! oui, ce zélé royaliste qui a livré Fontenelle aux Cosaques du général Oulsawieff?

— Précisément.

— Il est donc à Paris?

— Il a dû arriver ce matin. Je le verrai ce soir, répondit Biribi.

— Mais, dis-moi donc, mon oncle, reprit Coqueluche, quel fonds fais-tu donc sur cet homme?

— Je fonde sur lui l'espoir d'une grosse affaire d'argent.

— Voyons ça?

— Le chevalier, tu le sais, est condamné à mort.

— Parbleu! si je le sais!

— Il s'est sauvé, et il a commencé par agir en garçon de sens; il a enfourché un cheval, galopé six heures, franchi les lignes des alliés, et il est allé demander asile à Blücher et à ses Prussiens.

— Jusque-là, c'est parfait.

— Mais le chevalier d'Ormignies est ambitieux, il veut à tout prix se rendre utile à la monarchie qui n'existe pas encore et qui, peut-être, n'existera jamais.

— Tu es sceptique, mon oncle.

— Soit. Le chevalier, au lieu de demeurer tranquillement dans l'armée prussienne, m'a écrit....

— Au baron de Fenouil?

— Mais non, au chevalier de Biribi.

— Ah! très-bien.

— Il veut être à Paris, s'y cacher sous un nom supposé et un déguisement, tant que le régime impérial subsistera, conspirer avec moi.... Comprends-tu ça?... »

Et Biribi eut un sourire qui arracha à Coqueluche cette exclamation :

« Tu me fais frémir, mon oncle!

— Je poursuis, reprit Biribi; il veut donc conspirer avec moi et se battre pour la bonne cause aussitôt qu'il en sera temps.

— Il aurait mieux fait, pour cela, de rester auprès de Blücher.

— Sans doute, mais....

— Oh! il y a un *mais?*

— Tu vas voir. Le chevalier Justin d'Ormignies, noble ruiné aux trois quarts, est fiancé à sa cousine, Mlle Charlotte de Bernerie, une fort jolie amazone, paraît-il, qui aura quelque chose comme deux millions de dot.

— Raison de plus, ce me semble, observa Coqueluche, qui était plein de bon sens, pour attendre paisiblement le retour du roi, et ne le point exposer, en venant à Paris, à être fusillé par les soldats de Bonaparte.

— Oui, mais....

— Mais quoi?

— Mlle de Bernerie, Mlle Charlotte, comme on l'appelle, n'aime pas le chevalier.

— Ah! ah!

— Elle adore, au contraire, un certain officier de lanciers qu'on nomme Raoul de Vauxchamps.

— Je l'ai rencontré dans le monde, dit Coqueluche d'un petit ton fat en passant ses deux pouces dans les entournures de son gilet. Continue, mon oncle.

— Le chevalier s'occupe bien de politique, mais il s'occupe aussi de ses intérêts privés, et il a compté sur moi pour deux choses.

— Voyons?

— Il faut que je le débarrasse de Raoul de Vauxchamps, ce que ni les Prussiens ni les Cosaques n'ont pu faire jusqu'à présent.

— Et puis?

— Et puis que je trouve une belle combinaison pour que sa cousine Charlotte soit obligée de l'épouser.

— Il l'aime donc bien?

— On aime toujours une femme qui a deux millions de dot, mon très-cher. »

Coqueluche se prit à sourire :

« J'ai compris, dit-il ; seulement, ce que je ne comprends pas encore....

— C'est?

— Le parti que tu tireras de tout cela.

— Cela dépendra des événements, » dit Biribi.

Et il ne voulut pas s'expliquer davantage.

A huit heures du soir, le baron de Fenouil-Caradeuc, redevenu le galant chevalier Biribi, sortit de chez lui, non par la porte de la maison, mais par la porte de la maison voisine, qui était celle qu'habitait Coqueluche. Le jeune et brillant vicomte de Montrevel l'accompagnait.

Tous deux gagnèrent les quais à pied, et là, rencontrant un carrosse de louage, ils y montèrent.

« Où allons-nous, mon oncle? demanda Coqueluche.

— A la recherche du chevalier d'Ormignies, » répondit brièvement Biribi.

Le fiacre descendit la rue Saint-Martin tout au long.

Biribi le fit arrêter à l'angle du boulevard, ne se souciant pas d'éveiller l'attention des bons bourgeois de la rue Meslay.

« Attends-moi là, » dit-il à Coqueluche en le laissant dans la voiture.

Puis, le nez au vent, le chapeau sur l'oreille, jeune d'allure comme à vingt ans, le chevalier Biribi entra dans la rue Meslay, en faisant tournoyer sa grosse canne; et il se dirigea vers la maison où nous l'avons vu, le matin même, enfermer Cendrinette.

Un homme rôdait autour de cette maison.

Biribi l'aperçut d'autant plus vite que la rue était à peu près déserte.

Il faisait froid et il n'y avait guère d'exposé au grand air que le père Jean, le commissionnaire, toujours assis sur son crochet, ayant son fils auprès de lui, et cet individu qui se promenait de long en large devant la maison où le chevalier recevait sa correspondance.

« Ce doit être mon homme, » pensa Biribi.

Et il alla droit à lui.

L'inconnu s'arrêta.

« Monsieur, lui dit Biribi, est-ce que vous attendez quelqu'un ?

— Oui, un locataire de cette maison.

— Ou tout au moins un homme qui y vient quelquefois ?

— Précisément.

— Monsieur de Biribi ?

— Vous avez dit son nom.

— C'est moi.

— Ah ! fit vivement son interlocuteur.

— Vous êtes donc le chevalier d'Ormignies ?

— Lui-même. »

Biribi lui prit le bras.

« Venez, dit-il, ne restons pas ici. »

Et il l'entraîna.

Alors le petit commissionnaire, le prétendu fils du père Jean, quitta son crochet, et les suivit.

Effacé sous une porte, il les vit monter en fiacre.

Puis quand le fiacre fut en route, avec une véritable légèreté de gamin, il s'élança après et se fit traîner, suspendu aux étrivières.

XIII

« Vous pouvez parler devant monsieur, » dit Biribi au chevalier d'Ormignies, lorsqu'ils furent dans le fiacre.

Le chevalier avait regardé Coqueluche avec une certaine défiance.

Mais Coqueluche, nous l'avons dit, avait une jolie figure et un air fort distingué.

On l'eût pris pour un officier en habit bourgeois.

« Ah! fit le chevalier, monsieur est des nôtres?

— Oui, j'ai l'honneur de vous présenter, dit Biribi, M. le vicomte de Montrevel. »

Le chevalier salua.

Coqueluche lui rendit son salut et la glace se trouva tout aussitôt rompue. Biribi dit alors :

« Monsieur le chevalier, nous sommes tout à votre service. Parlez.... tout ce que nous pourrons faire, nous le ferons.

— Mon Dieu! messieurs, répondit le chevalier, vous savez aussi bien que moi mon histoire. Je dois un dévouement ardent aux Bourbons et une haine implacable à Bonaparte.

— D'accord, dit Biribi; mais vous êtes condamné à mort.

— Sans doute.

— Et Bonaparte règne encore.

— Mais il n'aura bientôt plus d'empire.

— Je suis tout à fait de votre avis, monsieur le chevalier, mais je vous ferai observer néanmoins que la police impériale est encore maîtresse de Paris.

— C'est juste.

— Il s'agit donc de vous cacher et de vous bien cacher.

— Nous emmenons M. le chevalier chez moi, dit Coqueluche. Il n'en sortira plus que le jour où tout danger sera évanoui pour lui.

— Pardon, fit Justin d'Ormignies, j'ai besoin du grand air, et je ne renonce pas au plaisir de courir un peu les rues de la capitale.

— Le grand air est malsain, en pareil cas.

— Bah ! je suis né sous une bonne étoile.

— Alors sortez la nuit, pas le jour.

— Je ne suis pourtant pas revenu à Paris pour me croiser les bras, dit le chevalier en riant.

— Mais vous n'y êtes pas venu non plus pour vous faire fusiller. »

Le chevalier était devenu rêveur.

Biribi lui prit la main :

« Mon cher chevalier, dit-il, voulez-vous être sincère avec nous ?

« Je vous répète que vous pouvez parler à cœur ouvert devant le vicomte. C'est mon enfant, c'est un autre moi-même.

— Mais certainement, je serai sincère.

— Ce n'est pas seulement la politique, le dévouement qui remplit votre cœur pour les Bourbons, et la haine qui l'inonde à l'endroit de Bonaparte qui vous ont amené à Paris. »

Justin d'Ormignies tressaillit.

« Ah ! vous croyez ? fit-il.

— Parbleu !

— Quest-ce donc ? »

Biribi eut un sourire plein d'indulgence :

« Vous êtes amoureux, chevalier, dit-il.

— C'est vrai, répondit le cousin de Mlle Charlotte.

— Elle est donc à Paris?

— Je le crois.

— Comment ! vous n'en êtes donc pas sûr ?

— Non, car je ne sais pas au juste ce qui est arrivé à Fontenelle après ma fuite.

— Ah !

— Vous savez, — je vous l'ai écrit, — que Jean Michel le vieux fermier et moi nous allions être fusillés.

Enfermés dans une salle basse de la maison commune, nous attendions l'heure de l'exécution, lorsqu'on me fit passer du château une cruche de vin auquel on avait mélangé un violent narcotique.

Les soldats qui nous gardaient la burent tout entière et s'endormirent d'un profond sommeil.

Alors j'entendis du bruit au-dessous de moi, et tout à coup, une dalle du parquet s'étant soulevée, je vis apparaître celui qui venait me sauver.

C'était Mâchefer, le garde-chasse de ma cousine, Mlle Charlotte de Bernerie.

— Celle que vous aimez.... »

Le chevalier eut un geste de signification ambiguë.

« Celle qui aime M. Raoul de Vauxchamps. »

A ce nom, la haine du chevalier d'Ormignies se réveilla plus ardente que jamais.

« Non, dit-il, je n'aime plus ma cousine.

— En vérité !

— Mais je hais M. de Vauxchamps.

— Alors, c'est que vous aimez toujours Mlle de Bernerie, dit Biribi avec un sourire.

— J'en veux faire ma femme.

— Ah! fit Biribi; à la bonne heure! je commence à respirer. »

Justin d'Ormignies poursuivit :

« Mais j'ai, depuis le jour de ma condamnation à mort, l'âme toute bouleversée.

— Vous êtes brave, pourtant.

— Vous ne me comprenez pas. C'est ce jour-là que m'est apparue une créature idéale pour laquelle j'éprouve une de ces passions violentes qu'il est impossible de raisonner. »

Biribi et Coqueluche attendaient que le chevalier s'expliquât. Celui-ci poursuivit :

« Je ne peux pas renoncer à épouser ma cousine, c'est la volonté de son père, c'est celle de sa mère, et d'ailleurs nous ne saurions laisser une fille de ma race s'allier à un homme qui a servi l'usurpateur.

— D'abord, fit Biribi avec un fin sourire. Et puis, elle a deux millions de dot.

— Peuh! » fit Justin d'Ormignies, qui essaya de jouer l'indifférent.

Mais Coqueluche lui dit :

« Oh! vous pouvez en convenir devant nous, monsieur. Nous sommes de votre siècle et par conséquent un peu loin des mœurs et des coutumes des chevaliers de la Table ronde. »

Justin d'Ormignies reprit :

« J'épouserai donc ma cousine; mais il y a une femme qui me tient au cœur.

— Voyons?

— Est-ce un amour sans remède, une amourette, un simple caprice? Je ne sais pas. Mais cette femme à peine entrevue, à l'heure même où je croyais marcher à la mort, a rempli mes songes depuis un mois, assailli mon esprit à toute heure, et c'est pour elle que je suis venu à Paris, où elle doit être.

— Quelle est donc cette femme?

— Une enfant de seize ans, une grizette.

— Bah!

— Pour vous dire qui elle est, il faut que je vous donne certains renseignements.

« Ce vieux Michel qui a été condamné à mort avec moi, et à qui Napoléon a fait grâce, a une fille.

— Oui, nous la connaissons, dit vivement Coqueluche.

— Vous la connaissez?

— Elle s'appelle mame Toinette.

— Précisément.

— Et elle est la Mère des compagnons forgerons.

— C'est bien cela.

— L'Empereur l'a décorée le soir de la bataille de Montmirail.

— J'ignorais ce détail, dit Justin d'Ormignies.

— C'est elle que vous aimez?

— Non, c'est une jeune fille qui l'accompagnait.

— Et qui se nomme Suzanne. »

Comme on le voit, Coqueluche était parfaitement renseigné.

« Je ne sais pas son nom.

— Ce ne peut être que celle-là, » reprit Coqueluche. Puis s'adressant à Biribi.

« Sais-tu qui c'est, mon oncle?

— Non.

— C'est la fille du général Simon, tué à Eylau. »

Justin d'Ormignies fronça le sourcil.

Mais Biribi lui dit en riant:

« Ne vous alarmez pas, chevalier; on peut craindre de s'allier à la fille d'un soldat de l'usurpateur!... Mais l'épouser de la main gauche....

— C'est bien différent, » dit Coqueluche.

Comme l'élève de Biribi émettait cette théorie sans façon, le fiacre s'arrêta au coin du quai de l'École.

« C'est ici, » dit Biribi.

Et il descendit le premier.

« Vous venez chez moi, fit Coqueluche, et, par les Montrevel, mes ancêtres, je réponds de vous.

— Si toutefois, dit Biribi, vous ne courez pas trop après Suzanne.

— Je m'en charge, reprit Coqueluche.

— Ah! c'est différent.

— J'ai été amoureux trop souvent, continua le jeune homme, pour n'avoir pas grande compassion de ceux qui le sont. Chevalier, je servirai vos amours. »

Justin d'Ormignies salua.

Toujours suspendu aux étrivières du fiacre, le petit commissionnaire, qui n'était autre que Cendrinette, ne perdit pas un mot de cette conversation.

Coqueluche, Biribi et Justin d'Ormignies entrèrent dans la maison où logeait le faux vicomte de Montrevel.

Et Cendrinette, qui les avait suivis de yeux, se dit : « Je connais maintenant la demeure du chevalier de Biribi et je sais bien ce que je vais faire. »

XIV

Le chevalier de Biribi et Coqueluche conduisirent donc Justin d'Ormignies chez ce dernier.

Le prétendu vicomte de Montrevel était fort bien installé. Outre ce cabinet que nous avons décrit et dans lequel il travaillait habituellement avec Biribi, il avait une chambre à coucher de petite maîtresse, un cabinet de toilette et une salle à manger.

Coqueluche dînait tous les jours en ville, mais il déjeunait chez lui.

Il avait un domestique mâle, — ce qui était un assez grand luxe à cette époque-là.

Ce domestique ne couchait point dans l'appartement.

Coqueluche avait de certaines habitudes mystérieuses qui se seraient mal accommodées, le soir surtout, d'un voisinage importun.

« Monsieur, dit-il au chevalier d'Ormignies en l'installant dans sa chambre à coucher, vous devez être descendu dans quelque hôtellerie en arrivant?

— A vous dire vrai, répondit Justin, je ne l'ai pas osé, me méfiant de la police de Bonaparte.

Je suis d'ailleurs arrivé à Paris sans bagages, et depuis ce matin j'erre de rue en rue et de boulevard en boulevard, craignant toujours d'être suivi.

— Ne craignez plus rien ici, dit Biribi, vous êtes en sûreté. Maintenant, causons.... »

Et tous trois s'assirent au coin du feu.

Il pouvait être alors dix heures du soir.

« Tu ne sors donc pas, mon oncle, dit Coqueluche?

— Mais si, tout à l'heure; j'ai bien le temps du reste, et puisque nous avons la bonne fortune de posséder M. le chevalier, rien ne presse. »

Coqueluche reprit la parole :

« Ainsi, monsieur, dit-il, vous venez du camp de Blücher?

— Oui, répondit Justin d'Ormignies.

— Et le camp n'est pas loin?

— Auprès de Châlons-sur-Marne. Mais depuis mon départ les armées alliées ont dû faire un mouvement sur Paris. A l'heure qu'il est, elles seraient à Meaux que cela ne m'étonnerait pas.

— Tu entends, mon oncle? » fit Coqueluche.

Mais Biribi hocha la tête.

« Ce n'est pas tout de marcher sur Paris, dit-il, il faut le prendre.

— Paris n'est pas fortifié.

— Bah! les faubourgs se défendront avec acharnement.

— Les artilleries russe et prussienne en auront raison.

— Oui, dit Biribi, si Napoléon ne vient pas au secours de Paris.

— Napoléon ne le peut plus, dit le chevalier, il s'est replié vers Fontainebleau. D'ailleurs il n'a plus des forces suffisantes pour oser risquer une lutte décisive.

— Mais les princes, où sont-ils?

— On dit que le duc d'Angoulême est parmi les Anglais.

— Bon.

— Et que le comte d'Artois est débarqué à Bordeaux.

— Tu vois que ça chauffe bien, n'est-ce pas, mon oncle? »

Mais Biribi était pensif et ne répondait pas.

Tout à coup, il leva la tête et dit :

« Monsieur le chevalier, vous devez avoir besoin de repos.

— Mais.... monsieur....

— Mon neveu le vicomte et moi, nous allons vous laisser mettre au lit. Dormez bien, si vous le pouvez, et ne craignez rien ici. »

Justin d'Ormignies n'insista pas pour retenir Biribi, seulement il lui dit en souriant :

« Dormir est difficile, quand on est amoureux.

— Ah ! c'est juste.

— Eh bien ! dit Coqueluche, vous rêverez de Suzanne; car je puis vous le garantir, c'est Suzanne qu'elle se nomme.

— Oh ! dès demain, fit le chevalier avec animation, quoi qu'il puisse m'arriver, je me mets en campagne.

— Et la police de Bonaparte?

— Oh ! je saurai bien lui échapper. »

Biribi et Coqueluche eurent un sourire mystérieux.

Puis Coqueluche ajouta :

« C'est nous qui nous mettrons en campagne pour vous, mon cher chevalier.

— Ah ! vous êtes de vrais amis.

— Mais, dites-moi, fit Biribi qui s'était levé et se dirigeait vers la porte, n'avez-vous donc pas conservé de relations avec votre famille, depuis votre fuite?

— Non, aucune, et cela par la raison toute simple que j'ai promis à Mâchefer, mon sauveur, de passer à l'étranger.

— Alors, on est loin de vous croire à Paris?

— Oh ! certes !

— Et votre belle cousine?.... et M. Raoul de Vauxchamps? »

A ce nom, un éclair de fureur passa dans les yeux de Justin d'Ormignies.

« Comment voulez-vous, dit-il, que je puisse dormir, avec un amour et une haine au cœur, en même temps?

— Bah ! fit Biribi, votre beau rival se fera tuer à la tête de son escadron, c'est certain.

— S'il ne l'est déjà, dit Coqueluche. »

Et le prétendu vicomte de Montrevel tendit la main au chevalier Justin d'Ormignies, ajoutant :

— Cher monsieur, nous ne vous attendions pas ce soir. J'ai accepté une invitation, et mon oncle....

— Ton oncle, dit Biribi, va s'occuper des affaires du roi.

Bonsoir, chevalier. »

Tous deux sortirent et fermèrent la porte sur eux.

Seulement, cette porte fermée, Coqueluche poussa sans bruit un petit verrou qui se trouvait à l'extérieur :

« Je ne me soucie pas, dit-il, qu'il lui prenne fantaisie de venir fouiller dans mes papiers.

— Ce serait compromettant, murmura Biribi. »

Tous deux revinrent dans le cabinet où nous les avons vus le matin même.

« Voyons, mon oncle, dit alors Coqueluche, explique-toi.

— Sur quoi ?

— Mais sur ce que tu comptes faire de cet imbécile qui est venu se jeter dans la gueule du loup.

— C'est toi, le loup. »

Et Coqueluche se mit à rire.

« Ce que je compte faire est bien simple.

— Ah ! voyons ?

— Nous allons garder le chevalier quelques jours.

— Bon !

— D'ici là, nous verrons si Mlle de Bernerie est femme à refuser la main de son cousin, quoi qu'il arrive.

— C'est assez probable.

— J'ai des renseignements sur lui ; il est ruiné.

— De fond en comble ! Mais s'il épousait.... combien l'estimes-tu ?

— Cent mille livres, si Napoléon vient à tomber.

— Et si le roi revient ?

— Alors ce sera plus cher.

— Mon oncle, dit Coqueluche d'un ton moqueur, je vois que tu veux faire une jolie dot à ma femme. »

Biribi fronça le sourcil.

« Je n'aime pas ces plaisanteries-là, dit-il.

— Bah ! fit Coqueluche, il faudra bien que tu y viennes.

— C'est bon ! c'est bon ! grommela Biribi d'un ton bourru, nous verrons plus tard.... Pour le moment j'ai à sortir.... »

Et il se posa devant une glace et donna un dernier coup de main à son nœud de cravate et à ses cadenettes.

« Où vas-tu ce soir ? demanda Coqueluche.

— Courir le monde, répliqua Biribi en riant.

— Travailles-tu pour le roi aujourd'hui ?

— Non, pour l'Empereur. »

Coqueluche eut un nouvel éclat de rire :

« Tu iras loin, mon oncle, dit-il, à moins que tu ne retournes.

— Te tairas-tu, drôle ? »

Cette fois Biribi ne répondit pas.

Mais il s'en alla en haussant les épaules.

Il descendit l'escalier en fredonnant, faisant tournoyer son pouvoir exécutif.

Puis, une fois sur le quai, il se mit à marcher d'un pas rapide, bien qu'il n'eût aucunement la crainte qu'un voisin attardé reconnût dans le chevalier de Biribi le respectable baron de Fenouil.

Mais il n'avait pas fait dix pas qu'on lui frappa sur l'épaule.

Il se retourna et se vit face à face avec un jeune garçon, du moins il le crut tout d'abord.

Mais une voix bien connue, une voix railleuse, une voix de femme lui dit :

« Tu demeures donc sur le quai de l'École, Biribi de mon cœur ?

— Cendrinette ! exclama le chevalier. »

Et il lui serra le bras avec une colère subite et ajouta :

« Ah ! ma petite, tu as une curiosité qui pourrait te coûter cher ! »

XV

Tandis que le chevalier de Biribi se trouvait face à face avec Cendrinette, Coqueluche procédait à sa toilette du soir.

Le brillant vicomte de Montrevel avait ses projets qui s'accommodaient mal sans doute d'une toilette élégante, car il endossa une blouse de toile grise, se coiffa d'une casquette et, environ un quart d'heure après le départ de Biribi, sortit lui-même, la pipe à la bouche, comme un ouvrier qui va à quelque rendez-vous de Grisette.

Il descendit l'escalier sur la pointe des pieds.

L'escalier n'était pas éclairé.

Puis il demanda le cordon en frappant trois coups à la vitre du portier, et le portier, qui était déjà au lit, ne demanda point qui sortait.

Une fois sur le quai, Coqueluche allongea le pas.

« Allons faire un tour au faubourg, se dit-il. »

Le faubourg, sa première patrie, était resté le lieu de prédilection de Coqueluche.

C'était au faubourg qu'il allait, quand Biribi son patron n'avait pas donné quelque besogne mystérieuse au vicomte de Montrevel.

Coqueluche était demeuré faubourien, dans le fond de l'âme ; il aimait à reprendre la blouse et la pipe de son enfance, et la casquette sans visière et les galoches à chaussons de lisière.

Avec cet accoutrement, il était à l'aise et se sentait heureux…. Il traversa donc la Cité, passa le Pont-au-Change, gagna l'Hôtel de ville et la rue Saint-Antoine.

Le brouillard se dissipait en pluie fine et presque invisible. Les passants étaient rares.

« Allons voir nos bons amis, les forgerons de Quille-en-Bois, murmura Coqueluche en pressant le pas ; il y a toujours quelque chose à faire parmi ces braves gens…. et puis, il faut préparer de longue main ma petite conspiration. »

En vingt minutes, Coqueluche eut atteint la place de la Bastille.

Les cabarets étaient encore ouverts ; plusieurs groupes s'étaient formés çà et là, au seuil des portes, et dans le milieu de la place, sous la pluie.

Partout l'on causait avec une grande animation.

« Il paraît, murmura Coqueluche, que l'effervescence n'est point calmée encore. Décidément ils y tiennent, à leur Empereur, dans ce quartier-ci. »

Et il se mêla résolûment à la foule et prêta l'oreille à ce qu'on disait.

Un garde national pérorait :

« Mes enfants, disait-il, ne nous dissimulons pas la gravité de la situation. L'impératrice et le roi de Rome sont partis ce matin.

— Ils reviendront, dit Coqueluche qui eut soif de popularité.

— Bien parlé, mon garçon ! dit une grosse voix, pleine de franchise, derrière lui. »

Coqueluche se retourna et dit :

« Tiens ! c'est vous, papa Quille-en-Bois ?

— C'est moi, dit l'invalide, en secouant la main de Coqueluche. »

Le garde national continua :

« Les alliés seront demain aux portes de Paris.

— On les recevra, dit encore Coqueluche.

— Bravo, mon fils ! répondit Quille-en-Bois. »

Quille-en-Bois connaissait Coqueluche.

Comment le connaissait-il ?

C'était fort simple. Coqueluche, qui se donnait pour ouvrier ébéniste, était venu fort souvent boire un coup le soir, au cabaret de la Mère des compagnons.

Et Quille-en-Bois était un habitué du cabaret.

« Tous ces gens-là sont des trembleurs, dit le forgeron, qui prit familièrement le bras du jeune homme.

— C'est mon avis, répondit Coqueluche.

— Moi, d'abord, reprit Quille-en-Bois, je crois à mon Empereur.

— Et moi, donc ! fit Coqueluche.

— Et aux enfants de Paris, ajouta le forgeron.

— J'en suis, dit le faux vicomte en prenant une attitude martiale.

— Tu es un bon Français, toi, mon mignon, dit Quille-en-Bois. Viens-tu boire un coup ?

— Chez mame Toinette ?

— Pardieu !

— Allons, dit Coqueluche, et vive l'Empereur, tonnerre ! »

Puis il ajouta :

« Mais il y a donc encore de mauvais bruits?

— Toujours, parbleu! dit Quille-en-Bois. Les Parisiens ne savent qu'inventer pour se mettre l'esprit à l'envers; moi j'ai dans l'idée, cependant, que les alliés ont été battus, comme à Champaubert, comme à Montmirail, comme partout....

— A propos de Montmirail, il paraît que la *mère* a eu une rude alerte, là-bas.

— Ah! oui, dit Quille-en-Bois, elle a bien manqué y rester. Mais les femmes, c'est tout nerfs et tout reins. Quinze jours après, elle était sur pied.

— C'est-y vrai que l'Empereur l'a décorée?

— Mais oui, dit Quille-en-Bois avec orgueil.

— Et il a fait grâce à son père?...

— Comment sais-tu donc tout cela, petit?

— On en jasait à mon atelier, aujourd'hui même, dit Coqueluche.

— C'est vrai que la chose a fait du bruit dans le faubourg, reprit le forgeron. Aussi l'Empereur peut compter sur nous.

— Ce n'est pas seulement dans le faubourg qu'on sait la chose, reprit Coqueluche.

— Ah!

— Je travaille maintenant dans le faubourg du Temple.

— Depuis quand?

— Oh! voilà six mois.

— Et on t'a parlé de cela?

— Tout le monde en parle.

— Ah! murmura Quille-en-Bois d'un air satisfait. »

Ils étaient arrivés au milieu du faubourg, à la porte de mame Toinette, vis-à-vis la forge de Quille-en-Bois.

Le cabaret était encore éclairé; on voyait au travers

de ses rideaux rouges se mouvoir les silhouettes de quelques buveurs attardés.

La forge, au contraire, était fermée.

Au-dessus, seulement, une fenêtre avait encore de la lumière.

Quille-en-Bois leva la tête et dit avec humeur :

« Cette petite Suzanne se perd les yeux avec sa couture. Attends un moment, mon garçon.

— Où allez-vous ? demanda Coqueluche.

— Je monte chez ma fille adoptive et je redescends, » dit Quille-en-Bois.

En même temps, il se baissa et passa la main sous la porte de la forge, cherchant quelque chose.

Coqueluche le vit retirer une clef, qu'il mit ensuite dans la serrure de la porte bâtarde de la maison.

« Voilà qui est bon à savoir et dont on pourra se servir, » murmura Coqueluche.

Quille-en-Bois monta, aussi lestement que le lui permettait son manche à balai, au premier étage, et bientôt Coqueluche put voir son ombre derrière les rideaux de la croisée.

En ce moment, un homme passait dans la rue et collait son visage aux vitres du cabaret.

Cet homme, qui ne parut pas faire attention à Coqueluche, demeuré à la porte de la forge, s'arrêta un moment comme absorbé par une contemplation profonde.

Un sourire vint aux lèvres de Coqueluche.

« Encore un, murmura-t-il, qui est amoureux de la Mère des compagnons. »

Et il examina cet individu qui se trouvait placé juste au-dessous du réverbère. C'était un compagnon vêtu de ses habits de fête, avec la longue canne et le chapeau enrubané.

Coqueluche lui frappa sur l'épaule.

« Hé! camarade, lui dit-il, est-ce que vous cherchez la Mère? »

Le compagnon tressaillit et se retourna.

« Non, dit-il brusquement.

— Vous la regardez alors?...

— Peut-être!

— En seriez-vous amoureux? »

Le compagnon tressaillit et leva un regard défiant sur Coqueluche.

Coqueluche se disait:

« Mais où donc ai-je vu cette figure-là?

— Pourquoi me demandez-vous cela? fit le compagnon.

— Mais, dit Coqueluche, parce que dans le faubourg tout le monde est amoureux.

— De la Mère des compagnons?

— Oui.

— Eh bien! pas moi....

— En vérité?

— Je la hais! murmura le compagnon d'une voix sourde ».

Et il s'en alla.

« Ma foi tant pis, se dit Coqueluche, ce garçon m'intrigue.... je veux en avoir le cœur net, tant pis pour Quille-en-Bois et sa chopine.... je lui brûle la politesse. »

Et Coqueluche emboîta le pas derrière le compagnon enrubané qui se dirigeait vers la Bastille.

XVI

Quille-en-Bois était donc monté auprès de sa pupille, cette jolie Suzanne que nous connaissons déjà et dont le chevalier Justin d'Ormignies était si éperdument amoureux.

Suzanne était dans sa chambrette, une chaufferette sous les pieds, assise devant une table sur laquelle était son ouvrage, et, comme l'avait fort bien dit Quille-en-Bois dans la rue, elle s'acharnait après un ingrat travail de couture.

« Ma Suzanne, dit le forgeron d'une voix dont l'accent bourru dissimulait mal l'intention affectueuse, je t'ai pourtant dit que je ne voulais pas que tu te rougisses ainsi les yeux à travailler à la lumière.

— Mais, mon père....

— Sarpejeu! continua l'invalide en frappant de sa jambe de bois le parquet de la chambre, sommes-nous donc réduits à la misère, pour que tu travailles ainsi? Est-ce que le soufflet de la forge ne marche plus, mille tonnerres?

Et je voudrais bien voir que ma Suzanne s'exténuât longtemps ainsi, et alors, mille tonnerres!...

— Mais à qui en avez-vous donc, mon bon petit père? dit Suzanne en riant. Que voulez-vous donc que je fasse le soir? Vous savez bien que vous ne trouvez pas convenable qu'à ces heures-là je descende chez ma marraine, puisque le cabaret est plein de compagnons et qu'on y parle de toutes les façons.

— Non, certes, je ne le veux pas.

— Vous ne voulez pas non plus que je me couche comme les poules?

— Et qui te dit de te coucher? »

Suzanne eut un rire de franc cœur.

« Voyons, dit-elle, je suis toujours toute seule, le soir. Que faut-il faire, sinon travailler pour tuer le temps?...

— Elle a pourtant raison ! » murmura Quille-en-Bois, qui n'était pas très-fort en logique.

Mais la gaieté de Suzanne tomba subitement. Elle eut même un geste d'effroi, en ajoutant :

« Et puis, cette maison est grande, et quand Jean le Manchot et vous n'y êtes pas....

— Eh bien !

— Je ne suis pas trop rassurée.

— Poltronne ! la fille du colonel Simon ! Oh ! »

Suzanne ne s'émut pas de ce reproche :

« Que voulez-vous? fit-elle, nous sommes dans un temps si agité.... »

Et elle soupira.

Quille-en-Bois manquait peut-être bien quelquefois de logique, mais Quille-en-Bois était clairvoyant.

Il devina que quelque chose avait dû se passer en son absence.

Ce quelque chose il voulait le savoir.

« Suzanne, dit-il sévèrement, voici la première fois que tu me dis avoir peur ici.

— Mon père !...

— Suzanne, tu me caches quelque chose....

— Mais.... mon père....

— Que t'est-il arrivé? parle, mon enfant....

— Oh ! c'est si niais, fit-elle, d'avoir peur pour cela !

— Mais qu'est-ce donc? »

Et Quille-en-Bois devint inquiet, et il oublia tout à fait que Coqueluche l'attendait en bas, dans la rue.

Suzanne lui prit la main.

« Eh! figure-toi, dit-elle, que depuis quatre ou cinq jours, un homme se promène constamment dans la rue, là, sous la fenêtre....

— Ah! dit Quille-en-Bois, fronçant subitement le sourcil.

— Tantôt, poursuivit Suzanne, il regardait à travers les vitres de ma marraine....

— Et tantôt il lève les yeux vers ta fenêtre?

— Oui, mon père.

— Eh bien! qu'est-ce que cela prouve? » dit Quille-en-Bois, qui, peu rassuré lui-même, cherchait à rassurer sa pupille.

Suzanne continua :

« Ce n'est pas tout, mon père.

— Et qu'est-ce encore, tonnerre! s'écria Quille-en-Bois.

— Je n'avais pas voulu vous le dire tout d'abord, mais....

— Voyons! parle!...

— Vous savez que nous avons une voisine qui vient me voir quelquefois?

— Oui, la vieille mame Chénoiseau, la rempailleuse de chaises?

— Précisément.

— Hier, elle est venue, tandis que vous étiez à la forge. Elle s'est assise là, et elle m'a tenu compagnie un bout de temps, devisant de choses et d'autres.

Puis elle m'a fait des confidences. Elle a un locataire. »

Quille-en-Bois, à ce dernier mot, fronça de plus en plus le sourcil.

« C'est un jeune homme de très-bonne famille, m'a-t-elle dit. Je lui fais son ménage. Il est vêtu comme un monsieur. Je soupçonne même que c'est un noble qui revient en fraude de l'émigration. Il m'a même dit qu'il vous trouvait fort à son goût.

— Il t'a donc vue! exclama Quille-en-Bois avec un accent de fureur subite.

— Il m'a vue à la fenêtre, paraît-il. »

Quille-en-Bois serra les poings :

« Mille bombes! dit-il, si la Chénoiseau remet les pieds ici, elle ne sortira pas par la porte.

— Ce n'est pas tout encore, mon père, reprit Suzanne.

— Parle.

— Mme Chénoiseau m'a dit : Si, comme je le crois, c'est un noble, et qu'il soit amoureux de vous, vous pourriez bien n'avoir pas fait un mauvais rêve, ma petite. Le roi ne peut manquer de revenir.... et alors, on lui rendra sa fortune.... et.... il vous épousera....

— Assez! s'écria Quille-en-Bois, demain matin, la Chénoiseau aura de mes nouvelles.

— Mais je n'ai pas fini, mon père.

— Après! fit Quille-en-Bois qui fit un violent effort pour rester calme. »

Suzanne poursuivit :

« Tandis que mame Chénoiseau me disait tout cela, on frappa à la porte, et elle s'ouvrit aussitôt.

Un homme se montra sur le seuil.

« — Excusez-moi, dit-il, mademoiselle, mais j'ai absolument besoin de parler à mame Chénoiseau. »

Celle-ci s'était levée; mais elle ne faisait pas mine de s'en aller....

Je lui ai dit alors :

« Mme Chénoiseau, je ne vous retiens pas. »

Elle a compris qu'elle devait s'en aller et elle est partie avec cet homme.

Mais, en se retirant, il m'a regardée d'une étrange manière, et j'ai eu bien peur....

— Mais enfin, s'écria Quille-en-Bois, quel était cet homme?

Comment était-il?

— Il a des cheveux blonds et une grande barbe rousse; et il n'est pas si jeune qu'il en a l'air.

— Comment était-il vêtu?

— Oh! comme un de ces beaux messieurs qu'on voit, le dimanche, se promener dans les quartiers élégants. Mais.... »

Suzanne hésita.

« Après? après? fit Quille-en-Bois.

— Il m'a semblé le reconnaître, néanmoins, bien que les cheveux aient changé de couleur et qu'il fût mis comme un monsieur.

— Le reconnaître! exclama Quille-en-Bois.

— Oui.

— Pour qui?

— Pour cet homme qui était entré, un matin, vous savez, dans le cabaret de ma marraine et qui avait amené une querelle entre les forgerons et les menuisiers, en disant du mal de l'Empereur. »

Quille-en-Bois jeta un cri de rage.

« Le faux Alsacien! dit-il.

— Un qui avait à son chapeau ce jour-là les couleurs des compagnons.

— Mille tonnerres! s'écria Quille-en-Bois, si c'était lui!... nous verrions bien! et on dit qu'il est le locataire de la Chénoiseau?

— Je le crois. »

Quille-en-Bois n'en entendit pas davantage.

Il sortit comme un ouragan et descendit l'escalier en faisant, avec son manche à balai, un bruit d'enfer.

« Je vais bien savoir ce qu'il en est ! » murmura-t-il ?

Cependant, arrivé dans la rue, il se calma un peu et referma soigneusement la porte bâtarde.

Puis il glissa la clef sous le volet de la forge.

En même temps, il se souvint qu'il avait laissé Coqueluche, le prétendu compagnon menuisier.

Et comme il ne le vit pas dans la rue, il entra dans le cabaret croyant l'y trouver.

Mais on n'avait pas vu Coqueluche.

Et Quille-en-Bois ressortit en disant :

« Allons chez la Chénoiseau, si son locataire n'y est pas, elle y sera, elle, et il faudra bien qu'elle parle ! »

Comme il s'en allait, un homme le rejoignit.

C'était Jean le Manchot, qui lui dit :

« Il se passe quelque chose d'extraordinaire, je vais avec toi. »

XVII

Revenons au chevalier de Biribi que nous avons laissé tête à tête avec Cendrinette, sur le quai de l'École.

Le chevalier n'avait pas été maître d'un premier mouvement de colère.

« Mon petit Biribi, dit la pécheresse, ne te fâche donc pas ? »

Mais Biribi s'animant :

m'espionnes donc ? pourquoi ce déguisement ?

— Pour te suivre, mon amour, répondit Cendrinette en riant. »

Biribi haussa les épaules.

Elle continua d'une voix câline :

« Tu m'as joué un assez vilain tour ce matin, mon beau chevalier.

— Histoire de rire, fit Biribi.

— Histoire de rire de t'avoir suivi, répliqua-t-elle.

— Mais enfin que veux-tu? quel est ton but? demanda Biribi avec une irritation nuancée d'inquiétude.

— Je voulais savoir où tu demeures.

— Eh bien! tu le sais... va-t'en!

— Oh! mais non... »

Et elle se campa d'un air mutin devant le chevalier.

« Petite, dit Biribi, prends garde, il y a des curiosités qui portent quelquefois malheur...

— Bah! je n'ai peur de rien.

— Mais enfin que veux-tu?

— Monter chez toi.

— C'est impossible.

— Ah! bah!

— Je suis marié, dit sentencieusement Biribi.

— Ta parole d'honneur?

— Mais sans doute.

— Alors tu as une femme assez commode, chevalier, puisqu'elle s'arrange de te voir sortir tous les soirs, pour ne rentrer qu'au petit jour.

— Ceci est affaire à nous.

— Ainsi, tu ne veux pas que je monte chez toi?

— Non. »

Cendrinette redevint chatte, et elle posa ses petites mains sur les épaules de Biribi.

« Il faut pourtant que je cause avec toi, dit-elle, et tu es trop galant pour me refuser une heure d'entretien.

— Oui, sans doute, mais... pas ici...

— Je le crois bien, il fait froid et le brouillard mouille. Ainsi tu ne veux pas que nous montions chez toi ?

— Non. Je te l'ai dit, c'est impossible.

— Veux-tu venir chez moi, alors ?

— Demeures-tu toujours rue du Mont-Blanc ?

— Oui.

— Eh bien ! allons, fit le chevalier en soupirant. »

Cendrinette lui dit :

« Faisons quelques pas. Nous allons trouver ta citadine au coin du quai.

— Ma citadine ?

— Oui, j'ai gardé le cocher. »

Puis elle se mit à rire.

« Mais j'entrerai dedans, cette fois, dit-elle. On est trop mal, suspendue aux étrivières.

— Hein ? plaît-il ? Que veux-tu dire ? »

Et Biribi prononça ces trois interrogations sur trois tons différents.

— Niais ! fit-elle. Comment aurais-je pu te suivre de la rue Meslay ici, si je ne m'étais accrochée au fiacre ? »

Biribi fit un soubresaut.

« Tu es venue de la rue Meslay ?

— Mais oui.

— Et tu m'as vu monter en voiture ?

— Certainement.

— Moi seul ?

— Non, toi et le jeune homme qui est venu te demander ce matin, et un autre.... dont je te parlerai plus tard.... »

Biribi se disait à part lui :

« Décidément, cette petite sait beaucoup trop de choses. Il n'est que temps de s'*occuper* d'elle.

Au ministère de la police le mot s'*occuper de quelqu'un* avait une terrible signification.

Biribi prit Cendrinette sous le bras et l'emmena vers l'extrémité du quai.

C'était là qu'attendait la citadine.

« Cocher, dit Cendrinette, conduisez-nous rue du Mont-Blanc, n° 19, et allez rondement. Il y a du pourboire. »

Puis elle s'enfonça rêveuse dans un coin, et ne souffla mot.

Au bout de quelques minutes, Biribi demanda :

— C'est donc tout ce que tu dis?

— Nous causerons chez moi, répondit-elle sèchement.

— Comme tu voudras, répondit le chevalier. »

Vingt minutes après, — car le cocher avait fait merveille, — le fiacre arrivait rue du Mont-Blanc.

Là, Biribi eut bien encore, un moment, la tentation de s'esquiver; mais il n'osa.

Et puis, il voulait à présent s'*occuper* de Cendrinette.

« Suis-moi, dit-elle. »

Et elle paya la voiture en donnant un écu de cinq francs au cocher et ne redemandant point la monnaie.

Puis elle monta l'escalier si lestement, que Biribi avait peine à la suivre.

Elle s'arrêta au troisième et sonna.

Une jolie soubrette vint ouvrir et tomba d'étonnement en voyant sa maîtresse habillée en commissionnaire.

Mais Cendrinette se souciait peu sans doute de lui donner des explications.

« Mariette, dit-elle, conduis M. le chevalier au salon et viens m'aider à redevenir femme. »

Biribi suivit la soubrette qui alluma deux flambeaux sur la cheminée et le laissa seul.

Biribi s'assit et regarda autour de lui.

L'intérieur de Cendrinette respirait le luxe un peu frivole qui dénote la femme de mœurs équivoques.

Tout le jour à demi couchée sur une ottomane, elle attendait la visite de ses adorateurs.

Puis, le soir venu, papillon que la lumière attire, elle prenait sa volée vers un de ces mille bals publics, dont Tivoli était le plus célèbre et qui, nés sous le Directoire, avaient traversé l'Empire, mêlant leur joyeux orchestre au bruit lointain du canon.

La soubrette, en sortant, avait fermé la porte.

Biribi était seul.

Un sourire vint alors à ses lèvres :

« Cette petite Cendrinette est imprudente, se dit-il. »

Puis il s'approcha de la cheminée, sur laquelle était une tablette de velours violet.

Ensuite il sortit vivement de sa poche un portefeuille qu'il ouvrit, en tira deux lettres et les glissa sous la tablette avec la dextérité d'un faiseur de tours de gobelet.

Après quoi, il alla s'asseoir et prit l'attitude d'un homme impatient de voir revenir la maîtresse de la maison.

Cendrinette entra.

Elle était enveloppée dans un large peignoir garni de dentelles, ses cheveux blonds à demi dénoués flottaient sur ses épaules, dont le peignoir transparent permettait de voir le galbe parfait.

Elle était fort belle en toute sa mignonne personne, et le chevalier éprouva un mouvement de fatuité :

« En vérité ! murmura-t-il, de pareilles conquêtes sont flatteuses à mon âge. »

Mais Cendrinette devait le désillusionner d'un mot.

Elle s'assit près de lui, prit sa main et lui dit :

« Mon bon Biribi, quel âge as-tu? les uns disent que tu as soixante ans, ils exagèrent, n'est-ce pas? tu n'en as guère plus de cinquante, pas vrai?

— Hein? fit Biribi qui se mordit les lèvres.

— Tu penses bien, continua Cendrinette, que je voulais rire en te disant que j'avais un caprice pour toi : regarde-moi, j'ai vingt ans.... et une fille comme moi....

— Mais alors, s'écria Biribi stupéfait, pourquoi m'as-tu suivi!...

— Ah! cela t'étonne!...

— Pourquoi as-tu voulu savoir où je demeurais?...»

Cendrinette souriait.

« Pourquoi suis-je ici? acheva-t-il désappointé.

— Parce que j'aime un homme que tu connais.

— Moi?

— Je l'aime et j'en suis folle.... J'en perds le boire et le manger, le sommeil et le repos.... Et j'ai compté sur toi, mon bon Biribi.

— Pour quoi faire? demanda-t-il avec humeur.

— Mais.... pour me le présenter....

— Le diable m'emporte si je sais de qui tu veux parler?

— Je ne sais pas son nom.

— Alors, comment veux-tu que je le sache?

— Oh! tu vas bien deviner.... C'est un grand jeune homme blond, qui était avec toi le dimanche gras.

— Où cela?

— Au bal de Tivoli. »

Biribi allait s'écrier :

« Coqueluche! »

Mais il se mordit les lèvres à temps et dit :

« Mais c'est mon neveu, le vicomte de Montrevel. Peste ! tu as assez bon goût, petite.

— Je l'aime à devenir folle ! murmura Cendrinette.

— J'ai peut-être eu tort de glisser des lettres sous la tablette de sa cheminée, pensa alors le chevalier Piribi. »

XVIII

Revenons à Coqueluche que nous avons vu emboîter le pas à l'homme enrubané, lequel se dirigeait vers la Bastille.

Au bout de cinq minutes, il l'eut rejoint, et, lui frappant sur l'épaule :

« Dis donc, camarade, veux-tu que je te donne un bon conseil ? »

Le compagnon se retourna :

« Ah ! c'est vous ? dit-il.

— C'est moi, et je voudrais boire un coup.

— C'est que je suis pressé.

— Bah ! on a toujours le temps de vider un verre de vin. »

Et Coqueluche lui prit le bras.

Il y avait en haut du faubourg, à gauche, un cabaret dont on venait de fermer la devanture.

Mais la lumière qui passait au travers des volets et les murmures qui en sortaient disaient que les habitués étaient reçus après la fermeture des portes.

Coqueluche frappa.

« Qui est là ? demanda une voix du dedans.

— Deux bons *zigs*, répondit Coqueluche. »

Une porte basse d'un pied et demi de large sur trois de haut, s'ouvrit dans la devanture.

« Prenez garde à la barre de fer, dit la voix. »

C'était celle d'un gros homme qu'on appelait le père Fifrelin, et qui avait fastueusement écrit sur sa porte, en guise d'enseigne :

Au petit-fils du dieu Bacchus.

Coqueluche se baissa et entra dans le cabaret.

Le compagnon le suivit.

Quelques buveurs attardés étaient encore assis à l'entour des sept ou huit tables qui garnissaient la salle.

Mais on eût vainement cherché parmi eux ces franches et rubicondes figures que le vin épanouit.

C'étaient des ouvriers, tristes pour la plupart, et dont les fronts soucieux attestaient les soucis politiques.

Le faubourg était le plus patriote des quartiers de Paris.

C'était là que cette haine robuste que la France porte aux étrangers n'avait jamais faibli.

Coqueluche, d'un coup d'œil, vit à qui il avait affaire, et il voulut se faire bien venir :

« Bonsoir, les enfants, dit-il, et vive l'Empereur !

— C'est un bon, murmurèrent les ouvriers. »

Et on voulut lui faire place.

Mais Coqueluche remercia d'un geste.

« Tout à l'heure, dit-il. J'ai une petite affaire à régler avec le camarade. »

Et il se dirigea vers une table inoccupée qui se trouvait au fond du cabaret.

Le père Fifrelin, le *petit-fils de Bacchus*, comme il s'intitulait lui-même, apporta un pot d'étain rempli de vin et deux verres.

« Çà, camarade, dit Coqueluche, causons un brin. Tu es compagnon?

— Oui, répondit ce dernier.

— Je ne crois pas, répondit Coqueluche. »

Le compagnon fit un mouvement de surprise.

« Tu as les mains blanches d'un bourgeois.

— Qu'est-ce que ça prouve?

— Ce que cela prouve chez moi.... »

Et Coqueluche cligna de l'œil, eut un sourire et tira ses mains de dessous sa blouse.

De fort belles mains bien blanches, aux ongles taillés avec soin.

Le compagnon parut hésiter et ne dit mot.

Coqueluche poursuivit.

« Quand on entre dans un cabaret en criant *vive l'Empereur*, c'est qu'on a ses raisons. Comprends-tu?

— Pas encore....

— Tu es compagnon comme je suis ébéniste. Mais cela ne me regarde pas. Ce que je veux savoir....

— Ah! tu veux savoir quelque chose? fit le compagnon avec défiance.

— Tu as une bien belle perruque collée sur tes cheveux, reprit Coqueluche d'un ton railleur. Il faut mon habitude de ces choses-là pour le voir.... Tes vrais cheveux sont noirs, à en juger par le duvet qui couvre tes doigts. Ta perruque est jaune, c'est bien. Tu dois avoir quelque intérêt à te cacher. »

Le compagnon dit vivement :

« Mais que voulez-vous donc savoir?

— Deux choses : pourquoi tu hais la Mère des compagnons, d'abord.

— Qu'est-ce que cela peut vous faire?

— Je veux savoir ensuite pourquoi tu as levé trois fois les yeux, en t'en allant, vers une fenêtre où brillait de la lumière, et qui est celle de la jolie Suzanne, la filleule de Quille-en-Bois le forgeron.

Puisque tu ne veux pas répondre à ma première question, réponds au moins à celle-ci.

— Ah ! vous croyez que j'ai regardé cette fenêtre ?
— Parbleu !
— Eh bien ! je suis peut-être amoureux. »

Un sourire moqueur vint aux lèvres de Coqueluche.

« Tu n'as pas la figure d'un amoureux, dit-il, et tu ne travailles pas pour ton compte. »

Le compagnon regardait toujours Coqueluche avec défiance.

« Mon camarade, lui dit celui-ci, prends bien garde à ce que je vais te dire. On gagne toujours à être mon ami. On perd la partie quand on ne m'a pas dans son jeu.

— Que voulez-vous dire ?
— Qui sers-tu, toi ?
— Mais... »

Coqueluche sourit de nouveau :

« Je t'ai averti. Maintenant fais ce que tu voudras, » dit-il.

Et il tira de sa poche un petit écu pour payer la dépense.

Mais le compagnon l'arrêta :

« Un mot ? dit-il.
— Parle.
— Pour qui êtes-vous ? Selon votre réponse, je parlerai.
— Imbécile ! dit Coqueluche tout bas, tu n'as donc pas deviné que j'étais blanc ? »

Cette réponse effaça le nuage de défiance qui planait sur le visage du compagnon.

« Ma foi ! dit-il, tant pis si vous me trompez... je vais tout vous dire.

— Voyons ?

— Je suis du pays d'un homme qui aime Suzanne; et comme il m'a promis une grosse somme si je la retrouvais, car il ne sait pas où elle demeure, je me suis mis en campagne.

— Comment cela ?

— Ah! il faut vous dire que ce n'est pas à Paris que nous nous sommes vus ?

— Où donc ?

— A Châlons, il y a huit jours.

— Au camp de Blücher, n'est-ce pas ? »

Le compagnon tressaillit.

« Ne nie pas, je suis bien renseigné.

— Mais... comment... pouvez-vous savoir...? balbutia le compagnon.

— Attends encore. L'homme qui t'a donné pour mission de retrouver Suzanne...

— Eh bien ?

— Cet homme s'appelle le chevalier d'Ormignies.

— C'est, ma foi, vrai ?

— Le chevalier est à Paris, le sais-tu ?

— Comment! il est arrivé ?

— Ce matin.

— A la bonne heure! car voici trois jours que je me promène chaque soir, à onze heures, sur la place de la Bastille, sans le rencontrer.

— C'est donc là qu'il t'a donné rendez-vous ?

— Oui.

— Eh bien! tu ne l'y verras point ce soir. Il ne viendra pas.

— Mais comment savez-vous tout cela ?

— Je sais bien d'autres choses encore, comme tu vas voir. »

Sur ces mots, Coqueluche paya le vin, souhaita le

bonsoir aux ouvriers et sortit du cabaret en disant à son nouveau camarade :

« Viens avec moi. »

Le compagnon le suivit.

Quand ils furent dans la rue, Coqueluche lui dit :

« Je sais encore que tu t'appelles Nicolas ou Judas Bourget, que tu hais la Mère des compagnons parce que tu l'as aimée autrefois et qu'elle t'a dédaigné, et qu'il y a un mois tu as failli mettre les armes à la main à tout le faubourg. Tu es celui qui se disait compagnon forgeron et parlait comme un Alsacien. »

Le compagnon était stupéfait et regardait Coqueluche avec une sorte d'effroi.

Celui-ci reprit :

« Or donc, je te prends dans mon jeu, mon bonhomme, et j'espère que tu feras ta besogne. »

Et Coqueluche entraîna l'*Alsacien*.

« Mais où allons-nous? dit-il.

— Tu verras.... répondit Coqueluche en pressant le pas. »

XIX

Coqueluche emmena l'*Alsacien* dans le faubourg.

L'heure s'avançait, les magasins étaient fermés depuis longtemps, la foule s'était écoulée peu à peu et les rues étaient désertes.

« Où allons-nous? répéta l'Alsacien.

— Au cabaret de *ton amie*. »

Et Coqueluche souligna le mot.

« Mais non, dit l'Alsacien, je ne veux pas y aller.
— Pourquoi?
— J'ai peur d'être reconnu.
— Imbécile, dit Coqueluche, si je n'avais su que c'était toi, moi dont le métier est de dévisager les gens, je ne me serais pas remémoré ta figure. Comment veux-tu qu'ils te reconnaissent, eux?
— Vous croyez?
— Et puis, n'es-tu pas avec moi?
— Qu'est-ce que ça prouve?
— Je suis bien noté dans le faubourg, va. Et si Coqueluche présente quelqu'un, c'est que ce quelqu'un est un bon *zig* et un compagnon sûr.
— Mais!... » dit l'Alsacien.

Comme ils s'approchaient du cabaret de mame Toinette, un homme les croisa, pestant et jurant comme un beau diable.

C'était Quille-en-Bois.

Coqueluche l'arrêta au passage :

« Qu'est-ce que vous avez donc, mon maître?
— Ah! c'est toi, dit Quille-en-Bois. Excuse-moi, mon garçon. Je t'ai fait attendre, n'est-ce pas? Je ne savais plus ce que tu étais devenu. »

L'Alsacien se tenait à l'écart; et comme en cet endroit il n'y avait ni boutique ouverte, ni réverbère, on ne pouvait distinguer ses traits que très-imparfaitement.

Quille-en-Bois ne fit donc aucune attention à lui.

Mais il dit à Coqueluche :

« J'ai causé un brin trop longtemps avec la petite. Quand je suis redescendu, tu n'étais plus là. Je suis entré chez mame Toinette, croyant t'y trouver; mais on ne t'avait pas vu.
— Et d'où venez-vous donc, maintenant, patron? dit encore Coqueluche, se servant de ce mot respectueux

que les ouvriers donnent à un homme établi, même quand ils ne travaillent pas chez lui.

— D'où je viens? ah! oui.... c'est juste!.... dit Quille-en-Bois; écoute-moi, mon garçon, j'ai la tête un peu perdue.... Je suis d'une colère telle....

— Mais, que vous est-il donc arrivé?

— Est-ce que tu connais une femme dans le faubourg qui s'appelle la Chénoiseau?

— Non, patron. Est-ce à elle que vous en avez?

— C'est à elle. La misérable! Figure-toi qu'elle a essayé de donner de mauvais conseils à Suzanne.

— Oh! oh! fit Coqueluche, mais elle veut donc se faire rompre les os par tous les compagnons du faubourg.

— Ce n'est pas tout, continua Quille-en-Bois, elle a chez elle un homme qui a osé regarder Suzanne.

— Le misérable!

— Elle n'est pas rentrée, ni lui non plus. Mais j'ai mis Jean à la porte, en sentinelle, et gare l'unique poing du manchot!... Tu sais s'il est lourd?

— A assommer un éléphant, dit Coqueluche. »

L'Alsacien continuait à se tenir prudemment à l'écart.

« Et où allez-vous donc, patron, maintenant? reprit Coqueluche.

— Je vais rejoindre Jean. Nous ne serons pas trop de deux pour assommer le misérable; d'autant plus que si c'est l'homme que je crois....

— Ah! vous soupçonnez qui ce peut être?

— Oui, un drôle, un vaurien, une canaille, qu'on appelle aujourd'hui l'Alsacien et que nous appelions Judas, nous. »

Coqueluche tressaillit :

« Eh bien! allez, patron, dit-il, et bonne chance! »

Quille-en-Bois serra la main à Coqueluche, et s'éloigna aussi rapidement que le lui permettait sa jambe de bois.

« C'est toi qui en as de la chance ! dit Coqueluche en frappant alors sur l'épaule de l'Alsacien.

— Vous croyez?

— Parbleu ! si tu ne m'avais pas rencontré, tu rentrais chez toi?

— Oui.

— Et ils te faisaient ta petite affaire. Allons, viens ! je t'ai dit que j'avais besoin de toi. »

Et reprenant le bras de l'Alsacien, Coqueluche continua à lui faire descendre le faubourg.

Ils arrivèrent ainsi à la porte du cabaret de mame Toinette, et, par conséquent, sous la fenêtre toujours éclairée de Suzanne.

Coqueluche leva la main.

« Hein? dit-il, c'est là, n'est-ce pas?

— Oui, répondit l'Alsacien.

— Combien t'a-t-il promis, le chevalier?

— Cent louis.

— Ce n'est pas assez, dit Coqueluche.

— Faut-il en demander deux cents?

— Je te les donnerai pour que tu restes tranquille. »

L'Alsacien fit un pas en arrière :

« Est-ce que vous plaisantez? dit-il.

— Jamais, dit Coqueluche.

— Mais alors.... vous n'êtes pas avec nous....

— Oui et non. »

L'Alsacien regardait Coqueluche avec une stupéfaction croissante.

Celui-ci reprit :

« Voyons ! expliquons-nous....

— Je veux bien.

— Que comptais-tu faire? profiter d'un moment où Quille-en-Bois et Jean le Manchot seraient absents.

— Parbleu ?

— Enlever la petite, la jeter dans les bras du chevalier, et recevoir les cent louis.

— Mais, dame !

— Eh bien ! dit Coqueluche, la chose se fera à peu près ainsi.

— Comment ?

— Nous attendrons un moment favorable....

— Très-bien.

— Nous enlèverons Suzanne....

— A merveille !

— Mais ce n'est pas le chevalier qui l'aura. »

L'Alsacien fit de nouveau un pas en arrière.

« Qui donc alors ? demanda-t-il.

— Voilà ce qui ne te regarde pas, mon bonhomme.

— Mais.... cependant....

— Pourvu que tu aies deux cents louis au lieu de cent, tu dois être content.

— Farceur ! dit l'Alsacien, je vous ai pris pour un homme qui travaillait dans la politique.

— Eh bien ?

— Mais je vois le coup. Vous êtes tout simplement amoureux de la petite.

— Maître Nicolas Bourget, dit tristement Coqueluche, vous n'êtes qu'un sot. Je regrette même de t'avoir parlé....

— Mais.... excusez-moi.... vous savez.... »

Coqueluche lui serra fortement le bras :

« Je te dis que tu n'es qu'un sot, répéta-t-il, et je vais te le prouver. Je suis bien avec papa Quille-en-Bois, comme tu vois. Si j'étais amoureux de Suzanne, je n'aurais qu'à l'enlever, et n'aurais pas besoin de toi pour cela.

— Alors ?...

— Je n'ai en même temps qu'à ouvrir cette porte.... »

17

Et il indiquait la porte du cabaret.

« Et cette porte ouverte, je n'ai qu'à appeler les forgerons et à leur dire : Voilà le gaillard qui cherche votre patron. C'est l'Alsacien, l'homme qui a insulté la *mère*, le misérable qui a voulu enlever Suzanne, et si tu n'es pas assommé sur place, à coups de marteau, tu auras de la chance ! »

En même temps, Coqueluche prit l'Alsacien au collet. Celui-ci eut peur :

« Grâce ! dit-il.

— Obéis donc alors, répondit Coqueluche. Tu es mon instrument, et tu n'as pas besoin de connaître mes plans.

— Je ferai ce que vous voudrez, dit l'Alsacien, mais pourquoi tenez-vous à me faire entrer là ?... »

Et il regardait le cabaret avec un certain effroi.

« Parce que je veux savoir ce qui s'y passe.

— Entrez-y seul, en ce cas.

— Non, je ne veux pas me séparer de toi. »

Puis Coqueluche se mit à rire :

« Voyons ? dit-il, est-ce que tu aimes bien le roi ?

— Ça m'est égal.

— Tu ne détestes pas l'Empereur ?

— Ça m'est encore égal.

— Mais tu hais la Mère des compagnons ?

— Oh ! de toute mon âme....

— Et Quille-en-Bois ?

— Lui et tous les autres, fit l'Alsacien avec un sentiment de haine profonde.

— Eh bien ! tu seras vengé, dit froidement Coqueluche, mais à la condition que tu me serviras aveuglément. »

Et il ouvrit la porte du cabaret de mame Toinette, lequel était encore plein de monde.

XX

« Mon oncle, disait le lendemain matin Coqueluche au chevalier Biribi, j'ai beaucoup de choses à t'apprendre. »

Coqueluche était rentré au petit jour, sur la pointe du pied, pour ne pas réveiller le chevalier d'Ormignies, couché, comme on s'en souvient, dans la pièce voisine.

Il s'était débarrassé à la hâte de ses vêtements d'ouvrier, s'était débarbouillé et peigné avec soin, puis il avait endossé cette fastueuse robe de chambre qui seyait si bien au vicomte de Montrevel.

Peu après, Biribi, redevenu le bon et vénérable baron de Fenouil-Caradeuc, était rentré à son tour.

« Ah! tu as beaucoup de choses à m'apprendre? fit-il.

— Oui, mon oncle.

— Voyons?

— Dans trois jours, Paris sera assiégé.

— Bon! je m'en doutais. Les Cosaques approchent, n'est-ce pas?

— Ils sont à dix lieues de Paris et occupent Meaux.

— Mais Napoléon?...

— Napoléon se replie sur Fontainebleau. On parle déjà vaguement....

— D'une dernière bataille?

— Non, d'une abdication probable.

— Alors il n'y aura pas de siége.
— Au contraire. Paris se défendra, et tant que Paris ne sera pas pris, Napoléon résistera.
— D'où tiens-tu ces détails? Es-tu allé au ministère de la guerre?
— Non, mais au faubourg Saint-Antoine.
— Singulière source de renseignements!
— C'est la meilleure. Tandis que j'étais dans le cabaret de la Mère des compagnons, un officier qui venait à franc étrier du quartier général de l'Empereur, est entré.
— Le petit Saturnin, sans doute?
— Oui, mon oncle. Il était blessé. Il a un bras en écharpe. Son uniforme est en lambeaux. Il n'espère plus, et il a vingt ans. Or, tu le sais, mon oncle, quand la jeunesse désespère, personne n'a plus d'espoir....
— C'est assez vrai, ce que tu dis-là. »
Biribi soupira :
« Allons! dit-il, je vois que je serai réintégré dans mes grades et dignités. Cependant....
— Quoi donc, mon oncle?
— J'aurais bien voulu rendre un dernier service à la police de Napoléon, c'est-à-dire à moi-même. »
Coqueluche se prit à sourire :
« Je te devine, mon oncle. Tu aurais voulu livrer le chevalier d'Ormignies pour un joli denier.
— Oui....
— Faire surseoir à son exécution, et ensuite, le revendre une autre jolie somme à la belle cousine qui, tout en le détestant, ne voudrait pas peut-être le laisser fusiller.
— Tu es un ange, dit Biribi. Tu comprends à demi-mot.
— Et je suis digne d'être ton gendre.... »

Biribi fronça le sourcil, mais il ne souffla mot.

Coqueluche continua :

« Veux-tu me laisser développer un joli plan que j'ai bâti cette nuit.

— Voyons ?

— Tu veux faire prendre le chevalier, n'est-ce pas ?

— Sans doute.

— Pour cela il faut un appeau, l'appeau est trouvé, c'est Suzanne.

— Parfait !

— Tandis qu'il l'enlève, nous le faisons arrêter, mais il ne faut pas que Suzanne tombe en son pouvoir....

— Qu'est-ce que cela fait, puisqu'on l'arrêtera ?

— Je suis plus fort que toi, mon oncle, j'ai trouvé mieux.

— Vraiment ?

— On enlèvera Suzanne, mais ce ne sera pas lui. Ce sera nous.

— Qu'en veux-tu faire ?

— Attends, Suzanne enlevée, grande rumeur dans le quartier, comme tu penses, le faubourg est en révolution. Le lendemain nous envoyons le chevalier dans le faubourg, à la recherche de Suzanne dont nous lui indiquons la maison.

Quille-en-Bois et les autres reconnaissent le chevalier, l'accusent d'avoir enlevé Suzanne, — sois tranquille, tout sera merveilleusement combiné, — et le font arrêter.

La police te paye ta prime et tu écris à Mlle de Bernerie.

— Mais enfin, qu'est-ce que tu fais de Suzanne ? demanda Biribi.

— Je la garde.

— Pourquoi !

— Attends encore. Les armées alliées assiégent Paris, y entrent et en prennent possession ; naturellement le chevalier est délivré.

Le condamné à mort de la veille devient un des vainqueurs du lendemain.

Le patriotisme des gens du faubourg se réveille au souvenir de Suzanne disparue, enlevée par les royalistes, et voilà notre petite conspiration toute trouvée. Qu'en dis-tu, mon oncle ?

— C'est admirable, mon neveu.

— Pourquoi ne m'appelles-tu pas ton gendre ? »

Biribi ne répondit point à cette plaisanterie. Mais il reprit :

« Seulement, où cacheras-tu Suzanne ?

— Je ne sais pas.... mais nous trouverons....

— J'ai déjà trouvé, moi.

— Ah ! fit Coqueluche.

— Ne t'ai-je pas dit que Cendrinette me poursuivait ?

— Oui.

— Eh bien ! elle a découvert notre retraite. »

Et Biribi raconta ce qui lui était arrivé la veille et comment il avait suivi la pécheresse chez elle.

« D'abord, ajouta-t-il, j'ai songé à la faire arrêter ce matin.

— Sous quel prétexte ?

— Oh ! un bien simple. J'ai caché chez elle une petite correspondance politique. Mais elle m'a fait un aveu qui m'a arrêté.

— Lequel ?

— Cendrinette ne me poursuit qu'à cause de toi.

— Bah !

— Elle t'aime.... et nous en ferons ce que nous voudrons. »

Comme Biribi disait cela, on frappa doucement à la porte du cabinet.

Cette porte ouverte, une femme entra.

Cette femme n'était autre que la portière de la rue Meslay, la vieille madame Eugène, celle qui avait porté des robes de soie et des plumes au chapeau, dans son temps, et avait eu, selon sa pittoresque expression, un *coup de soleil* pour Biribi.

« Qu'est-ce que vous voulez, mame Eugène? dit le chevalier, en la regardant avec un certain étonnement.

— Je vous apporte une lettre qu'on m'a dit être très-pressée. C'est un jeune homme qui est arrivé ce matin, un peu avant le jour. Il m'a dit avoir voyagé toute la nuit.

— D'où venait-il?

— De la Champagne.

— A-t-il dit son nom?

— Mâchefer. »

Coqueluche et Biribi se regardèrent, et Coqueluche dit:

« Je crois bien que c'est l'homme qui a sauvé le chevalier Justin d'Ormignies.

— Je le crois aussi, fit Biribi: voyons la lettre? »

Et il prit, en effet, la lettre des mains de madame Eugène, ajoutant:

« Qu'a dit ce jeune homme?

— Qu'il voulait absolument voir M. le chevalier, n'importe à quelle heure.

— Doit-il revenir rue Meslay?

— Non, mais il est à l'hôtel du Grand-Cerf, rue Saint-Martin, et il attendra que M. le chevalier lui donne un rendez-vous.

— C'est bon, on ira. »

Et d'un geste, Biribi congédia la vieille femme.

Mame Eugène étant partie, Biribi examina la lettre qu'elle lui avait apportée.

L'écriture de la suscription était fine, allongée et trahissait une main de femme.

Biribi dit en riant :

« Je devine de qui elle est.

— De qui donc ?

— De la cousine, pardieu ! »

Et il brisa le cachet, puis la lettre ouverte, il courut à la signature et lut ce nom.

Charlotte de Bernerie.

« Lis tout haut, mon oncle, » dit Coqueluche.

Et il s'allongea dans un fauteuil et prit une pose nonchalante.

XXI

Mlle Charlotte de Bernerie écrivait :

« Monsieur le chevalier,

« Vous ne me connaissez pas, et je ne vous ai jamais vu.

« Cependant j'ose vous écrire, cédant aux sollicitations d'une mère en larmes et d'une famille au désespoir ; les infortunes privées marchent de front, à cette heure sinistre où nous sommes, avec les malheurs publics.

« Mon père m'a dit que vous aviez rendu de grands services aux royalistes rentrés furtivement en France, que vous étiez l'agent des princes de la maison de

Bourbon, et que vous étiez l'homme le plus habile de tout ce parti.

« Je m'adresse donc à vous, et voici ce dont il s'agit.

« Mon cousin, M. le chevalier Justin d'Ormignies, est condamné à mort; si l'Empereur reste sur le trône, ce que, je vous l'avoue humblement, je demande à Dieu, avec instance, mon cousin sera fusillé, s'il n'a passé à l'étranger.

« Si, aujourd'hui, il tombait aux mains de la police, il aurait le même sort.

« Où est-il ?

« Nous l'avons fait évader une première fois; grâce à moi et à un serviteur dévoué, il a pu gagner les avant-postes des armées alliées.

» Traître à la France, il était en sûreté parmi les ennemis de la France.

« Mais le chevalier d'Ormignies, mon cousin, est un de ces hommes qu'un mauvais génie guide sans cesse.

« Sa haine de l'Empire l'a poussé à livrer un village français à une armée russe ; je ne sais quelle amourette d'une part et quel besoin de conspirer de l'autre, lui a fait abandonner le quartier général du maréchal Blücher, pour venir à Paris où il peut être arrêté à toute heure.

« Sa mère, la sœur de mon père, se tord les mains de désespoir. Mon père, qui partage toutes les opinions du chevalier, me charge de vous écrire.

« Vous seul, me dit-il, pouvez veiller sur mon imprudent cousin et lui faire quitter Paris.

« Je m'adresse donc à vous, monsieur le chevalier, et, j'ai l'honneur de me dire :

« Votre servante,

« CHARLOTTE DE BERNERIE. »

« *P. S.* Inutile de vous dire que nous savons fort bien qu'il peut être besoin d'argent pour tirer mon cousin d'affaire, et que la fortune de la famille est à votre disposition. »

— « Voilà un post-scriptum qui me plaît, murmura Coqueluche.

— Et à moi aussi, fit Biribi ; mais as-tu senti le mépris profond qu'elle laisse percer pour son digne cousin, cette jolie demoiselle Charlotte ?

— Oh ! certes !

— Jamais elle ne sera sa femme, que le roi revienne ou non, reprit le chevalier, et nous avons fait un faux calcul à son endroit.

— Bah ! le roi revenu....

— Il n'y a ni roi, ni empereur, ni puissance quelconque, dit Biribi, qui puisse forcer certaines femmes à épouser l'homme qu'elles n'aiment pas, et d'après cette lettre, je crois que Mlle de Bernerie est de ces femmes-là.

— Mais elle donnera de l'argent pour le sauver.

— Oui.

— Et pour cela, il faut le mettre en péril.

— Naturellement. »

Coqueluche se mit à rire :

« Sais-tu, mon oncle, dit-il, que ces gens-là ont une rude confiance en nous ?

— Quelles gens ?

— Les royalistes, parbleu ! »

Biribi eut un sourire sinistre :

« Il faut bien vivre, » dit-il.

Puis, croisant les jambes devant le feu, il ajouta :

« Mais, au lieu de causer de choses et d'autres, parlons de nos affaires.

— J'écoute.

— Cendrinette t'aime, et il faut mettre cet amour à profit, mon garçon.

— Parle ! mon oncle, avons-nous bien besoin de cette fille ?

— Elle nous sera utile. Je lui ai annoncé ta visite pour ce matin. »

Coqueluche prit un ton railleur :

« Dis donc, mon oncle, quand je serai ton gendre tu ne le diras pas à Juliette, au moins. »

Biribi haussa les épaules.

Puis changeant brusquement de conversation :

« Le chevalier d'Ormignies n'a donc pas donné signe de vie depuis hier soir ?

— Je crois qu'il dort profondément encore.

— Il faut frapper à sa porte.

— Sans doute, quand nous serons convenus de tout.

— Mais c'est facile. De la lettre de sa cousine, pas un mot.

— Ah !

— Il se fiera d'autant mieux à nous et sera d'autant plus imprudent qu'il croira sa famille complétement rassurée sur son compte.

— Tu as raison, mon oncle.

— Par conséquent, il faut aller à l'hôtel du Grand-Cerf.

— Moi, mon oncle ?

— Et voir ce Mâchefer qui nous attend.

— Que lui dirai-je ?

— Que tu viens de ma part, que par le temps qui court, il n'est pas prudent d'écrire et que tu lui apportes cette réponse verbale :

« Mlle de Bernerie peut être tranquille, on veillera. »

— C'est parfait.

— Allons, acheva Biribi, fais une jolie toilette, mon cher vicomte, et va présenter tes hommages à cette chère Cendrinette.

— Mais enfin, dit Coqueluche, est-elle jolie?

— Ravissante.

— Mon oncle, dit Coqueluche d'un ton moqueur, et tandis qu'il s'habillait, tu es un beau-père vraiment bien indulgent. On voit que tu appartiens à la vieille école. »

Biribi ne répondit pas.

Mais il se leva, et alla tirer les verroux de la porte qu'il avait refermée sur le chevalier, puis il frappa discrètement.

Personne ne répondit. Le chevalier dormait.

Biribi frappa plus fort et une voix assommeillée finit par répondre :

« Entrez !

— Ah ! je vous y prends, dit Biribi en souriant, vous faites joliment mentir le proverbe, que l'amour cause des insomnies.

— Excusez-moi, répondit Justin d'Ormignies, mais j'ai marché deux nuits de suite, et j'étais brisé de fatigue. »

Coqueluche entra à son tour dans la chambre où le chevalier étirait ses bras et luttait contre les dernières étreintes du sommeil.

« Tenez, poursuivit Biribi, voilà le vicomte mon neveu, qui va vous répondre par un autre proverbe, à savoir que le bien vient en dormant.

— Plaît-il? fit le chevalier.

— Quand mon oncle dit *le bien*, il se trompe, dit Coqueluche.

— Ah !

— Ce n'est pas le bien, c'est l'amour. »

Justin d'Ormignies ouvrit de grands yeux.

« Nous sommes sur la trace de Suzanne, la jeune fille que vous aimez. »

Le chevalier jeta un cri de joie.

« Où est-elle ? demanda-t-il.

— Ah ! fit Biribi en riant, vous êtes pressé.

— C'est-à-dire que j'ai des battements de cœur rien qu'à vous entendre prononcer son nom, murmura l'amoureux chevalier.

— Vous êtes trop pressé, mon jeune ami.

— Mais.... quand.... la verrai-je ?

— Pour la voir, dit Coqueluche, il faut l'enlever.

— Elle est donc gardée ?

— Comme un trésor par une légion de dragons. Mais patience, on y arrivera. »

Puis, Coqueluche ajouta brusquement :

« Mais ce n'est pas votre besogne à vous, au fait !

— Que voulez-vous dire ? demanda Justin inquiet.

— N'avez-vous pas chargé quelqu'un de ce soin ? »

Le chevalier tressaillit :

« Pardonnez-moi, dit-il, j'ai, en effet, promis une somme d'argent à un homme.

— Que vous ne connaissez pas.

— Je sais que c'est un royaliste ardent....

— Si ardent, dit Coqueluche, qu'il vous a déjà signalé.

— A qui donc ?

— A la police.

— Le misérable ! s'écria Justin d'Ormignies.

— Heureusement nous sommes là pour veiller sur vous, ajouta Coqueluche, et vous n'avez pas besoin de ce misérable pour enlever Suzanne.

— Vous allez demeurer ici, reprit Biribi.

— Sans sortir ?

— Jusqu'à ce soir.

— Et nous verrons Suzanne, au moins ?

— Nous l'espérons du moins. Au revoir, chevalier, je vous laisse avec mon oncle, qui a de bonnes nouvelles politiques à vous donner.

— Vraiment? exclama Justin que sa haine de Bonaparte reprit.

— Dans huit jours, le roi sera aux Tuileries. Au revoir!... »

Et Coqueluche sortit et s'en alla à l'hôtel du Grand-Cerf où était descendu Mâchefer et où lui, Coqueluche, devait faire une singulière rencontre.

XXII.

Coqueluche s'adressa à un garçon d'écurie nonchalamment assis sur une borne de la cour dans l'hôtel du Grand-Cerf.

Cet hôtel, cette auberge plutôt, avait une véritable clientèle de province.

Les voitures publiques de Meaux et de Troyes y avaient un bureau.

Le riche fermier de la Beauce ou de la Brie y descendait à cheval, avec un bon fusil à l'arçon ou des pistolets dans ses fontes, et un éperon à la botte gauche.

La droite n'en avait jamais chaussé.

Les provinciaux des environs de Paris s'y donnaient volontiers rendez-vous.

La table d'hôte était servie à midi. L'on soupait, le soir, comme on voulait.

Le service était fait par des filles; le seul homme de la maison, car l'hôtesse était veuve et avait ses deux fils sous les drapeaux, était ce valet d'écurie à qui Coqueluche s'adressait.

C'était un gros garçon assez niais, qui ne s'occupait guère d'autre chose que de voler sur le picotin d'avoine et la botte de foin du cheval de la pratique.

Il avait un nom grotesque, — il s'appelait Pacôme.

Pacôme aimait l'argent. Coqueluche n'eut qu'à le voir pour le deviner.

Il lui montra donc un petit écu.

Pacôme salua le jeune élégant, et allongea la main.

« Mon garçon, lui dit Coqueluche, connais-tu un voyageur qui a dû descendre ici ce matin à la première heure, par la patache de Troyes, et qui s'appelle monsieur Mâchefer?

— Je connais bien ce nom-là; mais celui qui le porte n'est pas descendu par la patache.

— Ah!

— Il est venu à cheval. Il pouvait être trois heures du matin quand ils sont arrivés. C'est moi qui leur ai ouvert la porte charretière.

— Comment! fit Coqueluche, il n'était donc pas seul?

— Sa dame était avec lui.

— Plaît-il?

— Dame! je ne sais pas, reprit Pacôme, si c'est sa femme ou autre chose; car, après tout, il n'a pas l'air d'un monsieur, tandis qu'elle a l'air d'une vraie princesse....

— Oh! oh! pensa Coqueluche, serait-il donc question de Mlle Charlotte de Bernerie? »

Puis tout haut :

« Tu dis donc que c'est bien ici qu'est descendu M. Mâchefer?

— Sans doute.

— A trois heures du matin?
— Oui.
— En compagnie d'une dame?
— Ah! pardon! dit Pacôme, c'est moi qui dis ça... mais....
— Mais quoi?
— C'est une dame si l'on veut.
— Comment, si l'on veut?
— Dame! elle était habillée en homme. »

Coqueluche se mit à rire.

« Mais tu as bien vu que c'était une femme?
— Pardieu! rien qu'à la démarche et aux hanches.... ça se voit tout de suite.
— Bon! Eh bien! où est-il ce monsieur Mâchefer?
— Il n'y est pas.
— Allons donc?
— Il vient de sortir voilà trois minutes. Mais l'autre.... la dame.... ou le monsieur.... comme vous voudrez.... y est.
— Quelle chambre? quel étage? »

Tout en faisant ces questions, Coqueluche ne lâchait pas le petit écu.

Pacôme qui le guignait de l'œil, lui dit :

« Dame! je ne sais pas.... si je dois.... car enfin.... ma maîtresse ne m'a pas dit.... »

Coqueluche tendit l'écu.

Pacôme l'engouffra dans la poche de sa large braye.

Car Pacôme était Breton, et les Bretons ont tout fort large, depuis la braye jusqu'aux promesses. Quitte à ne pas les tenir.

« Voyons! reprit Coqueluche, je suis pressé.... »

Mais Pacôme avait fait un raisonnement fort simple.

« Si j'ai ça si facilement un écu, se dit-il, pourquoi n'en aurais-je pas deux?

— C'est égal, dit-il, je ne sais pas si je dois..... »

Coqueluche comprit et tendit un autre écu.

Pacôme était fixé. Il devait, dès lors, indiquer à un homme si bien posé le logis de la compagne de M. Mâchefer.

« Montez au deuxième, dit-il, c'est la chambre qui porte le numéro 8. »

Coqueluche était déjà dans l'escalier.

A la porte du numéro 8, il frappa.

Une voix de femme, mais une voix sonore et qui trahissait une énergie toute virile, demanda :

« Est-ce toi, Mâchefer ?

— De la part du chevalier de Biribi, » répondit Coqueluche.

La porte s'ouvrit, Coqueluche entra.

Le faux vicomte de Montrevel se trouva alors en présence non point d'une femme habillée en homme, mais d'une femme qui avait repris les vêtements de son sexe.

C'était bien, en effet, et comme il l'avait pensé du reste, Mlle Charlotte de Bernerie.

La jeune fille avait adopté pour voyager le costume masculin comme plus commode; mais arrivée à l'hôtel, elle s'était empressée de le quitter.

A la vue de Coqueluche elle fit un geste d'étonnement et presque d'inquiétude.

« Vraiment, monsieur, dit-elle, vous êtes monsieur de Biribi ?

— Non, mademoiselle, répondit Coqueluche.

— Alors, monsieur ?...

— Je suis le vicomte de Montrevel, son neveu. »

Et il salua avec une grâce parfaite.

Charlotte de Bernerie répondit par une révérence, mais elle ne souffla mot.

« Veuillez excuser mon oncle, mademoiselle, reprit Coqueluche, mais il croyait, d'après votre lettre, n'avoir affaire qu'à Mâchefer, votre garde-chasse ; et comme il est un peu souffrant.... »

Ces simples mots suffisaient à Mlle de Bernérie pour lui prouver que Coqueluche avait eu connaissance de sa lettre et qu'il était inutile de lui rien cacher.

« En effet, monsieur, dit-elle en lui indiquant un siége, lorsque j'ai écrit au chevalier votre oncle, je ne comptais pas quitter Fontenelle, et Mâchefer devait faire tout seul le voyage ; mais, au dernier moment, le désespoir de ma tante, les instances de mon père m'ont décidée, je suis partie. »

Coqueluche regardait Mlle de Bernerie tandis qu'elle parlait.

Jamais femme ne lui avait peut-être paru plus belle, d'une mâle et superbe beauté.

L'énergie du regard était tempérée par la bienveillance et le charme du sourire.

La voix était sonore, mais d'une excessive harmonie.

Coqueluche devina du premier coup d'œil qu'il était en présence d'une nature opulente et héroïquement trempée.

Et il se sentit comme dominé pendant un moment. Charlotte reprit :

« Je suis donc partie, monsieur. Ce matin, j'ai envoyé Mâchefer au domicile qu'on m'avait indiqué, porteur de la lettre que j'avais écrite à votre oncle. Si Mâchefer l'eût rencontré, il lui aurait annoncé mon arrivée. »

Coqueluche répondit :

« Je ne vois pas trop, mademoiselle, en quoi votre présence à Paris peut être utile au chevalier d'Ormignies.

— Mais, monsieur, je le supplierai, au nom de sa mère et de toute sa famille....

— De partir?

— Sans doute.

— Mais d'abord, fit Coqueluche, qui avait de bonnes raisons pour ne pas révéler ses relations avec Justin d'Ormignies, êtes-vous bien sûre qu'il soit à Paris?

— On l'a écrit à mon père.

— Qui donc?

— Un officier de l'armée prussienne que mon père a connu pendant l'émigration.

— Soyez tranquille, mademoiselle, dit Coqueluche, s'il y est, nous le trouverons.

— Et vous le ferez partir?

— Sans doute, à moins d'un malheur.... »

Et Coqueluche baissa la voix.

Charlotte de Bernerie le regarda avec étonnement.

« A moins, reprit-il, que les armées alliées ne prennent Paris, ce dont le ciel nous préserve. »

Il sut mettre un tel accent de haine dans ces mots que Charlotte, stupéfaite, lui dit :

« Vous n'êtes donc pas royaliste?

— Je suis Français avant tout, » répondit-il.

La jeune fille tressaillit.

« Pourtant, dit-elle, votre oncle, M. de Biribi, passe pour un des agents les plus dévoués et les plus actifs du parti royaliste.

— Oui, mais je déplore son fanatisme, moi. »

Charlotte lui tendit la main :

« Monsieur le vicomte de Montrevel, lui dit-elle simplement, vous parlez bien. »

Coqueluche accepta le compliment avec modestie, fit à Mlle de Bernerie mille promesses, et prit congé d'elle en lui annonçant la visite du chevalier de Biribi pour le soir même.

Comme il s'en allait, Pacôme lui courut après :

« C'est-y bien çà ? lui dit-il.

— Oui, et voilà pour toi. »

En même temps, Coqueluche lui donna un troisième écu, et sortit en s'adressant, comme on va le voir, un joli monologue.

XXIII

« La bêtise de l'homme est incalculable, se disait Coqueluche en remontant la rue Saint-Martin et se dirigeant vers les boulevards.

Voilà une fille qui est belle à éclipser Juliette et Suzanne, les deux plus jolies créatures que j'eusse vues jusqu'à présent. Elle a deux millions de dot, et elle est maîtresse de sa main.

Beauté, jeunesse, fortune, éducation, naissance, — elle a tout, plus une toquade, une marotte, un travers si l'on veut, elle aime son Empereur et elle est Française !

Eh bien ! le chevalier d'Ormignies pouvait posséder tout cela, en criant tous les matins une fois : Vive l'Empereur ! Il ne l'a pas fait, c'est un sot.

Ah ! si les Cosaques m'en donnaient le temps....

Je suis un homme bien né, moi aussi, et j'ai bien le droit d'aimer l'Empereur !...

Avant un mois, — pour peu surtout que M. de Vauxchamps se fît tuer, — Mlle de Bernerie me regarderait d'un assez bon œil.

Mais les Cosaques arrivent, et quand Paris sera pris, il faudra bien, mon petit Coqueluche, crier : vive le Roi, si nous voulons être fait colonel. »

Coqueluche interrompit son monologue pour soupirer profondément.

« Après çà, reprit-il, je ne sais pas si des épaulettes de colonel valent cent mille livres de rente en bonnes terres et une jolie fille....

Oui, mais j'aime Juliette.... »

Coqueluche poussa un nouveau soupir.

« Juliette, que papa Biribi ne veut pas me donner. Allons ! il ne faut plus penser à tout cela. D'ailleurs, Mlle de Bernerie aime le beau commandant de lanciers. »

Et Coqueluche fit un troisième soupir qu'il accompagna de cette réflexion assez sensée :

« D'ailleurs, mon oncle Biribi est une dure parenté pour le vicomte de Montrevel, une parenté bien.... compromettante.... et si je me mettais en tête de plaire à Mlle de Bernerie en devenant bonapartiste, il serait capable de se mettre en travers de mon chemin.

Dans tous les cas, il me ferait payer une jolie commission sur sa dot. »

Coqueluche pressa le pas, ajoutant :

« Allons ! allons, il ne faut plus penser à tout cela. Revenons à notre plan primitif ; mais pour cela il est nécessaire d'enlever Suzanne, et, comme me l'a conseillé Biribi, voici le moment d'aller faire un bout de visite à Cendrinette. »

Coqueluche suivit les boulevards tout du long jusqu'à la rue du Mont-Blanc.

C'était là, on s'en souvient, que logeait Cendrinette.

La pécheresse dormait encore, bien qu'il fût près de midi, quand le coup de sonnette du prétendu vicomte de Montrevel se fit entendre.

Cendrinette bondit hors de son lit et appela sa femme de chambre.

« Madame, dit celle-ci en entrant, je crois bien que c'est *lui*.

— Lui! fit Cendrinette, et son visage se couvrit d'un vif incarnat.

— Oui, ce brave jeune homme, dont madame parle et rêve d'un bout du jour à l'autre bout de la nuit.

— Comment est-il? »

Et la voix de Cendrinette tremblait.

« Grand, blond, avec des yeux bleus....

— C'est bien cela.... oui....

— Du reste, il m'a donné sa carte. »

Et la soubrette tendit un petit carré de papier glacé et armorié qui portait ce nom :

« *Le vicomte de Montrevel.* »

« Où est-il? où l'as-tu fait entrer? demanda Cendrinette d'une voix émue.

— Dans le boudoir.

— Y a-t-il du feu?

— Oui, madame.

— Vite, vite, habille-moi.... peigne-moi.... fais moi belle.... »

Et Cendrinette tremblait en parlant ainsi.

Elle se regarda dans une psyché placée vis-à-vis de son lit :

« O mon Dieu! dit-elle, je suis laide ce matin.

— Mais non, dit la soubrette, madame n'a jamais eu le visage plus calme et plus reposé.

— Tu crois?

— J'en suis sûre.

— Si j'allais ne pas lui plaire.... Oh ! j'en tremble.... vite, habille-moi.... »

La soubrette ne perdait pas de temps ; elle avait, en un tour de main, déroulé les beaux cheveux blonds de Cendrinette, enfermés toute la nuit dans des papillottes.

Cendrinette avait mis des bas de soie au travers desquels on voyait sa jambe rosée ; elle avait chaussé son pied d'une mule de satin bleu, enveloppé ses épaules rondelettes et frileuses dans une robe de chambre garnie de Valenciennes, et mis, à la hâte, deux ou trois bagues qui traînaient dans un vide-poche d'albâtre sur la cheminée. Tout cela fut l'affaire d'un quart-d'heure.

Cendrinette entra dans le boudoir où Coqueluche attendait.

Elle entra, la mignonne et la coquette, comme une princesse des contes de Perrault qui a une fée pour marraine, et qui sait qu'on ne lui peut rien refuser.

Coqueluche l'enveloppa de ce regard sûr et clair qu'ont les hommes à bonne fortune.

« Voilà une merveilleuse poupée, se dit-il, et ce pauvre Biribi était fou de croire qu'il avait pu lui tourner la tête. Pauvre vieux, va ! »

Il salua Cendrinette ; elle lui prit la main, l'attira auprès d'elle sur une causeuse, le regarda, soupira et ne trouva pas un mot.

« Chère petite, lui dit Coqueluche d'un ton dégagé, mon oncle m'a tout dit. »

Ces mots suffirent à délier la langue de Cendrinette.

« Ah ! dit-elle tout émue, Biribi est votre oncle ?

— Non, mais je l'appelle ainsi.

— Et c'est.... votre ami ?...

— Oui.... au besoin.... Il est très-drôle ce Biribi....

— Je l'aime de tout mon cœur, puisque vous êtes là, reprit Cendrinette.

— Chère petite!... »

Et Coqueluche lui baisa la main.

Cendrinette frissonna des pieds à la tête.

« Enfin, dit-elle, vous êtes venu....

— Mais oui.... fit-il souriant. Vous êtes adorable, du reste. Voyons, m'aimez-vous un peu?

— Je ferai des folies pour vous, quand il vous plaira.

— M'aimez-vous donc déjà? »

Cendrinette rougit comme une pivoine; mais elle leva les yeux au ciel :

« Il le demande! fit-elle.

— Ah! c'est que, dit Coqueluche en riant, c'est chose grave, l'amour, et les femmes le prennent quelquefois à la légère.

— Pas moi.

— Vous avez donc aimé déjà!

— Oui.... une fois....

— Oh! oh!

— Mais pas comme je vous aime.... c'était autre chose.... Et puis, j'étais toute jeune, et ces officiers sont si inconstants!

— Ah! c'était un officier?

— Oui.

— Peut-on savoir son nom?

— Mon Dieu! dit Cendrinette, je n'ai rien de caché pour vous. C'était un capitaine de lanciers.

— Ah!

— On l'appelait Raoul de Vauxchamps. »

Coqueluche tressaillit.

« Bon! fit-il, le fiancé de Mlle de Bernerie.

— Est-ce que vous le connaissez? demanda Cendrinette avec inquiétude.

—Non, » répondit Coqueluche d'un ton d'indifférence.

En même temps il se disait :

« Si je reviens à mes premières idées sur Mlle Charlotte, je m'arrangerai de façon qu'elle sache que le beau commandant a eu une jeunesse orageuse. »

Et il passa une heure chez Cendrinette, caquetant avec elle et jasant ce joli langage de l'amour qui est à peu près intraduisible.

« Mais enfin, dit Cendrinette, vous êtes libre, au moins?

— Comment donc! fit Coqueluche, mais je vous aime déjà....

— Oh! je vais devenir folle. »

Et elle lui sauta au cou.

« Soyez raisonnable aujourd'hui encore, dit-il.

— Pourquoi, aujourd'hui?

— Parce que j'ai besoin de vous.

— Vraiment! Oh! parlez.... faut-il me jeter par la fenêtre?

— Non, mais il faut me rendre un service.

— Lequel?

— Me cacher ici pendant huit jours....

— Vous?

— Non, pas moi.... mais une jeune fille, que je vous amènerai ici cette nuit.

— Quelle est-elle?

— Je vous dirai cela ce soir. »

Et Coqueluche se leva.

« Comment! Vous partez déjà? s'écria Cendrinette qui fit une jolie moue boudeuse.

— Je reviendrai ce soir.

— Bien vrai?

— Je vous le jure par les Montrevel mes ancêtres, » dit Coqueluche, avec un sang-froid superbe.

Cendrinette lui sauta au cou et murmura :

« Comment ne pas être folle de lui !
— A ce soir, » dit Coqueluche s'esquivant.

Puis, quand il fut dans la rue, il dit :

« Décidément, Mlle de Bernerie et ses deux millions me trottent furieusement dans la cervelle. »

XXIV

Coqueluche retourna au quai de l'Ecole.

Le chevalier Justin d'Ormignies et M. de Biribi jouaient fort tranquillement au tric-trac dans son cabinet.

Le chevalier ignorait ce qui s'était passé, c'est-à-dire que sa cousine veillait sur lui.

Biribi ne savait pas que Mlle de Bernerie était arrivée ; il croyait seulement à la présence à Paris de Mâchefer.

Entre la rue du Mont-Blanc et le quai de l'École, Coqueluche, du reste, avait fait une station.

Il s'était arrêté au café Procope.

Le café Procope, situé rue Saint-Honoré, proche le Palais-Royal, était la salle aux nouvelles politiques.

Pendant la Révolution, sous le Directoire, à toutes les époques de troubles, les gens de parti s'y étaient réunis.

Sous l'Empire, c'est-à-dire de 1804 à 1811 et 1812, le café était redevenu paisible. On y parlait, le soir, victoires et conquêtes, mais on n'y parlait plus politique.

Les premiers désastres de Napoléon y avaient ramené

les anciens mécontents, les royalistes pleins d'espoir et aussi les partisans dévoués de la dynastie impériale.

Depuis trois mois surtout, le café Procope était, du matin au soir, le rendez-vous de toutes les opinions qui se manifestaient fort librement.

La police y faisait çà et là quelques arrestations.

Chaque soir on y échangeait des provocations.

Coqueluche y avait passé une heure.

En rentrant il fit à *son oncle* un signe mystérieux qui voulait dire :

« Pas un mot de Mâchefer. »

Biribi cligna de l'œil, ce qui signifiait qu'il avait compris.

Puis, Coqueluche prit la parole et dit :

« Je viens du café Procope.

— Ah! ah! fit le chevalier, que dit-on?

— Mille choses contradictoires?

— Vraiment?

— Les uns prétendent que les alliés ont été battus hier.

— En quel endroit?

— A Arcis-sur-Aube; les Russes et les Autrichiens étaient quatre-vingt-six mille.

— Et les Français?

— Vingt mille à peine.

— Si le fait est vrai, dit Biribi, rien n'est désespéré pour Napoléon. Il ralliera toutes les garnisons éparpillées entre la Seine, la Marne et l'Aube, livrera une bataille suprême, et s'il la gagne....

— Il ne la gagnera pas! dit le chevalier d'Ormignies avec un accent de haine profonde.

— Est-ce tout ce que l'on dit? demanda encore Biribi.

— On prétend que le maréchal Soult a découvert Bordeaux pour se porter sur Toulouse, que les Anglais sont entrés dans Bordeaux et qu'ils y ont proclamé les Bourbons.

— Cette nouvelle vaut mieux, dit Justin.

— En attendant, reprit Coqueluche, la police impériale redouble d'activité et de vigilance.

— Ceci est à votre adresse, chevalier, fit Biribi.

— Elle ne m'aura pas, dit Justin. Du moins, je ne me laisserai pas prendre vivant.

— Néanmoins, dit Biribi, je vous conseille fort de ne pas sortir jusqu'à ce soir.

— Mais, reprit le chevalier, ne m'avez-vous pas dit que ce soir je pourrais voir?...

— Suzanne. Nous essayerons du moins. Pour cela, il faudra que nous prenions un déguisement d'ouvrier.

— Soit, dit le chevalier.

— Eh bien! à ce soir, dit Coqueluche.

— Comment? exclama Biribi, le voyant se lever, tu t'en vas encore?

— Oui. Je retourne chez Cendrinette.

— Ah! mon drôle!...

— Ravissante, mon oncle, charmante! »

Biribi haussa les épaules et ne répondit pas.

Coqueluche sortit, mais non sans avoir échangé un nouveau regard avec Biribi.

Ils étaient d'accord.

. . . .

A neuf heures du soir, Coqueluche vint prendre le chevalier Justin d'Ormignies pour le conduire au faubourg Saint-Antoine.

Biribi lui avait procuré un pantalon de velours, une blouse et une casquette.

En outre, le chevalier avait coupé ses cheveux et s'était, bien à regret, séparé de sa queue, dont le bout était emprisonné dans une bourse de taffetas vert.

Un peu d'huile grasse mélangée de brou de noix avait suffi à faire disparaître la blancheur de son teint.

Coqueluche avait repris sa tournure d'ouvrier menuisier.

Ils sortirent par l'escalier de la maison de Biribi, qui refusa de les accompagner, et s'en allèrent bras dessus bras dessous.

Coqueluche dit au chevalier :

« Je ne vous cacherai pas, mon cher ami, que l'enlèvement n'est pas applicable à la minute même. Il faut voir, il faut réfléchir... Aujourd'hui nous allons faire une simple reconnaissance, comme on dit en style militaire.

— Mais... la verrai-je, au moins ?
— C'est probable.
— Comment ?
— Vous entrerez dans le cabaret de la Mère des compagnons, elle y descend quelquefois.
— Mais la Mère des compagnons m'a vu à Fontenelle.
— Bah ! vous êtes si peu reconnaissable ! Qui donc sous cette blouse reconnaîtrait le brillant chevalier d'Ormignies ? »

Justin salua.

« Mais, dit-il encore, cet invalide qu'on appelle Quille-en-Bois me reconnaîtra, lui aussi.

— Pas davantage. Nous nous placerons, du reste, dans le coin le plus obscur du cabaret.

— Fort bien, je me fie à vous, mon cher vicomte. »

Le chevalier était si rondement mené par sa folie amoureuse qu'il faisait en marchant des pas démesurés, et que Coqueluche avait peine à le suivre. Ils gagnèrent la rue Saint-Antoine et la place de la Bastille.

Comme la veille, le faubourg était en rumeur ; les groupes étaient plus nombreux encore ; mais on y parlait à voix basse, et la rude population des forgerons et des ébénistes témoignait par son attitude recueillie et sombre, de l'intention qu'avait le peuple de Paris de se défendre avec une énergie désespérée.

Coqueluche, comme la veille, se mêla aux divers rassemblements, tenant toujours le chevalier par le bras.

Partout on parlait de résistance ; partout on parlait de monter et de mettre le feu aux maisons avant que les Russes ne fussent entrés.

Mais Quille-en-Bois était absent.

Coqueluche eut beau parcourir tous les groupes, il ne le vit nulle part.

« Mais où est la maison de la *petite* ? demanda le chevalier.

— Vous êtes pressé, répondit Coqueluche en riant.

— J'en conviens.

— Allons, venez ! »

Et il l'entraîna dans le faubourg.

A cent pas du cabaret de la Mère des compagnons, Coqueluche s'arrêta :

« Je ne vois pas de lumière à la fenêtre de Suzanne, dit-il, elle doit être dans le cabaret. »

Le cœur du chevalier se prit à battre.

« Si on me demande qui vous êtes, je dirai que vous êtes un camarade d'atelier tout nouvellement revenu de son tour de France.

— On vous connaît donc, là-bas ?

— Dame ! vous pensez bien que, pour faire les affaires du roi, mon oncle et moi avons besoin de plus d'un déguisement.

— Sans doute. »

Ils se remirent en marche.

A la porte du cabaret, Coqueluche étendit la main vers la maison voisine.

— C'est là, dit-il, en désignant la fenêtre qui, la veille, était éclairée.

— Peut-être est-elle couchée ?

— Je ne sais pas. »

En même temps il colla son visage aux vitres du cabaret.

Le cabaret était presque désert.

Mais Coqueluche aperçut trois femmes et deux hommes autour d'une table.

Les deux hommes étaient Quille-en-Bois et Jean le Manchot.

Les femmes, mame Toinette, Vierge la servante et la jolie Suzanne.

Il y avait encore, tout au fond, une table auprès de laquelle plusieurs ouvriers étaient assis et buvaient.

Mais c'étaient des forgerons, les ouvriers de Quille-en-Bois, et ce dernier était bien certain que ceux-là ne manqueraient pas de respect à sa chère pupille.

« S'ils allaient me reconnaître ? » fit le chevalier hésitant.

« Bah ! dit Coqueluche, je réponds de vous. »

Et il ouvrit la porte du cabaret et entra le premier.

Le chevalier avait enfoncé sa casquette sur ses yeux.

« Tiens ! c'est Coqueluche, dit Quille-en-Bois en voyant le faux vicomte de Montrevel.

— C'est moi, patron, bonsoir la compagnie. Excusez, j'amène un camarade d'atelier, ne vous dérangez pas et bon appétit. »

Personne ne fit attention au chevalier.

Personne, excepté Suzanne, qui rencontra son regard ardent et tressaillit.

XXV

Du premier coup d'œil, Coqueluche vit bien qu'il avait affaire à des gens vivement préoccupés.

Quille-en-Bois qui, d'ordinaire, causait volontiers avec lui et l'avait même pris en affection, Quille-en-Bois lui dit à peine bonjour.

Coqueluche devina qu'il y avait de l'orage dans l'air, et il gagna sans mot dire le coin le plus obscur du cabaret.

Le chevalier le suivit.

Vierge se leva de table et s'approcha de Coqueluche :

« Que faut-il vous servir, compagnon ? demanda-t-elle.

— Du vin, » répondit-il.

Le chevalier Justin d'Ormignies dévorait Suzanne des yeux.

Suzanne était mal à l'aise et se sentait rougir sous le feu de ce regard.

Mais Suzanne ne redoutait rien tant que les tempêtes de colère de son parrain Quille-en-Bois, et Suzanne se tut.

Quille-en-Bois et la Mère des compagnons causaient à voix basse.

Quille-en-Bois disait :

« Ainsi le *vieux* est là-haut ?

— Il est arrivé comme le jour naissait, couvert de poussière exténué de fatigue.

— Pourquoi donc a-t-il quitté Fontenelle ?

— Parce que les gens du pays n'ont pas voulu sanctionner, pour ce qui les concernait, le pardon de l'Empereur.

— Ah !

— Ils ont signifié à mon père que s'il ne partait pas, on mettrait le feu à sa ferme.

— Et il est parti ?

— Lui et mon frère François.

— Il est donc arrivé aussi, lui ?

— Oh ! non, fit mame Toinette avec un accent de dédaigneuse amertume. Autant le père que le fils, ils sont incorrigibles. Sais-tu où ils sont allés en quittant Fontenelle ?

— Non.

— Ils ont été se présenter au quartier général du maréchal Blücher. On n'a pas voulu de mon père parce qu'il était trop vieux. Mais on a enrôlé François.

— Alors ton père est venu ici ?

— Dame ! il n'avait pas d'autre asile.

— Qui donc garde la ferme ?

— La Nanette. Oh ! celle-là, on la connaît, on sait qu'elle est bonne patriote. Je suis tranquille.

— Le vieux est donc venu tout seul ?

— Non, dit mame Toinette, baissant encore la voix, Jean de Nivelle est avec lui.

— Ah ! oui, ce fou ?

— Tais-toi, dit vivement mame Toinette.

— Pourquoi me taire ?

— Je ne sais pas..., mais cet homme.... oh ! son regard....

— Eh bien ! te fait-il peur ?

— Non, mais j'ai des battements de cœur,... oh ! je suis folle.... c'est impossible....

— Mais, quoi donc? » fit Quille-en-Bois.

Mame Toinette, d'un regard furtif, enveloppa Suzanne.

Cela voulait dire qu'elle ne voulait ni ne pouvait parler devant elle.

« C'est bien », fit Quille-en-Bois d'un signe.

Puis il adressa la parole à Suzanne :

« Allons, ma petite, dit-il, voici qu'il est dix heures du soir. Puisque, maintenant, de peur des mauvaises rencontres, la nuit, tu couches avec ta marraine, il faut monter dans sa chambre. »

Suzanne se leva.

Elle ne demanda pas mieux que de se soustraire à ce regard qui pesait sur elle.

Peut-être même que, dans cet ouvrier à figure noircie, elle avait reconnu le chevalier Justin d'Ormignies, l'homme qui, déjà, à la ferme de la Regratière, la regardait si étrangement, au moment où il partait pour le conseil de guerre.

Coqueluche, qui s'était placé de manière à masquer le plus possible le chevalier, se pencha vers lui et lui dit tout bas :

« Ne regardez pas ainsi la petite.... Quille-en-Bois est soupçonneux et ombrageux.... S'il surprend un de vos regards, tout peut se gâter.... »

Mais, en ce moment, Suzanne tendait son front à Quille-en-Bois, qui lui dit :

« Bonsoir, mon enfant !

— Et ne t'amuse pas à travailler ce soir encore, dit mame Toinette. Tu te perds les yeux.

— Oh ! dit la jeune fille, je n'ai guère le cœur à l'ouvrage. Je songe à mon pauvre frère qui est venu hier apporter des dépêches, qui est reparti ce matin au point du jour et qui se fera tuer, c'est sûr, comme notre père..... ajouta-t-elle d'une voix émue.

— Bah ! dit mame Toinette avec un fier sourire, regarde donc si je suis morte, moi ! les balles des Cosaques ne tuent pas toujours.

— Dans tous les cas, cousine, fit Jean le Manchot, silencieux jusque-là, on t'a donné une fière charpie pour boucher le trou. »

Et il mit son doigt sur la croix d'honneur que mame Toinette avait attachée sur sa poitrine.

« Elle l'a bien gagnée, la chère femme ? » murmura Quille-en-Bois avec émotion.

Puis, comme l'émotion n'était pas son fort, et qu'il s'y laissait aller le moins possible, il se tourna vers deux de ses ouvriers qui se trouvaient encore attablés dans le cabaret et il leur dit brusquement :

« Allez donc vous coucher, vous autres ! faudra-t-il pas battre la générale demain matin pour vous faire lever ? »

Les forgerons se levèrent sans répondre et sortirent l'un après l'autre.

Alors Quille-en-Bois dit à mame Toinette :

« Tu peux parler, cousine, maintenant ? »

Vierge était montée avec Suzanne.

Mais d'un nouveau signe, mame Toinette fit apercevoir à Quille-en-Bois, Coqueluche et le chevalier qui continuaient à boire dans un coin.

« Ah ! c'est juste, » fit Quille-en-Bois.

Puis il se tourna vers Coqueluche :

« Tu fais donc la noce, toi ? dit-il.

— Moi, patron ? mais non.... »

Et Coqueluche quitta la table où il était pour s'approcher de celle de Quille-en-Bois.

« A vous dire la vérité, patron, dit-il, je suis venu un peu pour vous, ce soir.

— Pour moi ?

— Oui, parce que je vous ai rencontré hier si fort en colère.

— C'est vrai que je l'étais....

— Eh bien ! qu'en avez-vous fait de ce drôle qui voulait conter des bêtises à mamzelle Suzanne ?

— Faut qu'il se soit méfié, dit Quille-en-Bois.

— Nous l'avons guetté toute la nuit ? reprit Jean le Manchot.

— Et il n'est pas rentré ?

— Non.

— Et la Chénoiseau ?

— Déguerpie aussi. J'aime autant ça, » reprit Quille-en-Bois.

D'ailleurs, nous avons pris nos précautions, la Mère et moi. Suzanne couche ici, maintenant.

« C'est une bonne précaution, fit Coqueluche d'un air naïf.

— Blaisot couche ici, dans le bas; Vierge tout en haut, continua Quille-en-Bois.

— Et voilà qu'il nous est venu du renfort, ajouta la Mère des compagnons. Mon père est arrivé aujourd'hui.

— Eh bien ! dit Coqueluche, jetant une pièce de monnaie sur la table, je suis content qu'il ne vous soit rien arrivé de fâcheux.

— Merci, mon garçon.

— Et nous allons vous souhaiter le bonsoir. Viens-tu, compagnon ? »

Le chevalier se leva et, pour passer devant Quille-en-Bois, il se gratta le front, de manière à cacher à moitié sa figure.

Quille-en-Bois et Jean le Manchot ne firent aucune attention à lui.

Seule, la Mère des compagnons fronça le sourcil. Cependant elle ne souffla mot.

Coqueluche et le chevalier sortirent.

Mais à peine la porte du cabaret s'était-elle refermée sur eux que mame Toinette s'écria :

« Vous n'avez donc pas regardé cet homme ?
— Quel homme ?
— Celui qui était avec Coqueluche.
— Non, eh bien ?
— On jurerait le chevalier d'Ormignies.
— Tu es folle ! » dit Quille-en-Bois.

. . . .

Dans la rue, Coqueluche entraînait rapidement le chevalier et lui disait :

« Suzanne est à nous ! »

XXVI

Le chevalier Justin d'Ormignies n'avait pu s'empêcher de tressaillir en entendant les dernières paroles de Coqueluche.

« Vraiment ? dit-il.
— Parbleu, répondit le faux vicomte de Montrevel. Dans la maison de Quille-en-Bois, je n'eusse répondu de rien, mais chez mame Toinette....
— C'est donc plus facile ?
— Sans doute, j'en fais mon affaire.
— Mais quand ?
— Oh ! pas ce soir... demain peut-être... je ne sais pas encore....
— Ah !

— Il faut que je dresse mes batteries.
— Mais.... ce soir.... qu'allons-nous donc faire ?
— Vous allez rentrer.
— Chez vous ?
— Naturellement.
— Vous ne rentrerez donc pas avec moi ?
— Non, dit Coqueluche, j'ai autre chose à faire.
— Quoi donc? »

Coqueluche se mit à rire :
« Mon cher chevalier, dit-il, j'ai d'autres occupations, croyez-le, que de servir vos amours avec Mlle Suzanne; il ne faut pas que l'amitié que je ressens pour vous et l'envie que j'ai de vous voir heureux, me fassent négliger le service du roi.

— Vous avez raison, dit Justin un peu honteux.
— Vous allez traverser la place....
— Bon !
— Vous gagnerez le quai, c'est un chemin plus court; voici un passe-partout pour rentrer.

D'ailleurs, vous trouverez mon oncle, qui m'a promis de ne se mettre au lit qu'à votre retour. »

Sur ces mots, Coqueluche tendit une clef au chevalier, lui serra la main et s'éloigna rapidement.

Mais au lieu de redescendre le faubourg, il gagna la rue de Lappe et s'arrêta devant une maison de triste apparence, au rez-de-chaussée de laquelle logeait un chaudronnier.

Il frappa trois coups, non à la porte de la maison, mais à celle de la boutique.

Une voix cria du dedans :
« Qui est là ?
— Avez-vous des nouvelles d'Alsace ? » demanda Coqueluche.

Un panneau de la devanture s'ouvrit, un homme se

baissa, passa au travers de cette ouverture, et se dressa devant Coqueluche.

« Bonsoir, maître, » dit-il.

C'était l'Alsacien.

« Es-tu prêt, lui dit Coqueluche.

— Est-ce pour cette nuit ?

— Oui, la voiture attendra-t-elle ?

— Elle attendra cette nuit, comme elle aurait attendu demain et les jours suivants.

— As-tu tes deux hommes ?

— Ils sont déterminés à tout pourvu qu'on les paye.

— On les payera. Sont-ils bien armés ?

— Oui, mais de poignards seulement. Je n'ai pas voulu leur donner de pistolets.

— Tu as raison, les pistolets sont bavards.

— Où faudra-t-il vous attendre ?

— A l'endroit convenu hier.

— A quelle heure ?

— Deux heures du matin.

— On y sera. A tantôt, maître. »

Et l'Alsacien repassa au travers de la devanture entre-bâillée.

Coqueluche s'en alla et prit de nouveau le chemin du cabaret de mame Toinette.

Chemin faisant, il s'adressa le petit monologue suivant :

« Il faut que je sois l'ami de Quille-en-Bois, l'ami de Mlle de Bernerie, que je sauve le chevalier après l'avoir perdu, et que je garde la jolie Suzanne pour otage.

Voilà une combinaison qui étonnerait peut-être Biribi s'il la connaissait.

Mais Biribi ne la connaîtra pas.

D'ailleurs, maintenant que j'ai lu ses mémoires, je ne lui conseille pas de se mettre en travers de ma route.

. . . .

« Tu es folle, avait dit Quille-en-Bois à la Mère des compagnons.

— Je vous jure que c'est le chevalier, répéta-t-elle avec l'accent de la conviction.

— Mais il est condamné à mort !

— Je le sais.

— Et on ne lui a pas fait grâce comme à ton père. Veux-tu donc qu'il soit assez imprudent pour venir à Paris ?

— Je vous dis que c'est lui !

— Et surtout venir ici où nous ne sommes pas ses amis ? dit Jean le Manchot.

— Il a peut-être ses raisons....

— Quelles raisons ?

— J'ai vu bien des choses à la Regratière, reprit mame Toinette, dans le quart-d'heure qui s'est écoulé entre notre arrivée et le départ de mon père et du chevalier.

— Qu'as-tu donc vu ?

— Que le chevalier regardait Suzanne d'une façon étrange. »

Et mame Toinette baissa la voix et ajouta :

« Oh ! c'est que les gens de cette famille, quand ça se met à aimer....

— Tais-toi ! s'écria Jean le Manchot.

— Tonnerre ! exclama Quille-en-Bois, qu'il y vienne, le beau fils ! je lui casse la tête sur mon enclume ! »

Comme il disait cela, la porte du cabaret se rouvrit et Coqueluche reparut.

« Ah ! ah ! fit Quille-en-Bois fronçant le sourcil, c'est encore toi !

— Oui, pour vous donner un bon avis, patron.

— A moi ?

— A vous tous. »

Et Coqueluche entra tout à fait.

« Qu'est-ce qu'il y a, fit le forgeron d'un ton bourru ?
— Avez-vous vu l'homme qui était avec moi ?
— Oui.
— Le connaissez-vous ?
— Non, dit Quille-en-Bois sèchement.
— C'est drôle ! murmura Coqueluche.
— Voyons, explique-toi....
— C'est bien facile. Il s'est présenté hier matin à notre atelier en se disant compagnon. Nous avons bien vu qu'il avait les mains un peu blanches. Ensuite on s'est aperçu qu'il ne savait pas son état. Mais le patron a toujours peur de la police et il l'a gardé.

Moi je me suis méfié et j'ai voulu voir.
— Ah ! dit Quille-en-Bois.
— Ce soir, il m'a dit sans faire ni une ni deux :

« Connais-tu dans le faubourg le cabaret de mame Toinette ?
— Oui, ai-je répondu.
— Si tu veux m'y conduire, je te donne cent sous.
— Et c'est pour ça que tu l'as amené ?
— Excusez, patron, dit Coqueluche d'un air naïf, j'ai pensé vous rendre service. Je me suis dit : Si c'est un homme des Cosaques, on s'en méfiera. Dans tous les cas, je préviendrai maître Quille-en-Bois. Et c'est pour ça que je suis revenu.
— Tu l'as donc quitté ?
— Oui, sur la place de la Bastille, comme il était accosté par un homme de mauvaise mine qui a un accent allemand.
— L'Alsacien ! exclama Quille-en-Bois.
— Je ne sais pas. Mais cet homme lui a donné un drôle de nom.
— Ah ! vraiment !

— Il l'a appelé monsieur le chevalier.

— Vous voyez bien que c'est lui! s'écria mame Toinette.

— Tais-toi, femme, dit Quille-en-Bois. »

Puis il tendit la main à Coqueluche :

« Toi, dit-il, tu es un brave garçon. Buvons un coup à la santé de l'Empereur, et va te coucher, car il se fait tard. »

On donna un verre à Coqueluche.

« Vive l'Empereur, dit-il en le vidant d'un trait.

— Tonnerre! murmura Quille-en-Bois, tu verras, il les chassera tous de France, les Cosaques, les Prussiens et les autres.

— Je l'espère bien, dit Coqueluche. Bonsoir, mère, bonsoir, patron. »

Il posa son verre sur la table et s'en alla.

« Maintenant, murmura-t-il, je puis enlever Suzanne tout à mon aise. Ils accuseront quand même mon excellent ami le chevalier d'Ormignies.

. . . .

La Mère des compagnons disait, tandis que Blaisot posait les volets de la devanture :

« C'est incroyable.... j'ai des pressentiments à me faire pleurer toutes les larmes de mon corps....

Il me semble qu'il va nous arriver un grand malheur. »

. . . .

XXVII

Après le départ de Coqueluche, Jean le Manchot, Quille-en-Bois et la Mère des compagnons s'étaient regardés.

Mame Toinette était plus inquiète encore que les deux hommes.

« Je me méfie de ce garçon-là, dit-elle.

— De qui? de Coqueluche? fit Quille-en-Bois.

— Oui.

— Vous avez tort, cousine. C'est un bon compagnon, j'en répondrais comme de moi-même.

— A preuve ce qu'il vient de faire, observa Jean le Manchot.

— Qu'a-t-il donc fait?

— Mais, dame! il nous a prévenu. »

Mame Toinette hocha la tête et ne répondit pas.

Quille-en-Bois reprit :

« C'est singulier, mais il me semble que j'aurais bien reconnu le chevalier, moi.

— Vous l'avez si peu vu à la ferme de la Regratière, l'autre jour, dit mame Toinette. Tandis que moi..., quand j'étais encore au pays, je le voyais tous les jours.

— Mais c'était encore un enfant.

— Oui, mais il avait déjà ce regard qui vous va jusqu'au fond de l'âme. Oh! j'ai peur de cet homme.... » acheva mame Toinette, si courageuse et si forte d'ordinaire.

Quille-en-Bois continua :

« Mais, qu'est-ce que vous disiez donc tout à l'heure, cousine, à propos de Jean de Nivelle ? »

Mame Toinette tressaillit; puis, nos deux compagnons la virent tour à tour pâlir et rougir.

« Oh !... ne me parlez pas de lui.... ce pauvre fou....

— Eh bien? est-ce qu'il vous fait peur aussi? dit Jean le Manchot.

— Oh! mais quand il me regarde.... »

Elle baissa la voix plus encore :

« Il y a vingt ans de cela !... Et pourtant.... »

Quille-en-Bois et Jean le Manchot se regardaient avec un étonnement croissant.

« Il me semble que c'est lui, acheva la Mère des compagnons avec une émotion subite.

— Qui.... lui?

— Écoutez, dit-elle encore, écoutez.... Ne vous semble-t-il pas que sous cette horrible balafre qui lui couvre le visage, on voit encore les traces d'une belle et rude figure de soldat?

— Je n'ai pas fait grande attention à lui, moi....

— Moi, je ne l'ai jamais vu, dit Jean le Manchot. »

Mame Toinette continua :

« Ah ! Je me souviens encore de ce moment terrible où tous les deux nous étions montés sur le pan de mur de la ferme de la Haute-Épine; tandis que j'agitais le drapeau, il me soutenait dans ses bras, et je sentais bien, moi, qu'il n'était pas fou.... »

Son cœur battait en ce moment.... Il avait quelque chose de terrible et de fier dans le regard, et quand je suis tombée frappée d'une balle, ah! si vous saviez le cri de fureur qu'il a poussé en m'emportant!

— Mais quel est donc cet homme? s'écria Jean le Manchot, dominé par l'accent de conviction éloquente de mame Toinette.

— Écoutez toujours, poursuivit-elle. Quand j'ai rouvert les yeux, au milieu de cette foule qui m'entourait, je n'ai vu que lui.... il n'était plus fou.... il n'était plus balafré.... il me semblait que ses haillons avaient disparu. C'était lui, toujours *lui*? Lui à vingt ans, beau et brave.... lui qui m'aimait....

— Cousine, exclama Quille-en-Bois, vous êtes folle !

— Ah ! peut-être.... dit-elle, mais depuis ce temps, je ne sais pas ce qui se passe en moi.... je ne sais pas ce que j'éprouve.... je ne sais pas....

— Mais qui donc *lui?* demanda Jean le Manchot pour la troisième fois.

— Celui que j'ai pleuré vingt années, celui que tout le monde croit mort, celui que personne n'a reconnu à Fontenelle, et qui se retournait vivement quand il passait près du château de son père.... Martial !

— Oh ! cousine, cousine ! murmura Quille-en-Bois, vous perdez la tête.

— Non, dit-elle.

— Comment ! vous voulez que ce fou, ce mendiant, cet homme en haillons dont le visage est repoussant, ce soit le beau Martial ?

— Ah ! dit-elle, il est toujours beau pour moi. »

Puis elle ajouta après un moment de silence :

« Quand il est seul, ou avec d'autres personnes, sa folie le reprend.... il chante, il rit comme un idiot.... mais, quand il est seul avec moi, son visage devient sérieux.... il fait des efforts pour se souvenir.... tenez, ce soir, quand il est arrivé.... il m'a regardée avec une douleur et une tristesse... »

Quille-en-Bois se leva et mame Toinette se tut :

» Cousine, dit-il, vous ne m'ôterez pas de l'idée que ce soir vous perdez la tête. »

Mame Toinette ne répondit pas.

« En attendant, dit le forgeron, il faut veiller sur Suzanne.

— Soyez tranquille, répondit mame Toinette.

— J'ai envie de m'allonger sur cette table et de coucher ici, dit Jean le Manchot.

— C'est inutile, je veillerai, dit mame Toinette, et puis Blaisot ne couche-t-il pas là?

— C'est juste.

— Et nous nous alarmons à tort, dit Quille-en-Bois, évidemment très-préoccupé de ce que venait de dire mame Toinette à propos du fou.

— D'ailleurs, dit Jean le Manchot, quel est l'enfant du faubourg qui ne viendrait pas à notre aide s'il fallait défendre Suzanne?

— Et puis, ajouta Quille-en-Bois, en admettant que cet homme soit le chevalier d'Ormignies, ce que je ne crois guère, rien ne nous prouve qu'il ose tenter quelque chose. »

Les deux forgerons souhaitèrent le bonsoir à mame Toinette et sortirent.

Blaisot acheva de poser la devanture et ferma le cabaret solidement.

« Couche-toi, mon garçon, et bonne nuit, » lui dit mame Toinette.

Puis elle monta à sa chambre.

Il fallait, pour s'y rendre, gravir l'escalier de bois qui se trouvait au fond de ce cabaret et montait en spirale jusqu'au premier étage, comme les escaliers tournants qu'on voit dans les cafés et chez les marchands de vin.

Cet escalier aboutissait dans une grande salle qui

s'intitulait aux jours de fêtes, salon de cinquante couverts.

Mame Toinette y faisait souvent dresser un ou plusieurs lits, suivant qu'elle avait des compagnons à loger en petit ou en plus grand nombre.

Ce soir-là, elle y avait fait coucher son père et le fou.

Son père dormait profondément, vaincu par la fatigue d'une longue marche.

Le fou ne dormait pas ; quand il vit apparaître mame Toinette une lampe à la main, il se dressa sur le lit où il s'était couché tout vêtu.

Mame Toinette tressaillit.

Sa chambre était au fond de la salle et on y entrait par une petite porte que Suzanne avait laissée entr'ouverte.

La Mère des compagnons, en voyant le fou se dresser devant elle, fut prise d'une singulière émotion et n'osa avancer.

Alors le fou se leva et vint à elle.

Mame Toinette tremblait de tous ses membres.

« Toinette, dit le fou avec un accent de singulière tristesse, je voudrais bien me souvenir.... »

Et il prit son front à deux mains.

Mame Toinette n'osa répondre.

Le fou continua :

« Oui, je voudrais bien me souvenir, mais je ne peux pas.

Je sais bien que j'ai porté un uniforme.... que j'ai été officier.... L'Empereur m'avait donné la croix.... mais les Russes m'ont tout pris.... Oh ! les Russes. »

Et il continuait à étreindre son front.

« Mais avant, dit-il encore.... qu'étais-je ?... Tu dois savoir qui j'étais, toi.... N'est-ce pas que tu le sais, Toinette ?... Dis.... tu dois bien te souvenir du bois des Saulayes ?... »

Toinette jeta un cri. Le fou venait d'évoquer un souvenir de son enfance.

Elle se jeta à son cou et ne prononça qu'un nom :

« Martial ! »

Et à ce nom le voile qui pesait sur la raison troublée du fou se déchira....

Il jeta un cri, lui aussi.

Un cri qui éveilla le vieux Jean Michel.

Mais Toinette avait laissé tomber le flambeau qui s'était éteint, et le fou, la chargeant sur ses épaules, l'emportait vers l'escalier et disait :

« Oui.... oui.... je suis bien Martial.... et je t'aime ! et je ne suis plus fou, n'est-ce pas ? »

XXVIII

Le fou riait et pleurait tout à la fois en emportant mame Toinette dans ses bras.

Et mame Toinette se sentait mourir....

Blaisot, le garçon cabaretier, qui apprêtait son lit pour se coucher, fut fort étonné de voir paraître un homme en haillons, au cou duquel sa maîtresse à lui, Blaisot, avait jeté ses deux bras.

Blaisot était superstitieux.

Blaisot crut que c'était le diable, et il fut sur le point d'appeler au secours.

Mais mame Toinette glissa des bras du fou et dit à Blaisot :

« Va te coucher. Laisse-nous causer, ce brave homme et moi. »

Blaisot poussa la porte du petit cabinet qui se trouvait au fond de la salle basse et s'y enferma.

Le fou ne riait plus, mais il pleurait.

« Oui, Toinette, disait-il, je me souviens, à présent.... Je suis Martial.... Martial de Bernerie.... et non pas Jean de Nivelle, comme on m'appelle là-bas.

Je suis bien celui qui t'aimait.... et celui que tu aimais.... c'est ton père qui n'a pas voulu.... »

Mame Toinette regardait ce pauvre homme défiguré et qui avait tant souffert que la vieillesse était venue pour lui avant l'âge.

Elle s'était assise. Il demeurait debout devant elle.

La main sur son front, il rassemblait un à un les souvenirs épars que la folie avait obscurcis si longtemps.

« C'est les Russes qui m'ont mis en cet état, dit-il. Un coup de sabre m'a fendu le crâne.... J'ai été mort pendant longtemps.... et puis, quand je suis revenu à moi, je ne me rappelais plus....

Pourquoi suis-je revenu à Fontenelle?

Je ne le sais pas. Un instinct me guidait.... j'allais devant moi toujours.... j'allais.... j'allais...

Là, en arrivant, j'ai cru que je me souviendrais.... un moment.... le clocher du village.... les maisons.... le château.... tout cela dansait devant mes yeux et dans ma tête....

Mais la nuit s'est faite de nouveau.... je n'ai plus rien vu.... je ne me souvenais pas....

Comment ai-je suivi ton père? Je ne sais pas.

Lorsqu'on l'a chassé du village, j'étais là, sur la place.

Il m'avait toujours repoussé, lui.... quand je me présentais à la ferme.... il ne voulait pas qu'on me donnât à manger.... mais je l'ai suivi, parce qu'il avait prononcé ton nom....

Je l'ai suivi de loin, d'abord, tant il était farouche. Une fois, il s'est retourné pour me chasser à coups de pierres.

Mais je l'ai suivi néanmoins....

Vers le soir, nous avons rencontré de mauvaises gens qui l'ont arrêté et ont voulu lui prendre son argent.

J'avais un gros bâton, je m'en suis servi et je les ai mis en fuite....

Alors le vieux m'a tendu la main; et nous avons fait route de compagnie.

C'est comme ça que nous sommes arrivés ici.

Tout le long du chemin, je sentais bien que la raison me revenait.

Cependant je ne disais rien.... je ne voulais pas que ton père s'en aperçut.

Il n'y avait plus qu'une chose dont je ne pouvais me souvenir....

Mon nom !

Tu me l'as dit, je ne suis plus fou !... »

Et Jean de Nivelle essuya ses larmes et se prit à contempler Toinette en lui disant :

« Tu es toujours belle, toi.... »

Elle ne répondit pas; il reprit :

« Mais pour les fous, le temps n'a plus de mesure exacte.

Depuis combien de temps suis-je parti?... je ne sais pas.

— Quinze ans, » dit Toinette.

Et tous deux, songeant au passé, se mirent à causer à mi-voix, les mains dans les mains, lui admirant cette femme qui était toujours belle, — elle cherchant à reconnaître, sous ces traits défigurés, le jeune et beau visage de Martial de Bernerie.

Et la nuit s'écoulait, et ils avaient oublié l'univers, et mame Toinette n'éprouvait plus les sinistres pressentiments qui l'avaient assaillie à propos de Suzanne.

. . . .

Suzanne?

Depuis longtemps elle s'était enfermée dans sa chambre, un petit cabinet attenant à la pièce où, d'ordinaire, couchait la Mère des compagnons.

Une porte vitrée les séparait.

Le cabaret de mame Toinette était situé entre la rue Sainte-Marguerite et une sorte d'impasse appelé la cour Main-d'Or.

Il faisait même l'angle de ce passage, de telle façon que, tandis que la grande salle du premier étage et la chambre de mame Toinette donnaient sur le faubourg, la croisée de la chambrette, maintenant occupée par Suzanne, ouvrait sur la cour Main-d'Or.

Suzanne s'était couchée ; mais elle n'avait pu fermer l'œil ; Vierge, qui l'avait suivie quand elle était rentrée dans sa chambre, avait échangé quelques mots avec elle :

« Ma petite demoiselle, avait dit l'honnête servante, est-ce que vous n'avez pas remarqué une chose, hier soir?

— Quoi donc, ma bonne Vierge?

— Qu'on parlait bien avant dans la nuit, en bas, dans la cour Main-d'Or.

— Je n'ai rien entendu, répondit Suzanne.

— Moi, reprit Vierge, de mon grenier, en haut, j'ai entendu des voix d'hommes qui chuchotaient.... chuchotaient....

— Tu sais bien que la cour Main-d'Or, dit Suzanne,

est habitée par des ouvriers qui ne travaillent guère que dans les cabarets.

— Oh! ceux-là, dit Vierge, quand ils rentrent, ils parlent haut et ils se querellent.

— Et ceux que tu as entendus?...

— Ils parlaient bas.

— Que disaient-ils?

— Je ne sais pas.... mais il m'a semblé que l'un d'eux prononçait le nom de mame Toinette. »

Suzanne tressaillit. Vierge continua :

« J'ai soulevé le châssis de mon grenier et j'ai regardé. J'ai vu alors deux hommes qui levaient les yeux sur votre fenêtre.

— Vierge, dit Suzanne avec effroi, si tu les entends de nouveau, tu iras prévenir mon parrain, n'est-ce pas?

— Oui, mademoiselle. »

Et Vierge monta se coucher.

Suzanne ne dormit pas; elle aussi avait des pressentiments funestes.

Cet homme qui l'avait regardée et qu'elle croyait avoir reconnu pour le chevalier d'Ormignies....

Cet autre qui était venu chez elle, un jour, avec la Chénoiseau....

Tout cela l'effrayait.

Elle attendit avec anxiété que la Mère remontât.

Mais on sait que mame Toinette avait rencontré Jean de Nivelle et qu'elle était redescendue avec lui.

Le bruit du flambeau tombé sur le parquet, la voix du vieux Jean Michel demandant ce qu'il y avait, — tout cela était arrivé distinctement aux oreilles de Suzanne. Cependant elle n'avait osé bouger de son lit.

Les heures passaient; la jeune fille les entendait sonner une à une à la paroisse voisine.

Sur cette échelle, il y avait un homme. (Page 309.)

Tout à coup un bruit de voix étouffées monta jusqu'à elle.

Elle se souvint des paroles de Vierge et la peur la prit.

« Marraine ! » dit-elle.

Mais mame Toinette ne répondit pas.

Mame Toinette causait toujours, en bas, avec Jean de Nivelle.

Suzanne se leva et entr'ouvrit la porte qui donnait dans la chambre de la Mère des compagnons.

Il faisait clair de lune et elle put voir que la Mère n'était point encore couchée.

Cela la rassura un peu.

Elle se remit au lit.

Les voix chuchottaient toujours.

Suzanne prêtait l'oreille ; mais elle ne distinguait aucune parole.

Cependant quelques mots d'allemand lui arrivèrent, et elle se souvint qu'il y avait une famille allemande dans la cour Main-d'Or.

Ce souvenir la rassura.

Vers deux heures du matin, les voix se turent.

Suzanne, tout à fait rassurée, ferma les yeux et le sommeil finit par venir.

Mais il fut de courte durée...

Tout à coup un bruit sec la réveilla brusquement ; elle ouvrit les yeux et jeta un cri étouffé....

Une échelle était dressée contre sa fenêtre....

Sur cette échelle, il y avait un homme debout.

Cet homme venait de couper une vitre avec un diamant, de passer la main au travers pour ouvrir l'espagnolette, et avant que Suzanne n'eût jeté un second cri, il avait sauté dans la chambre, la saisissait à la gorge et lui disait :

« Si vous appelez, je vous tue ! »

XXIX

Quille-en-Bois et Jean étaient rentrés chez eux en quittant la Mère des compagnons.

Tous deux habitaient cette maison à un seul étage dont la forge occupait tout le rez-de-chaussée.

Jean couchait dans le bas, au fond de la boutique, derrière le grand soufflet, sur un véritable lit de camp.

Quille-en-Bois occupait une chambre, là-haut, en sa qualité de patron.

Les deux vieux compagnons d'armes étaient silencieux quand ils rentrèrent.

Au lieu de se coucher tout de suite, Jean raviva deux brins de charbon dans la forge, en prit un avec ses doigts et ralluma sa pipe.

Puis il s'assit sur une enclume.

« A quoi penses-tu donc? fit Quille-en-Bois d'un ton bourru.

— Et toi? dit Jean le Manchot.

— A rien, dit sèchement le forgeron.

— Ni moi, » répondit l'autre.

Quille-en-Bois imita Jean. Il posa la lanterne qu'il avait allumée en sortant de chez mame Toinette, sur un étau.

Puis il chercha pareillement du feu pour sa pipe, et s'assit sur une autre enclume.

Le silence s'établit de nouveau entre les deux forgerons.

Ils se tournaient même le dos.

Ce fut Jean qui reprit le premier la parole :

« C'est tout ce que tu dis? fit-il.

— Et toi?

— Est-ce que tu ne penses pas que nous devrions aller nous coucher?

— Je n'ai pas sommeil.

— Ni moi. »

Le silence se rétablit.

Tout à coup Jean le Manchot laissa retomber lourdement son poing unique sur sa cuisse.

« Tonnerre! dit-il, faut convenir que nous sommes de grands enfants, tous les deux.

— Plaît-il? grogna Quille-en-Bois.

— C'est la jalousie qui nous mène en ce moment. »

A ces mots, Quille-en-Bois fit un si brusque mouvement qu'il faillit perdre l'équilibre et se cramponna à la chaîne du soufflet.

« Est-ce que tu es fou? dit-il.

— Bah! reprit Jean, faut dire la vérité. Nous avons été tous les deux, dans notre jeunesse, assez amoureux de la cousine.

— Qu'est-ce que ça prouve?

— Ça prouve que ce soir elle vous a dit que ce fou qu'on appelle Jean de Nivelle.... »

Quille-en-Bois haussa les épaules :

« Va donc te coucher, niais! » dit-il.

Et il se leva et se dirigea sans répondre un mot de plus, vers l'escalier de bois qui se trouvait dans un angle.

« Bonsoir! » dit Jean.

Et le Manchot jeta sa pipe, qui se brisa en dix morceaux.

Puis il gagna son lit de camp et s'y jeta tout vêtu en soufflant la lanterne et murmurant :

« Faut-il que des invalides comme nous soient bêtes, tonnerre! »

Une heure après, Quille-en-Bois et Jean dormaient profondément.

Les natures robustes, quelque émotion qui les étreigne, ne résistent pas au sommeil.

Ceux qui vivent d'un travail manuel sont rarement nerveux. Le système sanguin domine chez eux, et le sommeil est comme une conséquence forcée de leur agitation morale.

Cependant, comme il commençait à s'assoupir, Jean tressaillit tout à coup.

Il lui avait semblé entendre chuchotter à la porte de la forge.

Mais le sommeil l'avait emporté chez lui sur la curiosité et l'inquiétude.

Quille-en-Bois, lui aussi, avait bien cru entendre quelque bruit; mais qu'avait-il à craindre? Suzanne n'était-elle pas en sûreté chez mame Toinette? Cependant, comme il fermait les yeux, il lui sembla qu'une forte odeur de fumée le prenait à la gorge. Il fut même sur le point de se lever; puis il se souvint que pour avoir du feu Jean le Manchot avait donné un coup de soufflet à la forge.

Mais une heure après, il fut réveillé brusquement.

Ce n'était plus une odeur, c'était une véritable oppression.

Il se jeta en bas de son lit en criant :

« Jean! Jean! »

Jean était déjà sur pied et répondit :

« Le feu! le feu!.... »

En effet, une main criminelle avait allumé dans l'arrière-forge, là où se tenait le charbon, un amas de fougère et de vieilles planches destinées à abréger la besogne du soufflet.

La forge était en feu; l'escalier brûlait.

Aux cris de Quille-en-Bois, madame Toinette et le Fou sortirent précipitamment. (Page 313.)

Quille-en-Bois descendit et arriva à demi-asphyxié.

Jean avait ouvert la porte et criait :

« Au feu ! au feu ! »

Il était deux heures du matin et tout le voisinage était couché.

Cependant, aux cris de Quille-en-Bois et de Jean le Manchot, mame Toinette et le fou, qui causaient toujours dans la salle basse du cabaret, sortirent précipitamment.

Blaisot éveillé en sursaut sortit avec eux.

Ce fut l'affaire d'un quart d'heure ; on frappa à toutes les boutiques voisines en demandant du secours.

Les voisins se levèrent; bientôt la rue fut pleine de monde; les Allemands qui demeuraient dans la cour Main-d'Or arrivèrent les premiers.

Les soldats du poste voisin accoururent.

On fit la chaîne, on attaqua l'incendie.

Pendant deux heures, les forgerons, qui tous logeaient dans les garnis environnants et s'étaient empressés d'arriver, se montrèrent au milieu des flammes comme une légion de démons.

Mais, si prompts qu'eussent été les secours, on ne put parvenir à sauver la maison de Quille-en-Bois.

Le plancher croula après l'escalier; après le plancher la toiture.

Le jour naissant éclaira un monceau de ruines.

La forge n'était plus qu'un amas de décombres et le feu avait détruit, en quelques heures, le petit avoir de Quille-en-Bois.

Mame Toinette avait été dans l'incendie, ce qu'elle s'était montrée sur le champ de bataille, ce qu'elle était partout.

Elle avait montré l'exemple du courage et du dévouement poussés à leur dernière limite.

Mais le tumulte et le désordre avaient été tels, que ni elle, ni le pauvre Quille-en-Bois, ni Jean le Manchot, n'avaient songé à Suzanne.

Ce ne fut qu'au matin, quand le jour vint éclairer cette scène de désolation, que la Mère des compagnons s'écria :

« Mais où est donc Suzanne? »

Personne ne l'avait vue.

On monta à sa chambre : la vitre brisée, la fenêtre ouverte, les traces d'une lutte, l'absence de la couverture du lit dans laquelle, sans doute, on l'avait enveloppée pour étouffer ses cris ; l'échelle enfin, demeurée debout contre la fenêtre....

Tout disait la sinistre vérité!

La main qui avait allumé l'incendie était cette même main criminelle qui avait enlevé Suzanne.

Et comme Quille-en-Bois, pleurant de rage, demandait vengeance et appelait à lui tout le faubourg, une troupe de cavaliers descendit au triple galop escortée par une foule épouvantée qui criait :

« Les Cosaques! les Cosaques! »

Les armées alliées, en effet, après une marche forcée de toute la nuit, arrivaient aux portes de Paris.

Et la Mère des compagnons, folle de douleur, monta sur les décombres encore fumants de la maison de Quille-en-Bois, et elle arrêta cette foule saisie de vertige et qui fuyait devant les Cosaques.

Elle l'arrêta d'une voix sonore et vibrante et d'un geste dominateur :

« Aux armes! criait-elle, aux armes! A moi les compagnons! A moi le faubourg! Vive la France!

FIN.

TABLE DES MATIÈRES.

PROLOGUE.
La Bataille de Montmirail.

		Pages.
I.	La forge de Quille-en-Bois................................	1
II.	Mame Toinette..	9
III.	Le vélite de la garde.....................................	18
VIII.	La barricade...	50
IX.	Les Cosaques..	57
XI.	Les Cosaques..	69
XII.	Les Cosaques...	75

PREMIÈRE PARTIE.

La Mère des Compagnons 155

FIN DE LA TABLE.

8871. — Imprimerie générale de Ch. Lahure, rue de Fleurus, 9, à Paris.

Librairie de L. HACHETTE et Cⁱᵉ, boulevard Saint-Germain, n° 77, à Paris.

EXTRAIT DE LA BIBLIOTHÈQUE VARIÉE
FORMAT IN-18 JÉSUS, A 3 FR. 50 CENT. LE VOLUME.

About (Edm.). Causeries. 1 vol. — La Grèce contemporaine. 1 vol. — Le progrès. 1 vol. — Madelon. 1 vol. — Le salon de 1864. 1 vol. — Théâtre impossible. 1 vol. — Le Turco. 1 vol.
Achard (Amédée). Album de voyages. 1 vol.
Ackermann. Contes et poésies. 1 vol.
Arnould (Edm.). Sonnets et poèmes. 1 vol.
Barrau. Histoire de la Révolution française. 1 vol.
Bautain (l'abbé). La belle saison à la campagne. 1 v. — La chrétienne de nos jours. 2 vol. — Le chrétien de nos jours. 1 vol. — La religion et la liberté. 1 vol. — Manuel de philosophie morale. 1 vol. — Idées et plans pour la méditation. 1 vol.
Bellemare (A.). Abd-el-Kader. 1 vol.
Belloy (de). Le chevalier d'Aï. 1 vol. — Légendes fleuries. 1 vol.
Bersot (E.). Mesmer ou le magnétisme animal. 1 v.
Beulé. Phidias, drame antique. 1 vol.
Byron. Œuvres complètes, trad. de Laroche. 4 vol.
Calemard de la Fayette (Ch.). Le poëme des champs. 1 vol.
Caro (E.). Études morales. 1 v. — L'idée de Dieu. 1 v.
Castellane (de). Souvenirs de la vie militaire. 1 v.
Cervantes. Don Quichotte. 2 vol.
Charpentier. Les écrivains latins de l'empire. 1 vol.
Chateaubriand. Le génie du christianisme. 1 vol. — Les martyrs. 1 vol. — Atala, René, les Natchez. 1 v.
Cherbuliez (V.). Le comte Kostia. 1 vol. — Paule Méré. 1 vol. — Roman d'une honnête femme. 1 vol.
Chevalier (M.). Le Mexique ancien et moderne. 1 v.
Chodzko. Contes slaves. 1 vol.
Crépet (E.). Le trésor épistolaire de la France. 2 v.
Dante. La Divine comédie, trad. par Fiorentino. 1 v.
Dargaud (J.). Marie Stuart. 1 vol. — Voyage aux Alpes. 1 vol. — Voyage en Danemark. 1 vol.
Daumas (E.). Mœurs et coutumes de l'Algérie. 1 v.
Deschanel (Em.). Physiologie des écrivains. 1 vol. — Études sur Aristophane. 1 vol.
Duruy (V.). Causeries de voyage; De Paris à Vienne. 1 vol.
Enault (L.). Constantinople et la Turquie. 1 vol.
Ferry (Gabr.). Le coureur des bois. 2 vol. — Costal l'Indien. 1 vol.
Figuier (Louis). Histoire du merveilleux. 4 vol. — L'alchimie et les alchimistes. 1 vol. — Les applications nouvelles de la science. 1 vol. — L'année scientifique, 11 années (1856-1866). 11 vol.
Fléchier. Les grands jours d'Auvergne. 1 vol.
Fromentin (Eug.). Dominique. 1 vol.
Garnier (Ad.). Traité des facultés de l'âme. 3 v.
Guizot (F.). Un projet de mariage royal. 1 vol.
Hœfer. La chimie enseignée par la biographie de ses fondateurs. 1 vol. — Les Saisons. 1 vol.
Houssaye (A.). Le violon de Franjolé. 1 vol. — Histoire du 41ᵉ fauteuil. 1 vol. — Voyages humoristiques. 1 vol.
Hugo (Victor). Notre-Dame de Paris. 2 vol. — Bug-Jargal, Le dernier jour d'un condamné. 1 vol. — Odes et ballades. 1 vol. — Les voix intérieures, Les rayons et les ombres. 1 vol. — Légende des siècles. 1 vol. — Orientales, Feuilles d'automne, Chants du crépuscule. 1 vol. — Théâtre. 4 vol. — Les contemplations. 2 vol. — Le Rhin. 3 vol. — Mélanges. 2 vol. — Han d'Islande, Discours. 1 vol.
Jouffroy. Cours de droit naturel. 2 vol. — Cours d'esthétique. 1 vol. — Mélanges. 2 vol.
Jurien de la Gravière (l'amiral). Souvenirs d'un amiral. 2 vol. — Voyage en Chine. 2 vol. — La marine d'autrefois. 1 vol.
La Landelle (G. de). Le tableau de la mer. 2 v.
Lamartine (A. de). Méditations poétiques. 2 vol. — Harmonies poétiques. 1 vol. — Recueillements poétiques. 1 vol. — Jocelyn. 1 vol. — La chute d'un ange. 1 vol. — Voyage en Orient. 2 vol. — Lectures pour tous. 1 vol.
Lanoye (F. de). Le Niger. 1 vol. — L'Inde contemporaine. 1 vol.
Laugel. Études scientifiques. 1 vol.
La Vallée (J.). Zurga le chasseur. 1 vol.
Lecoq (Henri). La vie des fleurs. 1 vol.

Lindau (R.). Un voyage autour du Japon. 1 vol.
Loiseleur. Les crimes et les peines. 1 vol.
Lucien. Œuvres complètes, tr. par M. Talbot. 2 vol.
Macaulay (lord). Œuvres diverses. 2 vol.
Malherbe. Œuvres poétiques. 1 vol.
Marmier. En Alsace; L'avare et son trésor. 1 vol. — En Amérique et en Europe. 1 v. — Gazida. 1 v. — Hélène et Suzanne. 1 vol. — Un été au bord de la Baltique. 1 vol. — Le roman d'un héritier. 1 vol. — Les fiancés du Spitzberg. 1 vol. — Lettres sur le Nord. 1 vol. — Mémoires d'un orphelin. 1 vol. — Sous les sapins. 1 vol.
Michelet. L'amour. 1 vol. — La femme. 1 vol. — La mer. 1 v. — L'insecte. 1 v. — L'oiseau. 1 v.
Moges (de). Souvenirs d'une ambassade en Chine. 1 v.
Molènes (P. de). Caprices d'un régulier. 1 vol.
Monnier. L'Italie est-elle la terre des morts? 1 v.
Mortemart (baron de). La vie élégante. 1 vol.
Mouy (Ch. de). Les jeunes amours. 1 vol.
Nisard (Ch.). Curiosités de l'étymologie française. 1 v.
Nodier (Ch.). Sept châteaux du roi de Bohême. 1 vol.
Nourrisson. Les Pères de l'Église latine. 2 vol.
Ossian. Poëmes gaéliques. 1 vol.
Patin. Études sur les tragiques grecs. 4 vol.
Perrens (F. T.). Jérôme Savonarole. 1 vol.
Pfeiffer (Mme Ida). Voyage d'une femme autour du monde. 1 vol. — Mon second voyage autour du monde. 1 vol. — Voyage à Madagascar. 1 vol.
Pouchkine. Poëmes dramatiques. 1 vol.
Prevost-Paradol. Études sur les moralistes français. 1 vol. — Histoire universelle. 2 vol.
Quatrefages (de). Unité de l'espèce humaine. 1 v.
Raymond (X.). Les marines de la France et de l'Angleterre. 1 vol.
Renaud. Les pensées tristes. 1 vol.
Rendu (V.). L'intelligence des bêtes. 1 vol.
Roland (Mme). Mémoires. 2 vol.
Roussin (A.). Une campagne au Japon. 1 vol.
Saintine (X.-B.). Picciola. 1 vol. — Seul ! 1 vol. — Le chemin des écoliers. 1 vol. — La mythologie du Rhin. 1 vol.
Sand (George). Jean de la Roche. 1 vol.
Scudo. Critique et littérature musicales. 2 vol. — Le chevalier Sarti, roman musical. 1 vol. — L'année musicale, 3 années (1859-1861). 3 vol.
Sévigné (Mme de). Lettres. 8 vol.
Simon (Jules). Le devoir. 1 vol. — La religion naturelle. 1 vol. — La liberté. 3 vol. — L'ouvrière. 1 v.
Strada (de). Essai d'un ultimum organum, ou considération scientifique de la Méthode. 2 vol.
Taine (H.). Voyage aux Pyrénées. 1 vol. — Essai sur Tite Live. 1 vol. — Nouveaux essais de critique et d'histoire. 1 vol. — La Fontaine et ses fables. 1 vol. — Les philosophes français du XIXᵉ siècle. 1 vol.
Théry. Conseils aux mères. 2 vol.
Töpffer (Rod.). Le presbytère. 1 vol. — Nouvelles genevoises. 1 vol. — Rosa et Gertrude. 1 vol. — Réflexions et menus propos. 1 vol.
Trémaux (P.). Origine et transformations de l'homme et des autres êtres. Première partie. 1 v.
Vapereau (Gust.). L'année littéraire, 9 années (1858-1866). 9 vol.
Viardot (L.). Les musées d'Allemagne. 1 vol. — Les musées d'Angleterre, de Belgique, etc. 1 vol. — Les musées d'Espagne. 1 vol. — Les musées de France. 1 vol. — Les musées d'Italie. 1 vol.
Vienet. Fables complètes. 1 vol.
Vigneaux. Souvenirs d'un prisonnier de guerre au Mexique. 1 vol.
Vivien de St-Martin. L'année géographique, 5 années (1862-1866). 5 vol.
Wallon. Vie de N.-S. Jésus-Christ. 1 vol. — La sainte Bible. 1 vol.
Wey (Francis). Dick Moon en France. 1 vol. — La haute Savoie. 1 vol.
Widal. Études sur Homère. 1re partie : Iliade. 1 vol.
Zeller (J.). Épisodes dramatiques de l'histoire d'Italie. 1 vol. — L'année historique, 4 années (1859-1862). 4 vol.
Zschokke (H.). Contes suisses, traduits. 1 vol.

www.ingramcontent.com/pod-product-compliance
Lightning Source LLC
Chambersburg PA
CBHW052123230426
43671CB00009B/1103